信息系统集成技术

主　编　吴　桐

副主编　杨　昱　冯　涛　李文生

参　编　祁世民　钱苏敏

主　审　葛启东

西安电子科技大学出版社

内 容 简 介

本书从综合型信息系统设计的角度出发,从网络集成、数据集成、设备集成、应用集成、平台集成等多个方面系统地论述了信息系统集成的原理、方法与技术。书中针对复杂网络系统集成设计、数据仓库集成与多维分析、SOA 应用集成平台设计、集成中间件原理、云计算与跨平台系统集成等关键问题,分析了各类方法和技术的定义、技术原理与主流 IT 解决方案。本书还列举分析了校园网络系统集成、基于 SOA 的银行应用集成平台、银行客户分析数据仓库等典型技术应用实例。

本书结构合理,概念清楚,内容丰富,具有知识新、系统性强和重视开发实践等特点,可作为计算机科学与技术、网络工程、软件工程、信息管理与信息系统等专业学生相关课程的教材,也可作为信息系统研究和实践的科技工作者与工程技术人员的参考资料,为其提供理论、方法与技术支撑。

图书在版编目(CIP)数据

信息系统集成技术 / 吴桐主编. --西安:西安电子科技大学出版社,2024.6
ISBN 978 - 7 - 5606 - 7263 - 2

Ⅰ.①信…　　Ⅱ.①吴…　　Ⅲ.①计算机系统—信息系统②信息系统—计算机通信网
Ⅳ.①G202②TP391

中国国家版本馆 CIP 数据核字(2024)第 094532 号

策　　划　刘玉芳
责任编辑　刘玉芳
出版发行　西安电子科技大学出版社(西安市太白南路 2 号)
电　　话　(029)88202421　88201467　　邮　　编　710071
网　　址　www.xduph.com　　　　　　电子邮箱　xdupfxb001@163.com
经　　销　新华书店
印刷单位　陕西精工印务有限公司
版　　次　2024 年 6 月第 1 版　　2024 年 6 月第 1 次印刷
开　　本　787 毫米×1092 毫米　1/16　印张 12
字　　数　243 千字
定　　价　37.00 元
ISBN 978 - 7 - 5606 - 7263 - 2 / G

XDUP 7565001-1

＊＊＊ 如有印装问题可调换 ＊＊＊

前　言

PREFACE

随着系统软件、网络通信、云计算、大数据、物联网等技术的不断进步，信息系统已融入社会生产生活的各领域，但是由此也带来一系列的"数据孤岛""应用孤岛"问题。为解决上述问题，信息系统集成已成为当前信息化建设的重要工作，其内容涉及网络互联、数据融合、设备集成、应用综合、平台构建等多个方面。

当前，信息系统集成已经从简单的网络互联发展到复杂的多系统、多层次集成综合应用的阶段。系统集成技术不再是一项单一技术，而是综合了计算机网络、数据工程、软件工程、云计算、物联网等多个领域知识的技术。因此，本书涉及的技术内容较为广泛，每个章节都需要大量的背景知识和参考材料作为辅助。学习本书，读者需要具备软件技术基础、计算机网络、数据工程等基础知识。在层出不穷、纷繁复杂的各类术语之间，本书试图为读者剖析系统集成的技术思路与发展趋势，引领读者全面认识信息系统集成技术。

本书共 7 章，基本思路是首先介绍信息系统集成的相关概念与技术分类，然后按照网络集成、数据集成、设备集成、应用集成与平台集成等信息系统集成中的各分项领域逐一介绍需求分析、概念定义与技术内容，最后给出典型信息系统集成技术的应用实例。第 1 章为信息系统集成技术概述，主要介绍了信息系统与信息系统集成的相关概念与技术分类等。第 2 章为网络集成技术，主要介绍了逻辑/物理网络设计方法与要点、网络集成管理与测试方法等。第 3 章为数据集成技术，主要介绍了数据采集、转换、存储与应用等技术方法。第 4 章为设备集成技术，主要介绍了浏览器插件、USB Key、串口通信、RFID、摄像头与云台等设备的集成思路与技术要点。第 5 章为应用集成技术，主要介绍了 SOA 集成架构与关键要点、Web 服务集成技术内容方法与各种中间件集成技术思路。第 6 章为平台集成技术，主要介绍了云计算集成平台的体系架构与部署模式、跨平台系统集成中程序开发、桌面共享与文件共享的技术思路。第 7 章为典型技术应用实例，主要介绍了三种典型的网络集成、应用集成与数据集成的项目实例。

本书由长期从事信息化应用研究、具有组织和主持多项大型信息化工程实践经验的人员撰写。本书的完成是数据处理实验室课题组集体的劳动成果。吴桐组织编写，并完成了第 1、3、7 章的编写，祁世民编写了第 2 章，杨昱编写了第 4 章，冯涛编写了第 5 章，李文生、钱苏敏编写了第 6 章。亓统帅等完成了本书的校对工作。葛启东审阅了全书，并提出了许多修改意见。杨海强、江良剑、刘志林、谢伟朋等都以不同方式提供了帮助，特在此表示感谢。

由于编者水平有限，书中可能还存在不足之处，欢迎广大读者批评指正。

编　者

2024 年 2 月

CONTENTS

目　　录

第 1 章　信息系统集成技术概述

1.1　信息系统的相关概念

1.1.1　信息系统的定义

信息系统是指利用计算机的软硬件与分析、计划、控制和决策用的模型/数据库，为业务作业、管理与决策提供信息支撑的专门系统，其覆盖应用领域广、种类繁多，常见的信息系统有管理信息系统、地理信息系统、指挥信息系统、决策支持系统、办公信息系统、科研协作系统、情报检索系统等。

1.1.2　信息系统的功能

信息系统的主要功能如下：

(1) 信息采集。信息采集是将分布在各信息源的信息收集起来，记录其数据，并按照信息系统需要的格式进行转换，集中转化成信息系统中可以互相交换和处理的形式。信息采集的方式包括人工录入数据、网络获取数据、传感器自动收集等。

(2) 信息处理。信息处理是对进入信息系统的数据进行加工处理。信息处理的方法包括排序、分类、归并、查询、统计、预测、模拟以及各种数学运算。采用专用的数据处理工具还可以进行基于数据仓库技术的联机分析处理与数据挖掘。

(3) 信息存储。信息存储是存储各种信息资料和数据。信息存储包括物理存储和数据的逻辑组织两个方面。物理存储是指将信息存储在适当的介质上；逻辑组织是指按信息的逻辑内在联系和使用方式把大批的信息组织成合理的结构。

(4) 信息传输。信息传输是将采集到的数据传送到处理中心，再将经加工处理后的信息传送给使用者。信息传输的方式分成无线传输和有线传输两大类。

(5) 信息管理。信息管理是对信息资源和信息活动的管理。信息管理负责对信息采集、处理、存储、传输等环节进行控制，管理内容包括数据的种类、名称、代码、存储介质、逻辑组织方式、传输方式与保存时间等。

1.1.3　信息系统的主要类型

根据应用需求的不同，信息系统的主要类型包括业务处理系统、管理信息系统、决策支持系统等。

(1) 业务处理系统。业务处理系统(Transaction Processing System，TPS)主要用于支持组织运行层面的重复且变化不大的各种过程处理与事务处理。该系统通常供普通业务人员使用，用于处理各行各业的常规业务，大多根据实际业务流程抽象出信息处理流程和方法，实现网络化、自动化的快捷事务处理，如电子银行、电子订票、气象水文监测和预报、医疗信息、各种抄表交费等系统。这种系统所处理的问题结构化程度强、处理步骤固定。

(2) 管理信息系统。管理信息系统(Management Information System，MIS)是提供业务管理所需的信息以支持业务活动和决策的系统。该系统主要是对企业管理信息进行综合处理，通过对组织所拥有的各项资源进行调查了解，建立正确的数据描述方式，加工处理并编制成各种信息资料及时提供给管理人员。

(3) 决策支持系统。决策支持系统(Decision Support System，DSS)是指通过数据模型和知识，以人机交互方式帮助决策者形成半结构化或非结构化决策的计算机应用系统。该系统主要通过分析领域专家的知识，构建相应的知识库和模型库，将众多的模型有效地组织和存储起来，调用各种信息资源和分析工具，以数据挖掘与人工智能的方法，从大量的、不完全的、有噪声的、模糊的、随机的数据中发现并提取隐含的、潜在的、有价值的信息与知识，为决策者提供分析问题、建立模型模拟决策过程的环境，帮助决策者提高决策水平和质量。

1.1.4　信息系统的层次结构

信息系统的结构是指各部件的构成框架，对部件的不同理解构成了不同的结构方式。

(1) 概念结构。从概念上看，信息系统由四大部件组成，即信息源、信息处理器、信息用户和信息管理者。其中：信息源是信息的产生地；信息处理器负责信息的传输、加工、保存等；信息用户是信息的使用者，并利用信息进行决策；信息管理者负责信息系统的设计、实现和实现后的运行、协调。

(2) 功能结构。从使用的角度看，信息系统总是具有一个目标和多种功能，各种功能之间又有各种信息联系，构成一个有机结合的整体，形成一个功能结构。

(3) 软件结构。信息系统的软件结构是由支持信息系统的软件系统或软件模块所组成的结构。

(4) 硬件结构。信息系统的硬件结构指系统硬件的组成及其连接方式。

1.1.5　信息系统的运行模式

信息系统的运行模式是指硬件、网络、系统软件、应用软件等要素的逻辑和物理配置及其工作方式。经过多年发展，形成了客户端/服务器模式、浏览器/服务器模式、富网络应用模式、混合架构模式、对等计算模式和云计算模式等多种运作模式。

1. 客户端/服务器模式

客户端/服务器(Client/Server, C/S)模式是将数据存取和应用程序分离，由客户端执行应用程序，服务器执行数据操作。在这种模式下，客户端负责处理本地业务逻辑，并向服务器发送公共业务处理需求请求；服务器负责处理公共业务逻辑，并管理系统数据。

C/S 模式可以减少局域网传输量、降低对数据的控制难度，与用户交互较为友好灵活，并且提供了多用户开发特性。对于规模较小、复杂程度较低的信息系统，该模式是非常合适的，但在开发和配置更大规模的企业应用中逐渐显现出不足。在 C/S 模式下，客户端应用程序安装在每台客户机上，对其自动化升级维护管理的要求较高。

2. 浏览器/服务器模式

浏览器/服务器(Browser/Server, B/S)模式是基于 Web 浏览器，采用 TCP/IP、HTTP 为传输协议，用户界面同企业逻辑分离的运行模式。在 B/S 模式下，用户使用基于 Web 浏览器的程序向服务器程序发送业务逻辑请求，由中间件接收用户请求，完成业务逻辑处理，并将结果反馈给数据服务器，其中由数据服务器完成对数据库的读写与维护操作。

B/S 模式具有维护升级简单、开放性良好、信息共享度高、扩展性较高等优点，对于规模较大、复杂度适中的信息系统较为适合，但在浏览器版本控制与网络复杂要求等问题上的开发要求较高。由于浏览器型号众多、版本更新迭代较快，因此很难开发出支持所有浏览器型号与版本的业务程序。

3. 富网络应用模式

富网络应用(Rich Internet Application, RIA)模式是 Web 应用程序的特殊种类，该模式介于 C/S 与 B/S 之间，改进了 B/S 架构的用户交互模式，使数据可以缓存到客户端程序，从而实现一个比基于 HTML 的响应速度更快且数据往返服务器次数更少的用户界面。同时，通过丰富化的用户界面支持，用户界面、后端服务与数据处理等分离得更加干净。

RIA 模式具有数据传输量小、维护升级简单、扩展性较高等优点，适用于业务操作逻辑与图表展示模式较为固定的信息系统。但是其开发模式限定系统首次打开时需要加载固件插件，降低了其首次开发速度，同时多种固件版本对浏览器的配置也有特定限制，对于浏览器适配性要求较高。

4. 混合架构模式

随着信息系统技术的发展，可以做到系统的前端与后端完全分离，并且随着 REST (Representational State Transfer，表述性状态转移) Web Service 与 SOAP(Simple Object Access Protocol，简单对象访问协议) Web Service 等技术的流行，前后端交互数据格式协议有了通用解决方案，从而发展出了一种服务器程序可以支持浏览器、桌面程序、小程序与手持终端程序等多种前端的解决方案。

混合架构模式具有更强的用户支撑性与扩展性，对于规模较大、复杂度较高、应用场景多样的信息系统较为合适，但其开发方案与体系设计往往较为复杂，前后端开发要求较高，尤其是后端开发与运维的成本较高。

5. 对等计算模式

传统的 C/S 和 B/S 模式中，大量客户端的资源经常处于闲置状态，造成浪费，服务器也很容易成为系统可扩展性和性能的瓶颈，由此产生了对等(Peer to Peer，P2P)计算模式。在 P2P 计算模式中，客户端与服务器不再区分地位，可以最大限度地应用客户端算力资源，服务器仅充当日志记录与管理维护角色。客户端与服务器无须通过专门服务器就可直接通信来共享资源。P2P 计算模式当前被广泛用于广域分布式计算、文件共享、协同工作、分布式存储、应用层组播、即时通信等应用领域。

6. 云计算模式

云计算指通过计算机网络(多指因特网)形成的计算能力极强的系统，可存储、集合相关资源并可按需配置，向用户提供个性化服务。云计算模式经过多年的发展，已经不仅仅是一种分布式计算，而是分布式计算、效用计算、负载均衡、并行计算、网络存储、热备份冗杂和虚拟化等计算机技术混合演进并跃升的结果。云计算是与信息技术、软件、互联网相关的一种服务，它把许多计算资源集合起来，通过软件实现自动化管理，只需要很少的人参与，就可快速提供硬件资源，这种计算资源共享池叫作"云"。

由于不同的计算模式适用于不同的软硬件、网络环境以及应用需求，而且每种计算模式都各有优缺点，因此，迄今为止这些计算模式存在于不同范围和信息系统中，并没有发生某一种计算模式被另一种计算模式完全替代的现象。

1.2　信息系统集成的相关概念

1.2.1　信息系统集成的需求分析

一个企业或组织的 IT 部门经常会遇到服务器、客户终端、配套设备如何选择，网络协议、组网方式如何设计，操作系统、数据库、管理软件如何开发等问题，虽然每个问题都有多种选择，但是如何排列组合使其发挥最大效用都是需要认真斟酌的，任何一种错误的选择都将导致整个系统建设的失败。因此，需要一整套概念与方法，由此产生了信息系统集成的概念，如图 1-1 所示。

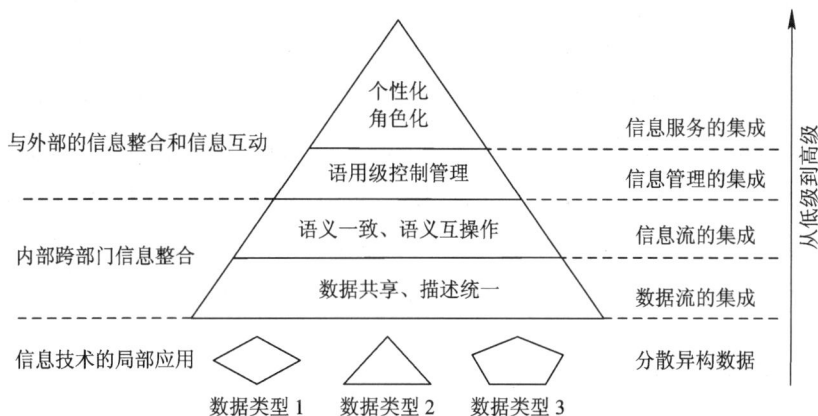

图 1-1　信息系统集成的层次结构

从信息化建设的发展历程来看，其大致经历了如下三个阶段：

(1) 信息技术的局部应用阶段(单元技术应用阶段)。该阶段主要对应内部某些部门信息的数字化处理，其目的仅限于数据的重复使用和更改。此阶段的特征是内部信息均以静态的、孤立的状态存在。当内部各部门的基本数据实现数字化后，数字化交流成为必然的需求，信息中心、网管中心等专门的信息技术服务部门也陆续出现，但在这一阶段尚没有有目的的内部信息整合。

(2) 内部跨部门信息整合阶段(信息集成阶段)。在此阶段，组织中内部部门间开始进行数据交互，形成了描述统一的数据共享模式，并且在一定程度上形成了信息流交互模式，具备一定能力的语义互操作。此阶段的特征是，信息沟通和数据交换基于统一的标准，工作管理系统维护信息流动的规范化，资源的整合局限在单位内部，缺乏和外部资源的及时互动。

(3) 与外部的信息整合和信息互动阶段(跨企业/行业信息集成阶段)。该阶段主要开展跨企业/行业间的数据共享、信息交互与业务服务，形成统一的控制管理与定制化服务规划。

此阶段的特征是用户能够按照组织的核心能力提供模块化的对外服务和进行内部能力的灵活重组，以创造价值为中心，对产品开展整个生命周期的跟踪管理。

1.2.2　信息系统集成的定义

信息系统的研发与应用涉及软件工程、计算机网络、操作系统、数据库、物联网感知设备、计算机硬件平台等各个计算机相关领域。将这些相关领域中的开发模式、理论方法与项目实践融合到一起，使系统各部分之间能彼此有机地、协调地工作，以发挥整体效益，达到整体优化的目的，从而形成一整套系统开发概念与方法，称为信息系统集成。

从学术的角度，信息系统集成通常被定义为从事计算机应用系统工程和网络系统工程总体策划、设计、开发、实施、服务及保障的全过程。从应用的角度，信息系统集成就是按照用户的需求，对从产品优选、网络架构、网络协议、软硬件平台配置、应用软件开发，到售后培训、咨询和技术支持等众多的技术和产品进行合理的选择，通过优化配置软硬件产品与资源，组合成一体化的系统解决方案。从实施的角度，信息系统集成包含软硬件、技术和人员的集成，而且三者必须总体综合考虑，因为涉及全局的信息系统工程关系到一个组织业务流程和机构职能的改变，进而导致人员与核心业务的重组。系统集成的本质含义是通过思想观念的转变、组织机构的重组、流程机制的重构以及计算机系统的开放互联，使整个行业和企业可彼此协调地工作，从而发挥整体的最大效用。

1.2.3　信息系统集成的目标

信息系统集成覆盖信息化建设的诸多方面，其最终目标是提供信息化服务决策支持，具体目标是建立良好通畅的系统内外环境、信息操控能力、功能交互调用、共享服务支持与高效的组织、管理、控制机制。具体目标如下：

(1) 畅通的系统内外环境。为打破交互上的物理障碍，需要构建系统内部各要素间以及系统与外界间的畅通交互活动渠道，使需要的交互在任何时间、空间都能进行。

(2) 畅通的系统内信息操控。为打破各要素语言上的障碍，需要系统内部各要素信息可实现互操纵。因此，要构建信息格式及表达标准规范，实现统一的语言和统一的交互形式。

(3) 建立畅通的功能交互。为打破系统功能部件之间引用、交互上存在的障碍，需要统一各功能交互接口，实现规范化功能调用，提高运行效率，实现功能上的互补。

(4) 建立畅通的服务支持。为满足内外部系统的服务调用需求，实现对外的需求服务和对内的资源配置服务，需要建立定制化、开放式的业务服务使用共享模式，为资源使用、交互提供良好的渠道。

(5) 高效的管理、组织、控制。为使系统各要素之间有效交互并呈现为一个整体，需要高效的管理、组织、控制，使系统中各类活动有序化、协调化。

1.2.4　信息系统集成的原则

信息系统集成的主要原则如下：

(1) 开放性。开放的信息系统可满足互操作性、可移植性以及可伸缩性要求，能为系统的扩展、升级提供条件。要将不同系统集成在同一平台中，就存在一个接口标准化与开放问题，系统中各部分的连接依赖于开放标准，系统中硬软件平台、通信接口、软件开发工具、网络结构的选择也要遵循开放标准。因此，开放标准已经成为建设信息系统首先应该考虑的问题。

(2) 结构化。为了有序设计系统功能模块，减少功能冗余与逻辑矛盾，需要采用结构化系统的分析设计方法。通过自顶向下逐层模块化分解，把一个复杂系统分解成相对独立和简单的子系统，每一个子系统又分解成更简单的模块，直到底层每一个模块都是可具体说明和执行的为止。

(3) 先进性。为了确保系统的技术优势并保证其有较长的生命周期，需要在先进的系统总体集成理论指导下完成系统设计与建设，需要有机集成先进的技术，合理划分应用问题，应用思路符合人们的认知特点等。从扩展性、可升级性和可维护性等多个维度进行先进性设计，其建设思路贯穿在系统开发的整个生命周期乃至整个系统生存周期的各个环节。

(4) 主流化。为了保证系统升级与维护便捷，系统集成的产品应属于该方向发展的主流，具备可靠的技术支持与成熟的使用环境，并具有良好的升级储备。

(5) 综合性。为了最大限度发挥信息系统的管理优势，需要从管理、组织、人、设备、方法、技术和工具等为一体的综合集成角度进行体系设计，将"人"这一重要因素有机集成到系统中，以实现对组织、管理和人进行系统集成，取得良好的应用效果。

1.2.5　信息系统集成的关键问题

信息系统集成的难点在于系统间的协调与优化。当一个系统建设完成以后，可能出现虽然单个功能模块满足指标要求，但是整体效率低下、响应速度慢等问题。其主要原因是在系统集成过程中，需要注意产品、设备、技术、功能的集成或局部系统调整等问题，如果系统规模较大、结构较复杂，就很难面面俱到。

信息系统集成的实质是让不同产品、设备、系统互联互通，其关键技术在于接口问题，其中包含网络、通信、服务与数据等接口。因此，不仅要对产品、技术、系统有全面深入的了解分析，还应具备设计开发接口的能力。

1.2.6　信息系统集成的发展趋势

随着计算机技术的快速发展，信息系统不只是简单地提供数据管理，还在向信息快速响应、辅助知识管理的方向发展，复杂多样的信息系统已经成为行业趋势，综合信息系统集成也成了技术热点，其发展趋势体现在以下几个方面：

(1) 系统概念边界的变化。系统概念已经不再是传统意义的信息数据管理层面，还向数字化设计、系统仿真、态势显示、智能决策、数据辅助等方向延伸，往往是集多个概念于一体的复杂系统。

(2) 系统开发方法的变化。系统开发方法的关注点从业务功能开发转向开发标准、接口规范、业务集成等方面，开发者更加关注互联互通的标准与对外接口问题。

(3) 系统运维管理的变化。系统运维管理更加趋于智能化，由被动为管理者提供辅助管理功能转向主动参与和部分替代人工管理的方向发展。

随着云计算、大数据、人工智能、物联网的发展，信息系统集成的内容也有了明显的拓展，具体表现在以下几个方面：

(1) 信息终端与接入方式的改变。随着科学技术的发展，光纤通信、5G 通信、光电宽带、电力载波等技术已经走入千家万户，网络接入设备已经从单一的计算机扩展到手机、平板电脑、监控设备、智能家电等各种外设智能设备。在智能交通、环境保护、政府工作、公共安全、家居安防等多个领域，对远程智能设备的遥感、通信、遥控等功能需求，已经成为信息系统集成的常规功能需求。

(2) 虚拟与现实的统一化。随着边缘计算、虚拟现实、数字孪生等技术的发展，通过物理模型、传感器更新、运行历史等数据，集成多学科、多物理量、多尺度、多概率的仿真过程，可以完成对一个或多个现实实体在虚拟空间的数字化映射。当然，由于业务系统功能的复杂性增加、交互内容数据的体量增加，信息系统的集成难度也会呈几何指数增长。

(3) 系统应用方向的转变。随着人工智能、大数据等技术的发展，智能决策与数据支撑系统已成为信息系统发展的热点，应用集成的重点逐渐由事务性处理转向决策支持方面。系统间核心信息的集成交互、业务与数据的融合共享、领域知识建模、数据挖掘分析等已经成为决策支撑系统建设的常规需求。因此，势必需要通过各类集成方法来屏蔽各系统之间的差异，以适应不同的业务功能、交互接口与应用流程等，实现全面快捷的应用整合。

1.3 信息系统集成技术的分类

在信息系统集成的过程中需要展开各种各样的工作，如需求分析、方案设计、项目管理、环境施工、软硬件选型与采购、软硬件安装和配置、应用软件开发等，同时顺利地开展信息系统集成不仅要考虑诸多技术因素，还要考虑很多管理因素。将信息系统集成的工作划分成不同层次以建立体系框架，有助于深入了解信息系统集成的内涵。

信息系统集成技术可分为以下五个层次：

(1) 网络集成技术。网络集成主要指提供信息系统运行的网络环境，支持网络系统的互联以及系统软件运行的基础。网络集成的主要工作包括拓扑结构设计、出口路由规划、网络 IP 地址规划、网络设备选择、网络可靠性与安全性设计以及网络集成管理与测试。

(2) 数据集成技术。数据集成是将分布在信息系统环境中的自治和异构数据源中的信息有效地集成，实现各信息子系统间的信息共享。数据集成的核心任务是将互相关联的分布式异构数据源集成到一起，使用户能够以透明的方式访问这些数据源。数据集成的主要工作包括数据采集设计、ETL(Extract-Transform-Load，抽取、转换、加载)工具设计、数据仓库构建、数据挖掘工具运用等。

(3) 设备集成技术。设备集成是指将计算机、网络、物联网硬件等设备进行综合运用，从而使不同设备间能够协调一致工作，系统整体性能达到良好的满意度。设备集成的核心任务是满足不同设备进行统一运维管理与协调使用的要求。设备集成的主要工作包括硬件接口设计、软件插件应用、第三方设备集成等。

(4) 应用集成技术。应用集成是指在集成系统的整体功能目标的统一框架下，基于各种不同平台、用不同方案建立的应用软件和系统，按特定的开放协议、标准规范集合在一起，从而成为一体化的多功能系统。应用集成的主要目的是实现应用的互联，目前被业界认可的普遍方案是 SOA(Service-Oriented Architecture，面向服务的架构)。应用集成的主要工作包括集成平台设计、Web 服务构建、中间件应用等。

(5) 平台集成技术。平台集成是指将网络平台、操作系统平台、数据库平台、开发工具平台等软硬件平台进行综合集成，使其平台系统可以满足综合使用、统一运维要求。平台集成的主要工作包括云环境集成设计、跨操作系统集成方案设计等。

第 2 章　网络集成技术

2.1　网络集成概述

2.1.1　需求分析

网络集成技术是信息系统集成的基础。为了实现将分布于独立计算机中的信息数据共享交换，需要构建局域网络进行相互连通，考虑到数据的保密性与访问的时效性，需要构建企业内部的计算机网络，因此构建健壮、稳定的计算机网络是企业信息系统建设中至关重要的一环。

随着网络技术的发展，快速以太网、千兆以太网、ATM 网、FDDI 网、虚拟局域网、虚拟专用网、无线局域网等各种新兴技术层出不穷，随之出现了 802.1D、802.1Q、802.1p、802.3z、SS7、NT1、H.323、G.711 等各种协议，并且近几年网络设备迭代更新很快，给路由器、交换机、路由交换机等设备的选型与维护也带来了一定困难。因此，网络集成就是结合企业自身情况，在众多的技术与产品中选择合适的技术、产品与应用模式，来满足企业的定制化需求。

2.1.2　相关概念

1. 网络系统集成的定义

网络系统集成是根据用户需求，规划、设计与实施网络系统，通过选择合适的网络运营设备，将服务器系统、终端设备、应用系统等集成在一起，并按低耗、高效、高可靠性的系统组织原则完成网络系统软硬件配置及网络应用系统的安装、开发、实施的全过程。

网络系统集成绝不是各种硬件和软件的简单堆积，而是要综合应用各种计算机网络相关技术，其中包含了设计、安装、调试、应用开发、管理等大量的技术性工作；网络系统集成是一种在系统整合、系统再生产过程中为满足客户需求的增值服务业务，是一个价值再创造过程。

网络系统集成具有以下几个显著特点：

(1) 网络系统集成要以满足用户的需求为根本出发点。

(2) 网络系统集成不是选择最好的产品的简单行为，而是要选择最适合用户的需求和投资规模的产品和技术。

(3) 网络系统集成不是简单的设备供货，它更多体现的是设计、调试与开发，其本质是一种技术行为。

(4) 网络系统集成包含技术、管理和实施等方面，是一项综合性的系统工程。

(5) 性价比是评价一个网络系统集成项目设计是否合理和实施成功的重要参考因素。

2. 计算机网络类型

一般按照网络规模与范围分类，将计算机网络分为局域网、城域网和广域网等。

(1) 局域网。局域网(Local Area Network，LAN)是指在小范围地域内进行通信的计算机网络，通常是在同一建筑物、学校或企业内部建立的网络。局域网可以覆盖数米到数千米的范围，一般在 10 千米以内，属于一个组织或一个部门组建的专用网络，用于实现组织或部门内部的多种资源共享。

(2) 城域网。城域网(Metropolitan Area Network，MAN)是介于局域网和广域网之间的一种计算机网络，覆盖范围通常在一个城市范围内。城域网的特点是传输速度快、带宽较大、数据传输距离较长，适合用于城市内部的公共服务、核心企业、教育医疗等领域。

(3) 广域网。广域网(Wide Area Network，WAN)是指在较大地域范围内进行通信的计算机网络，可覆盖一个城市、一个国家甚至全球。广域网通常通过公用电话网或公共事业部门提供的线路，将跨越城市、地区甚至国家的若干计算机连接起来，其作用范围可以达到数千千米。一般可以认为广域网就是局域网的互联。

3. OSI 七层协议

国际标准化组织(International Organization for Standardization，ISO)和国际电报电话咨询委员会(International Telegraph and Telephone Consultative Committee，CCITT)联合制定了开放系统互连参考模型(Open System Interconnection，OSI)，其目的是为计算机互连提供一个共同的基础和标准框架。OSI 采用了分层的结构化技术，从下到上分为以下七层：

(1) 物理层。其主要完成网络的物理连接和电信号的传输，包括物理联网媒介，如电缆连线连接器。具体接口标准有 RS232、V35、RJ-45、FDDI。

(2) 数据链路层。其主要作用是将从网络层接收到的数据分割成特定的可被物理层传输的帧，并在物理层提供的传输介质上可靠地传输。常见的协议有有线以太网标准 IEEE 802.3、高级数据链路控制 HDLC、点对点协议 PPP、串行线路网际协议 SLIP。

(3) 网络层。其主要是数据包的路由和转发，将数据包从源主机传输到目标主机。典型的协议是网际互联协议 IP、互联网控制报文协议(Internet Control Message Protocol，ICMP)。

(4) 传输层。其主要是提供端到端的可靠数据传输服务，确保数据在源和目标应用程序之间的可靠传输。常见的协议有传输控制协议 TCP、用户数据报协议(User Datagram Protocol，UDP)、序列分组交换协议(Sequenced Packet Exchange，SPX)。

(5) 会话层。其主要是在网络中的两节点之间建立和维持通信，以及提供交互会话的管理功能。常见的协议有远程过程调用协议(Remote Procedure Call Protocol，RPC)、网络文件系统(Network File System，NFS)。

(6) 表示层。其主要进行数据的格式化和转换，以确保不同计算机系统之间的数据能够正确解释和使用。常见的协议有图像文件格式标准 JPEG、美国信息交换标准代码 ASCII、图形交换格式标准 GIF、安全套接层/安全传输层协议 SSL/TLS、视频音频数据压缩标准 MPEG。

(7) 应用层。其主要提供了用户与网络服务之间的接口。常见的协议有超文本传输协议 HTTP、远程终端协议 Telnet、文件传输协议(File Transfer Protocol，FTP)、简单邮件传输协议(Simple Mail Transfer Protocol，SMTP)。

4. 网络协议与标准

网络协议是为计算机网络中进行数据交换而建立的规则、标准或约定的集合。针对不同的网络层次，存在不同的计算机网络协议，如图 2-1 所示。

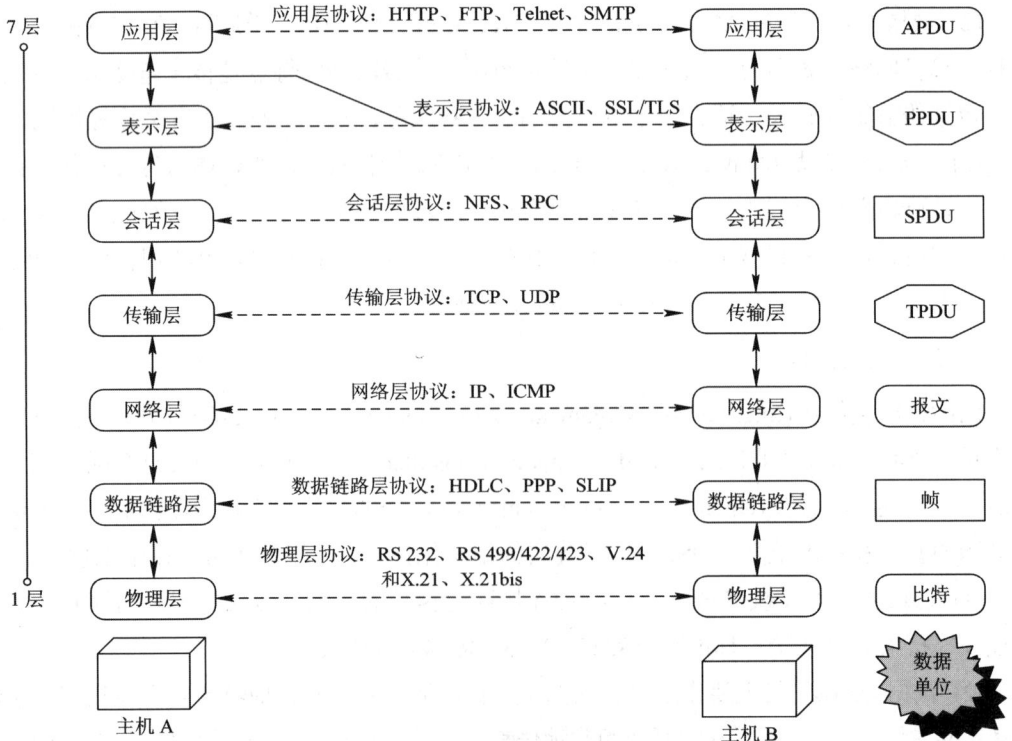

图 2-1　网络协议与标准示意图

常见的计算机网络协议有 IEEE 802 系列标准、TCP/IP 协议等，具体内容如下：

1) IEEE 802 系列标准

IEEE 802 系列标准是 LAN/MAN 标准委员会制定的一系列局域网和城域网技术标准，如 802.1(802 协议概论)、802.2(逻辑链路控制层 LLC 协议)、802.3(以太网的 CSMA/CD 载波监听多路访问/冲突检测协议)、802.4(令牌总线 Token Bus 协议)、802.5(令牌环 Token Ring 协议)、802.6(城域网 MAN 协议)、802.7(FDDI 宽带技术协议)、802.8(光纤技术协议)、802.9(局域网上的语音/数据集成规范)、802.10(局域网安全操作标准)、802.11(无线局域网 WLAN 标准协议)。

2) TCP/IP 模型

TCP/IP(Transmission Control Protocol/Internet Protocol)协议包含了一系列构成互联网基础的网络协议。利用 TCP/IP 协议可以方便地实现多个网络的无缝连接。TCP/IP 模型分为五层，如图 2-2 所示。

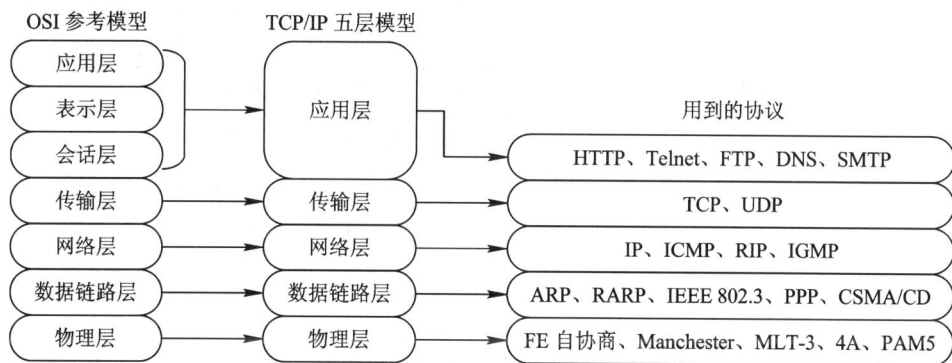

图 2-2　TCP/IP 模型示意图

TCP/IP 的最高层相当于 OSI 的 5～7 层，该层中包括了所有的高层协议，如常见的文件传输协议 FTP、简单邮件传输协议 SMTP、域名系统(Domain Name System，DNS)、简单网络管理协议(Simple Network Management Protocol，SNMP)、访问 WWW 的超文本传输协议 HTTP 等。

TCP/IP 的次高层相当于 OSI 的传输层，该层负责在源主机和目的主机之间提供端对端的数据传输服务。该层主要定义了两个协议：面向连接的传输控制协议 TCP 和无连接的用户数据报协议 UDP。

TCP/IP 的第 3 层相当于 OSI 的网络层，该层负责将分组独立地从信源传送到信宿，主要解决路由选择、阻塞控制及网际互联问题。该层主要定义了网际互联协议 IP、互联网控制报文协议 ICMP、路由信息协议(Routing Information Protocol，RIP)、互联网组管理协议(Internet Group Management Protocol，IGMP)等协议。

TCP/IP 的第 4 层相当于 OSI 的数据链路层，该层负责设备之间的数据帧的传送和识别。

该层主要定义了地址解析协议(Address Resolution Protocol，ARP)、反向地址转换协议(Reverse Address Resolution Protocol，RARP)、局域网协议 IEEE 802.3、点对点协议(Point to Point Protocol，PPP)等协议。

TCP/IP 的最底层相当于 OSI 的物理层，该层负责光/电信号的传递方式。该层主要定义了通信信道上的原始传输协议。

2.1.3　主要技术

网络系统集成过程包含逻辑网络设计、物理网络设计、网络集成管理、网络集成测试等阶段，涉及网络结构、传输互联、可靠性、安全性与管理测试等多方面内容，具体技术内容见表 2-1。

表 2-1　网络集成主要技术内容表

集成阶段	主要技术	技 术 内 容
逻辑网络设计	用户性能需求分析	根据用户性能需求，对网络数据负载、信息包流量、信息流特征等内容进行分析，并分析网络系统性能指标
	网络拓扑结构设计	设计简单/复杂网络拓扑结构模式
	出口路由规划	设计路由方式、路由协议等内容
	网络 IP 地址规划	子网划分、虚拟局域网划分、IP 地址分配规划
物理网络设计	网络传输介质选择	选择有线传输、无线传输介质
	网络互联设备选择	根据互联网设备功能与核心交换机性能参数，选取互联网设备
	Internet 网络接入	设计 PSTN 公共交换电话网络、ADSL 非对称数字用户线路、HFC 混合光纤同轴电缆、数据通信网、无线网接入等 Internet 网络接入方式
	网络可靠性技术	应用冗余备份链路、链路聚合等技术
	网络安全性技术	应用防火墙、入侵检测、安全漏洞扫描等技术
网络集成管理	网络管理协议	应用 SNMP 网络管理协议
	统一网络管理	应用统一网络管理方案
网络集成测试	网络测试方法	网络测试流程与内容

2.2　逻辑网络设计

2.2.1　性能需求分析

性能需求分析是指根据用户调研结果，结合用户的地理分布情况、应用类型与业务密集度，分析所建设网络的数据负载、信息包流量、信息流特征等元素，从而得出网络带宽、拓扑结构与技术应用等内容。具体网络性能需求分析内容如下所述。

(1) 网络数据负载分析。根据当前的应用类型，网络数据主要有 Web 类应用、文件传输类应用、实时流媒体数据等类型。不同类型的数据对网络带宽、交换速率、网络负载、访问延迟等要求不同，必会影响网络结构、传输介质、网络设备等内容的设计。

(2) 信息包流量及流向分析。根据分析信息包流量与流向等内容，为设计服务器机房的分配与部署提供支持，以减少局部网络拥塞、单点故障的风险。

(3) 信息流特征分析。根据信息分析实时性要求，结合信息批量特性与交互特性，分析信息最大响应时间和延迟时间要求。

(4) 拓扑结构分析。从网络规模、可用性、地理分布和房屋结构等因素，分析网络拓扑结构，选择核心网络技术。

(5) 网络可靠性分析。分析用户可靠性要求，结合用户经费预算，引入冗余备份链路、链路聚合等技术。

(6) 网络安全性设计。分析用户网络安全性要求，设计配套的安全策略与机制，引入安全性设备与技术。

根据网络功能需求与性能要求，其网络的主要性能指标如表 2-2 所示。

表 2-2　网络的主要性能指标

指　标	解　释
数据率	单位时间内传输的比特数，即网络上的主机在数字信道上传输数据的速率，也称为数据传输率，其单位是 b/s
带宽	在计算机网络中，网络带宽表示的是单位时间内从网络中的某一点到另一点所能通过的最高数据量，单位为 b/s
接口速率	单位时间段内接口能发送/接收的最大字节数，用来衡量接口通信性能；该参数用来考察单个接口，取决于接口的缓冲区大小、处理单元速率等因素
接口流量	接口流量表示统计时间段内流入/流出某网络接口的字节数，用来观察是否存在流量异常现象；该指标适用于单个设备和设备的单个端口，其值取决于接口速率、缓冲区大小、处理单元速率等因素
接口丢包率	接口丢包率表示单位时间内数据传输时丢失的分组数与发送的总分组数的比率。一般，无拥塞时路径丢包率为 0%，轻度拥塞时丢包率为 1%～4%，严重拥塞时丢包率为 5%～15%。丢包的主要原因是网络流量太大，网络发生拥塞现象导致交换机/路由器的缓存队列溢出、设备端口故障、网线质量问题。该指标适用于网络整体或单个设备和设备的单个端口
接口差错率	接口差错率表示单位时间内数据传输时出错的分组数与发送的总分组数的比率，在正常情况下，差错率<10^{-6}。出错的主要原因是网络接口故障、线路质量问题或距离太长、设备或端口故障、电磁干扰等。该指标适用于网络整体或单个设备和设备的单个端口

指　标	解　释
接口多播包率	接口多播包率表示单位时间内传输的非单播数据分组数与发送的总分组数的比率。在正常情况下,多播包率为30%以下。出错的主要原因是网络接口故障、网络结构不合理、存在环路、大量采用了集线器、存在使用多播/广播包的业务或程序(如视频点播、网络扫描或黑客、病毒程序等)等。该指标适用于单个设备和设备的单个端口
吞吐量	吞吐量表示在单位时间内某个设备传输无差错数据的数量。该指标用来衡量网络整体或网络设备的负载和设备的I/O(输入/输出)处理能力。显然,吞吐量受网络设备带宽的限制。网络吞吐量非常依赖当前的网络负载情况,为了得到正确的网络吞吐量,最好在不同时间分别进行测试,才能全面衡量吞吐量的实际情况。该指标同样可以用来考察网络整体、单个设备和设备的单个端口,取决于设备接口的速率、缓冲区大小、处理器速率等因素
时延	时延由发送时延、传播时延、处理时延和排队时延组成,一般用往返时延(Round-Trip Time)来计量网络的时延。时延用来考察网络整体,取决于网络的结构、传输速率、网络设备性能等
时延抖动	网络中相邻的两个数据包传输的单向时延的变化量。这个变化量应小于时延的1%～2%。例如,平均时延为200 ms的数据包,时延的变化量(抖动)应小于2～4 ms。视频、音频等实时业务的通信时延对抖动要求高。该指标用来考察网络整体,取决于网络忙闲情况等因素
网络路由	从源节点到目的节点之间的"节点-链路"集合,该集合是由路由器中的路由算法决定的。路由的变动将导致时延、丢包率、抖动等指标发生变化。该指标适用于考察网络整体性能
服务响应时间	从服务请求发出到服务响应所花费的时间,是衡量整体网络性能、服务系统整体性能的重要指标。服务响应时间等于网络通信时延+等待服务时延+服务处理时延。该指标适用于考察服务整体性能
网络利用率	网络利用率是指网络被使用的时间占总时间(即被使用的时间加上空闲的时间)的比例
设备利用率	设备利用率表示指定时间段内设备使用量与设备容量之比。例如,某网段的利用率是30%,意味着30%的容量在使用中
可用性	可用性是指网络或设备可用于执行任务的时间与总时间的百分比。可用性除了网络或设备自身的原因外,还依赖于网络丢包率,当丢包率超过设定阈值时,应用系统变得不可用(服务中断)。该指标用于衡量网络与应用系统的整体性能
平均故障间隔时间	平均故障间隔时间(Mean Time Between Failures,MTBF)指两次故障间隔时间。MTBF越长表示可靠性越高,可用性越强。一般设备MTBF>4000小时
平均故障恢复时间	平均故障恢复时间(Mean Time To Recovery,MTTR)指从出现故障到故障恢复的时间。MTTR包括确认故障所需时间、维护所需时间、获得配件的时间、维修团队的响应时间、将设备重新投入使用的时间等。MTTR越短表示恢复性越好
平均无故障时间	平均无故障时间(Mean Time To Failure,MTTF)即系统平均能够正常运行多长时间才发生一次故障,系统的可靠性越高,平均无故障时间越长。MTBF等于MTTF加上MTTR

2.2.2 拓扑结构设计

在逻辑网络设计中，首先需要设计网络的拓扑结构，明确网络和信息点数目，确定网络大小范围及互联类型。

1. 简单网络拓扑结构

对于信息点少、用户需求简单、网络互联类型单一的网络，通常采用平面网络结构或二层网络结构。

1) 平面网络结构

平面网络结构就是没有层次的网络，网络中的每个信息点的工作地位相等，完成的是相同性质的工作。在局域网中，平面网络结构的实现通常是将多个计算机/服务器与集线器/交换机相连。如图 2-3(a)所示，将服务器、工作站、客户机(PC、笔记本)、路由器、网络打印机等硬件设备与交换机直连，构成星形网络结构。由于多个硬件处于一个冲突域与广播域，平面网络结构容易产生通信延迟、吞吐量限制等问题。在广域网中，平面结构由在各地的几个网络组成，每个网络构成一个节点，形成一个平面的回路结构，如图 2-3(b)所示。如果节点较多，采用平面回路结构容易产生路由环，导致网络时延增大，出错率增加。

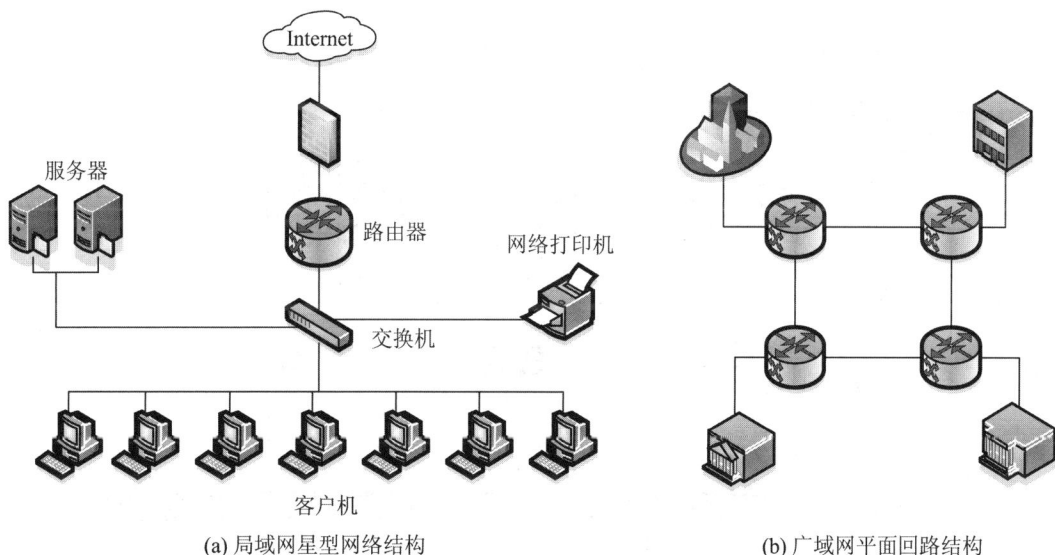

(a) 局域网星型网络结构　　　　　　　　　　　(b) 广域网平面回路结构

图 2-3　平面网络结构示意图

2) 二层网络结构

二层网络结构就是将网络通过交换机分割成两层结构，底层交换机带宽较低，分别与若干个工作站和个人计算机连接，上层的交换机带宽较高。在局域网中，二层网络结构由于将原来平面结构的一个冲突域分割成多个冲突域，较好地解决了节点规模较大时带来的通信时延问题，以及服务器高带宽的需求；在广域网中，二层网络结构可以减少回路结构带来的冗余流量，如图2-4所示。

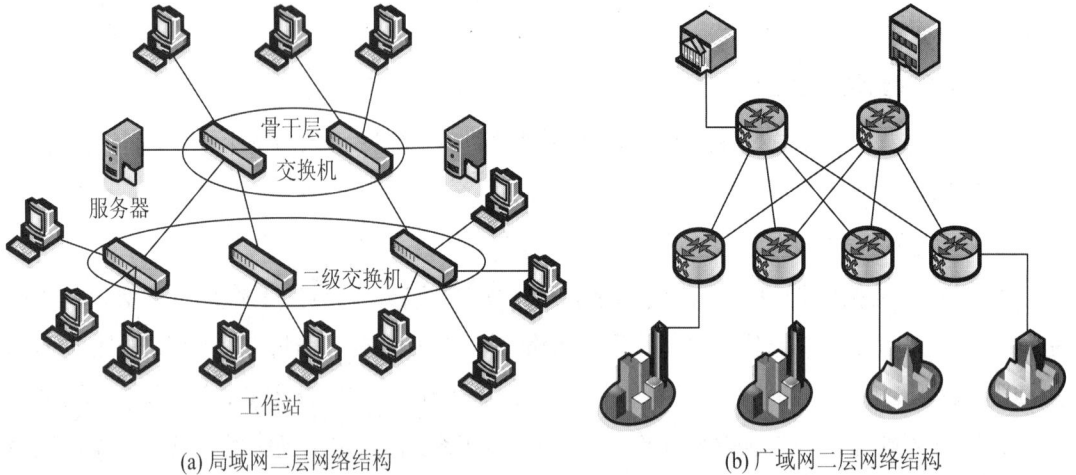

(a) 局域网二层网络结构　　　　　　　　(b) 广域网二层网络结构

图2-4　二层网络结构示意图

2. 复杂网络拓扑结构

当网络规模大、信息点数目多、用户需求复杂时，就必须采用网络分层设计模型。复杂网络拓扑结构一般采用三层分级结构，按照核心层、汇聚层、接入层进行分组，如图2-5所示。其中，核心层提供网络节点之间的传输通道，汇聚层提供基于策略的连接控制，接入层提供用户接入网络的通道。

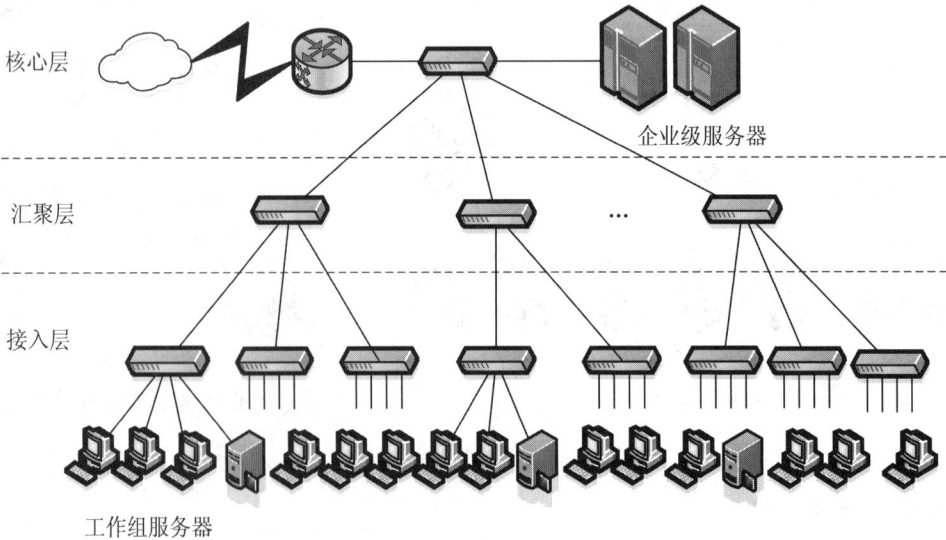

(a) 局域网的三层网络结构

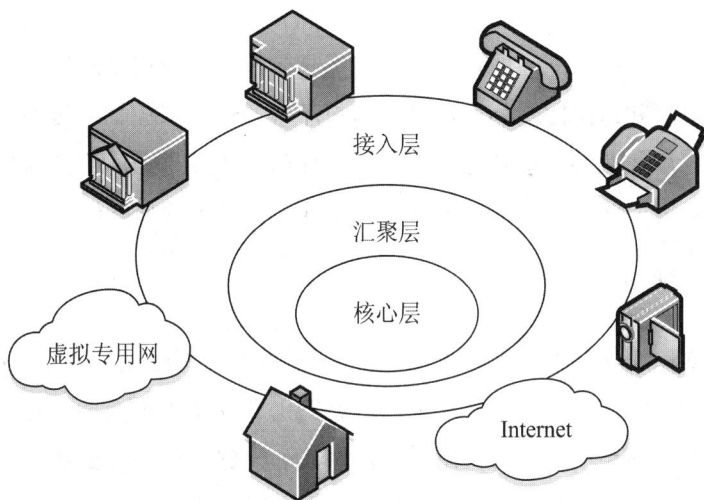

(b) 广域网的三层网络结构

图 2-5　复杂网络拓扑结构示意图

1) 核心层

核心层是网络高速交换的主干，通过高速转发通信提供优化的、可靠的传输结构。核心层可以通过路由器接入或者直接通过交换机连接到服务商，用来提供 Internet 接入，与核心层连接的设备主要包括汇聚层设备和企业级服务器。由于数据处理量大且与国家数据骨干网直接相连，核心层对数据的处理应采用独立的核心路由器或三层交换机，以充分利用集中交换的优势。在大型网络中则使用一组由高速局域网连接的路由器，或者一系列高速的广域网连接形成一个核心层网络。

核心层负责整个网络系统数据的快速转发，从功能上又分为核心骨干网、服务器区与网络出口区。核心骨干网负责连接服务器区、网络出口区及宽带接入服务器区，为了保证高可靠性，应设置冗余的链路、端口与网络设备。服务器区使用认证系统对全网的宽带用户进行认证管理，并配置硬件防火墙实现对其自身的安全保护。网络出口区主要是实现连接 ISP 网络出口、NAT 地址转换及网络出口的带宽管理等，需要采取冗余或互为备份技术，以提高整个网络出口的可靠性，同时需要部署流量控制设备，对一些 P2P 的非实时业务进行有效控制，保障实时业务的正常运行。

2) 汇聚层

汇聚层负责核心层与接入层之间的连接，负责定义网络的管理策略，提供流量控制和用户管理功能。该层把核心层同网络的其他部分区分开，并对潜在的复杂数据包操作进行处理。汇聚层是多台接入层交换机的汇聚点，必须能够处理来自接入层设备的所有通信量，并提供到核心层的上行链路，因此汇聚层的交换机需具备交换容量大、端口密度高、可靠性高等特点。

3) 接入层

接入层是终端用户接入网络的点，主要功能是为最终用户提供网络接入，实现网络入口控制，并通过过滤和访问控制列表提供对用户流量的进一步控制。接入层的交换机一般在办公室、小型机房和业务受理较为集中的业务部门，主要是面向最终用户连接网络的纽带，应具有即插即用、低成本、端口密度高等特性，并易于管理维护。

2.2.3 出口路由规划

绝大部分网络集成项目中，都会有访问 Internet 的需求，因此需要对路由协议(Gateway Protocol，GP)进行考虑与设计。路由可分为静态路由和动态路由两类。静态路由是指所有路由器中的路由表必须手工配置，在所有路由中，静态路由优先级最高。动态路由是路由器之间交换信息时自动建立路由表，并根据节点与链路的变化动态调整。静态路由和动态路由可以在网络中并存，可以在边界网络配置静态路由，而骨干网络使用动态路由协议，如表 2-3 所示。

表 2-3 路由协议分类比较表

分　类		协　议	适　用　性	特　点
静态路由		手工配置	适合规模小拓扑结构固定的网络	优点是简单、高效、可靠，具备重定向功能；缺点是不能适应拓扑结构变化
动态路由	内部网关协议 IGP	RIP、RIPII、OSPF、IGRP	网络规模大、网络拓扑复杂，运行在自治系统	优点是可以自动适应网络状态的变化；缺点是需要占用网络带宽与系统资源，其安全性不如静态路由
	外部网关协议 EGP	边界网关协议 BGP		

注：RIP—Routing Information Protocol，路由信息协议；OSPF—Open Shortest Path First，开放式最短路径优先；IGRP—Interior Gateway Routing Protocol，内部网关路由协议。

2.2.4 网络与 IP 地址规划

当网络拓扑结构设计完成后，需要进行网络规划与 IP 地址划分。网络规划是对网络/子网/虚网的数量与配置内容进行规划，并分配相应的网络号、网络掩码、网关地址。IP 地址划分是根据网络规划方案，为每个网络/子网/虚网中的 IP 设备分配相应的 IP 地址，并明确相应的网络掩码、默认网关地址。

随着互联网规模的不断增长，IP 地址规划的基本方法已无法满足网络通信的增长需求。一方面是核心路由表急剧增大，造成路由效率降低，甚至可能导致网络崩溃；另一方面可分配 IP 地址的数量出现严重不足，制约了网络的发展。因此，在 IP 地址规划基本方法的基础上出现了路由聚合技术与 IP 地址节约技术。

1. IP 地址规划基本方法

在 IPv4 协议中,IP 地址的长度是 32 位,IP 地址采用网络号加主机号的层次结构来组织。当企业内部网络复杂,有多个独立部门时,仅凭分配的网络号无法进行有效的层次化管理。因此,需要采用子网划分技术,从主机号借用若干个比特位作为子网号,划分成多个子网。因此,IP 地址虽然长度没变,但是 IP 地址结构从二级结构变为三级结构,如图 2-6 所示。

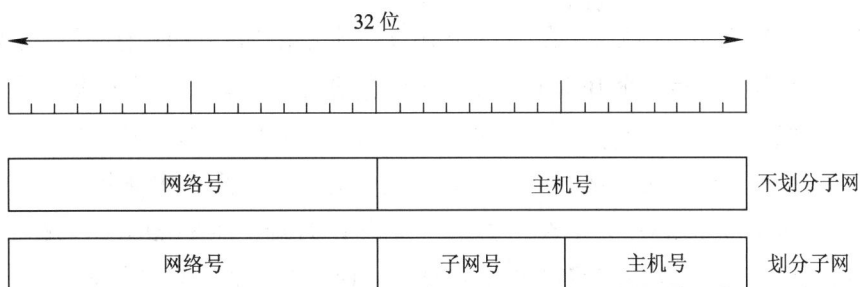

图 2-6　子网划分技术示意图

在此基础上,需要使用子网掩码表明一台主机所在的子网与其他子网的关系,使网络正常工作。因此,需要对网络号、网络掩码、网关地址等内容进行规划。根据用户对网络以及主机数的需求,计算满足用户需要的基本网络地址结构,进而得出子网掩码、各网络地址、广播地址与主机地址。

2. 无类别域间路由技术

当有较多的子网划分时,路由器的处理能力和路由效率是必须考虑的问题,需要尽量降低路由表的数量,即尽量减少下级网络中的逻辑网络数量。因此,需要让路由选择协议能够用一个地址通告众多网络,使多个逻辑网络在高层路由器中使用一条路由,即路由聚合技术。通过路由聚合,网络和子网大小不同的复杂分层体系通过共享的网络前缀在各点进行汇总,有效地减少了上级路由器的路由选择表项,减轻了上级路由器的负担。

因此,出现了无类别域间路由(Classless Inter-Domain Routing,CIDR)技术,通过取消 IP 地址的分类结构,使用网络前缀(比特掩码)来标识 IP 地址中网络位部分的位数,使 IP 地址的网络位部分和主机位部分不再受完整的 8 位组限制。CIDR 可以根据具体的应用需求分配 IP 地址块,以提高 IPv4 的可扩展性和利用率。CIDR 可以将多个地址块聚合在一起形成一个更大的网络,从而减少路由表中的路由条目,完成路由聚合功能,减少路由通告数量。

3. 可变长子网掩码技术

由于网络中各个末梢网络包含的主机数量不等,在传统的定长子网划分中,只能采用一个子网掩码,一旦子网掩码的长度确定,子网的数量和每个子网中可用 IP 地址的数量就都确定了。而在实际的网络规划中,每个子网的大小要求往往并不相同,如果采用定长子网掩码,则可能造成大量 IP 地址浪费,不能适应实际工程需要。

因此，出现了可变长子网掩码(Variable Length Subnet Mask，VLSM)技术，使用网络前缀(比特掩码)来标识 IP 地址中主机位部分的位数，允许多个长度不同的子网掩码。通过使用不同网络前缀(比特掩码)的子网，最终完成了定长子网掩码无法实现的子网划分，提高了 IP 地址的利用率，实现了 IP 地址的节约。

4. 网络地址转换技术

当前，越来越多的组织或公司在 TCP/IP 协议基础上组建自己的私有网络，这要求私有网络中每个节点都要获得一个 IP 地址。为了节约合法的 IP 地址，缓解 IP 地址紧张问题，引入私有 IP 地址。一般一个组织或公司的私有网络都是末梢网络，为节约 IP 地址，往往为私有网络内部的主机分配私有 IP 地址，网络内部通信均由私有 IP 地址来实现。当私有网络内部主机需要与 Internet 进行通信时，由于私有 IP 地址不能在 Internet 上被路由，必须在末梢网络的边界网关路由器上将内部主机的私有 IP 地址转换为可以在 Internet 上被路由的合法 IP 地址，如图 2-7 所示。

图 2-7　网络地址转换技术示意图

因此，出现了网络地址转换(Network Address Translation，NAT)技术，允许将多个内部私有 IP 地址转换到同一个合法 IP 地址上。这样通过在末梢网络中使用私有 IP 地址，可实现将上百台私有网络内部主机通过一个合法 IP 地址连接到 Internet 中，实现对合法 IP 地址的节约。一般小型企业网络以及计算机机房等均使用这种方法设置。

5. 动态 IP 地址分配技术

在一个网络中，路由器、交换机等网络设备以及服务器等关键节点通常需要一个特定的 IP 地址。但对于大量的客户端主机而言，并不需要固定某一个 IP 地址，尤其对经常变化位置的客户端主机，静态分配 IP 地址的方法在大型网络中增加了工作量，并且当可用的 IP 地址少于网络中的主机数量时将无法进行有效分配，从而造成 IP 地址浪费。

因此，出现了动态主机配置协议(Dynamic Host Configuration Protocol，DHCP)，DHCP 用来为客户端主机动态分配 IP 地址。DHCP 允许客户端主机从一台 DHCP 服务器上动态地获得其所属的 IP 地址子网掩码和默认网关等 TCP/IP 属性配置，从而减轻了 IP 地址管理的工作量，并且可以起到节约 IP 地址的作用。

6. 虚拟局域网划分技术

局域网 LAN 常常作为一个单独的广播域，使用集线器和二层交换机连接在一起的主机或服务器处于同一个广播域，当同一广播域内节点数量很多时，容易占用带宽，广播包将严重影响网络通信效率，从而产生广播风暴。因此，出现了虚拟局域网(Virtual Local Area Network，VLAN)。VLAN 是在交换局域网的基础上，采用网络管理软件构建可跨越不同网段、不同网络的端到端的逻辑网络。管理员根据实际应用需求，把同一物理局域网内的不同用户逻辑地划分成不同的广播域，每一个 VLAN 都包含一组有着相同需求的计算机/服务器，与物理上形成的 LAN 有着相同的属性。因为它是从逻辑上划分的，而不是从物理上划分的，所以同一个 VLAN 内的各个服务器没有限制在同一个物理范围中，即这些服务器可以在不同物理 LAN 网段。一个 VLAN 内部的广播和单播流量都不会转发到其他 VLAN 中，从而具备有助于控制流量、确保网络安全、简化网络管理、提高网络安全等优势。

2.3　物理网络设计

物理网络设计是指在计算机网络中对于硬件设备和物理连接的规划和布局过程。物理网络设计一般包含网络传输介质的选择、网络互联设备的选型、Internet 网络接入方式的设计等内容，并且需要兼顾考虑可靠性与安全性设计，下面进行详细介绍。

2.3.1　网络传输介质

网络传输介质构成了计算机用以收发电子或光信号的物理路径，按传输介质的不同主要分为有线传输介质和无线传输介质。由于传输介质是计算机网络最基础的通信设施，其性能好坏对网络的性能影响很大。衡量传输介质性能优劣的主要技术指标有传输距离、传输带宽、衰减、抗干扰能力、连通性和费用等。

1. 有线传输介质

局域网中常用的有线传输介质主要包括双绞线、同轴电缆和光缆等。不同传输介质的传输距离、带宽、施工难度和费用等都不相同，具体如表 2-4 所示。

表 2-4　主流有线传输介质的技术指标比较

传输介质类型	最大传输距离/m	带宽/(Mb/s)	施工难度	组网成本
5 类双绞线(100BASE-TX)	100	100	非常容易	成本低
5 类双绞线(1000BASE-TX)	100	1000	非常容易	成本低
粗同轴电缆	500	10	容易	成本较高
细同轴电缆	185	10	容易	成本较高
单/多模光缆(100BASE-FX)	2000	100	难	成本高
多模光缆(1000BASE-SX)	220～550	1000	难	成本高
单模光缆(1000BASE-LX)	5000	1000	难	成本高

在这几类传输介质中，双绞线性价比高，施工容易，但由于其传输距离比较短，易受环境电信号干扰，只适用于短距离传输，一般作为连接桌面设备的首选传输介质。基带同轴电缆可以直接传输数字信号，但可靠性不好，现在基本上已被双绞线取代。宽带同轴电缆用来传输模拟信号，主要用于闭路电视信号的传输。光缆由于抗干扰能力强，传输速率高，传输距离远，主要用于远距离传输，适用于骨干网的组建。

如图 2-8 所示，接入层设备与用户层机器之间的连接以及接入层设备与汇聚层之间的连接可以考虑采用双绞线，但是它们之间的距离不能大于 100 m。汇聚层与核心层设备的连接可以考虑采用光缆，如果是百兆标准的单模光缆，距离不能超过 2 km。

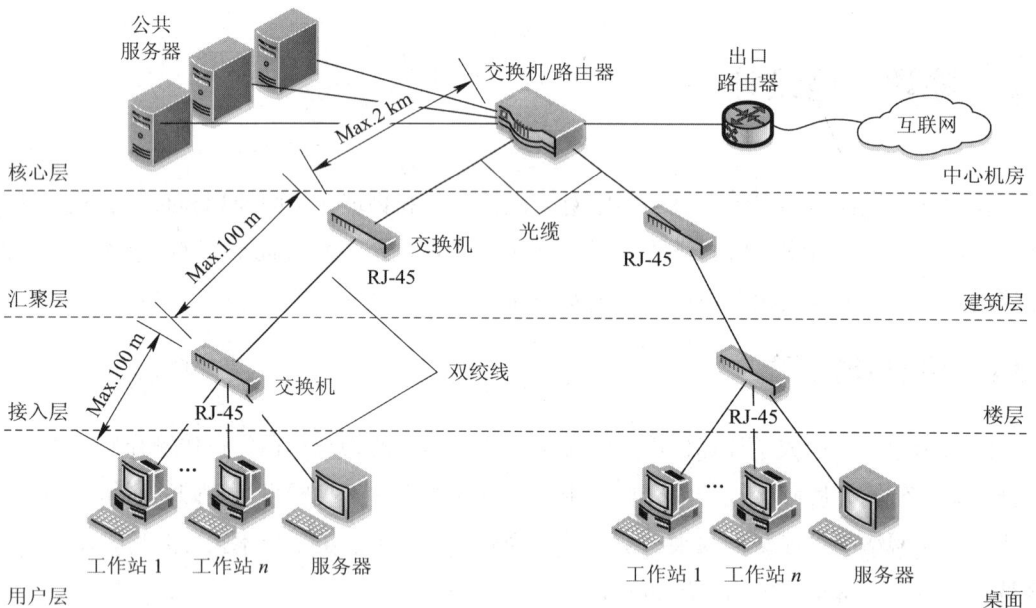

图 2-8　局域网传输介质选择案例图

2. 无线传输介质

有线传输容易受到地理条件及临时组网需求等因素的限制，因此就需要用到无线传输技术。无线传输介质的特点就是抗干扰能力相比有线传输介质弱，但传输信号容易。常用的无线传输介质主要包括无线电波、微波、红外线等。随着网络范围的不同，无线网络采用的技术也各不相同，如表 2-5 所示。

表 2-5　不同无线网络采用的无线网络技术

无线网络	内　　容	代 表 技 术
无线广域网	通过移动通信卫星通信	2G、3G、GSM、GPRS、CDMA、LTE、EDGE、5G
无线城域网	通过移动电话或车载装置通信	MBWA(802.20)、WiMax(802.16)
无线局域网	区域间的无线通信	802.11 系列 Wi-Fi
无线个人网	10 m 范围内的无线通信	WPAN(802.15)、BlueTooth、Zigbee

2.3.2　网络互联设备

1. 网络互联设备的功能与选型

网络互联设备是网络互联的核心，主要包括局域网与局域网的互联、局域网与广域网的互联以及广域网与广域网的互联等，其设备包括中继器、集线器、网桥、交换机、路由器、网关等，如表 2-6 所示。

表 2-6　网络互联设备分类表

网络互联设备	网络互联层次	主 要 功 能
调制解调器	物理层	数字信号与模拟信号的相互转换，建立设备之间的连接
中继器	物理层	信号复制放大，扩充通信距离
集线器	物理层	信号复制放大，连接主机入网
网卡	数据链路层	单机与局域网的接入设备，用来收发数据
网桥	数据链路层	帧过滤转发
交换机	数据链路层	帧过滤转发
路由器	网络层	网络互联，路径选择
网关	应用层	应用数据协议转换

在进行网络系统集成时，选择网络互联设备的一般原则如下：

(1) 选用主流厂家、主流型号的设备；

(2) 选用技术先进、性能成熟稳定的产品；

(3) 选用性能/价格比高的产品；

(4) 选用行业惯例产品；

(5) 选用用户熟悉的或已用过的厂家设备；

(6) 尽量选用同一厂家的设备，型号不宜太多，以便管理与维护。

2. 交换机设备选型

交换机(Switch)作为网络互联设备的核心设备，其性能及功能决定着局域网的可管理性和数据转发性能。选择交换机时应该从以下几方面来考虑：

(1) 网络应用层次。交换机设备选型首先需要判断其应用属于网络层次结构的哪一层，属于核心层交换机、汇聚层交换机和接入层交换机等的哪一类交换机。根据其网络规模与所在的层次结构，选取交换机的类型，具体内容参考表 2-7。

表 2-7   各类型交换机选取参照

层次结构	任务	选型重点	网络规模	设备选型
核心层	为骨干网络提供高速数据交换与最优化通信	冗余能力、可靠性和高速传输能力	小型	普通三层网管交换机
			中大型	万兆/堆叠三层交换机
汇聚层	延伸覆盖范围、业务汇聚、安全控制、QoS 处理	容量大、端口密度高、可靠性高	小型	普通二层交换机
			中大型	普通三层网管交换机
接入层	连接最终用户与网络	即插即用、高端口密度、易维护使用	小型	基本交换机
			中大型	网关交换机

(2) 交换机带机量。交换机的带机量主要体现在交换机的 MAC 地址(Media Access Control Address，媒体访问控制地址，也称为局域网地址，以太网地址或物理地址)表深度。对于三层交换机，需要关注主机路由条目数，其所有接入终端的个数应小于三层交换机的主机路由条目数。

(3) 背板带宽。背板带宽标志着一个交换机总的吞吐能力，是交换机接口处理器或接口卡和数据总线间所能吞吐的最大数据量。对于汇聚层和核心层交换机，背板带宽越大越好。若要实现网络的全双工无阻塞传输，必须满足最小背板带宽要求，即所有端口速率两倍之和。

(4) 包转发率。包转发率标志着交换机的交换能力，以数据包为单位，即 Mp/s(百万包/秒)。这里需要注意的是各厂商公布的包转发率都是以 64 字节定长包在设备上的传输为测试标准给出的，并且部分核心层交换机的包转发率指标设计会低于其提供的所有端口无阻塞工作方式的速率之和。

(5) 端口数量。交换机支持的物理端口数量决定该交换机接入终端或二级设备的数量。交换机的接入端口用于连接内网终端，上联端口用于连接上级设备，需要根据实际需求结合后期网络扩展等因素进行综合选择。

(6) 端口参数。交换机的端口参数主要考虑端口速率(百兆、千兆、万兆)和端口类型(RJ45、SFP/光口、PoE 供电网口等)，需要根据交换机层次、部署位置和应用类型等内容进行综合选择。

(7) 功能支持。大中型局域网交换机需要考虑 VLAN 支持与配置管理、DHCP 侦听及相关安全性功能支持。

2.3.3   Internet 网络接入

Internet 网络接入主要考虑以合适的性价比将远程计算机或计算机网络接入 Internet。

接入 Internet 的主流技术可分为有线接入和无线接入两种，其中各技术又包括多种技术。因此，在接入之前须认真考虑各种接入方式的接入效率、接入费用等诸多问题。

1. 有线接入

常见的有线接入技术包括电话拨号接入、ADSL 接入、有线电视网接入技术、局域网接入技术和光纤接入等，主要的形式为一点对多点接入、带宽统计复用以及以太网模式进行业务承载。

1) 电话拨号

基于公共交换电话网(Public Switch Telephone Network，PSTN)将用户计算机接入 Internet 网络，用户计算机和 Internet 中的远程访问服务器(Remote Access Server，RAS)均通过调制解调器(Modem)与电话网相连。用户在访问 Internet 时，通过拨号方式与 Internet 中的 RAS 建立连接，借助 RAS 访问整个 Internet，如图 2-9 所示。

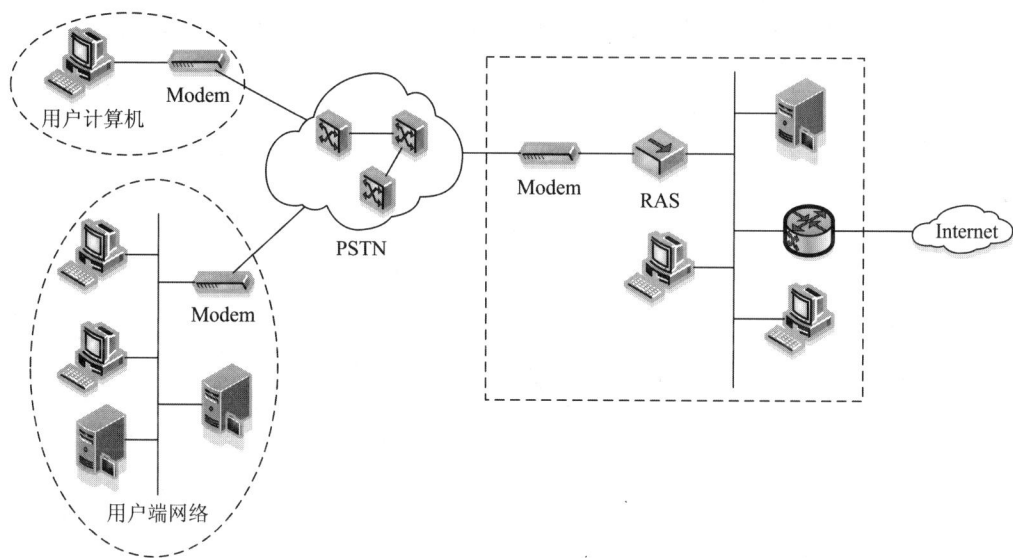

图 2-9　PSTN 技术原理图

2) 数字用户线路

数字用户线路(Digital Subscriber Line，DSL)是以铜质电话线为传输介质的传输技术组合，包括 HDSL(High-Speed DSL，高速率数字用户线路)、SDSL(Symmetric DSL，对称数字用户线路)、VDSL(Very-high-bit-rate DSL，超高速数字用户线路)、ADSL(Asymmetric DSL，非对称数字用户线)和 RADSL(Rate Adaptire DSL，速率自适应数字用户线)等，一般称为 xDSL 技术，一般由用户端、电话线路和电话局端等部分组成。其中电话线路可以利用现有的电话网资源，不需要做任何变动，如图 2-10 所示。

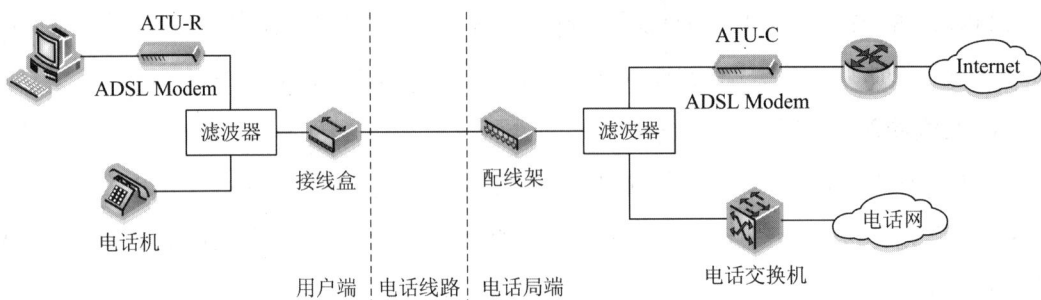

图 2-10　DSL 技术原理图

3) 有线电视网

光缆同轴电缆混合网(Hybrid Fiber Coaxial，HFC)是通过有线电视(Cable Television，CATV)的电缆系统，采用模拟频分复用技术，通过电缆调制解调器，综合应用模拟/数字传输与射频技术接入 Internet。由于其应用了有线电视的电缆系统，可以提供电视广播(模拟及数字电视)、影视点播、数据通信、电信服务(电话、传真等)以及丰富的增值服务等，如图 2-11 所示。

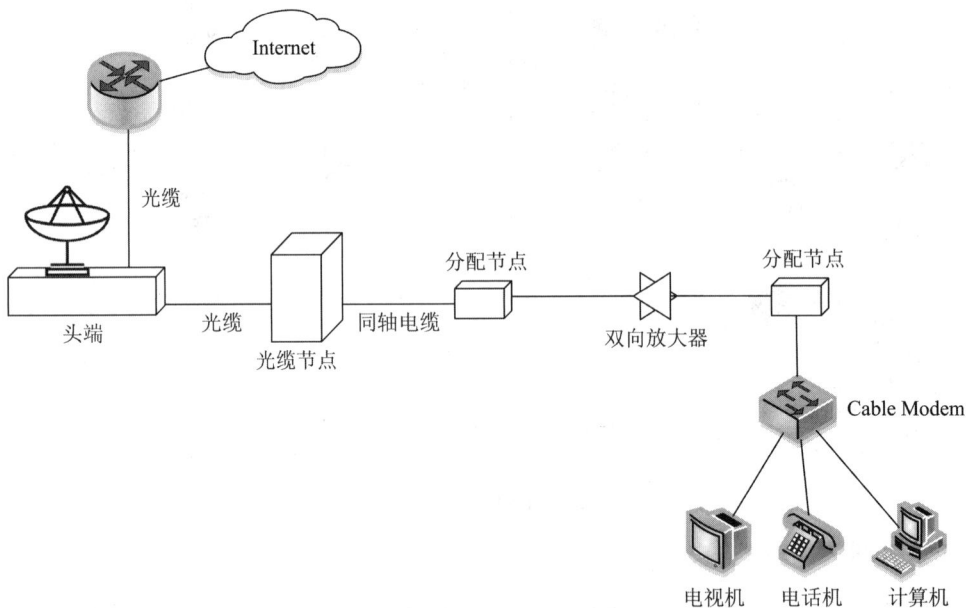

图 2-11　有线电视网技术原理图

4) 数据通信网

数据通信网是专门为数据信息传输建设的网络，通常是利用光纤传输技术，以以太网架构宽带 IP 接入 Internet，如图 2-12 所示。由于以太网的帧格式和 IP 数据格式是一致的，用以太网传输 IP 数据业务，中间没有任何格式转换问题，并且配合光纤传输技术使得传输性能与传输质量更高，如表 2-8 所示。

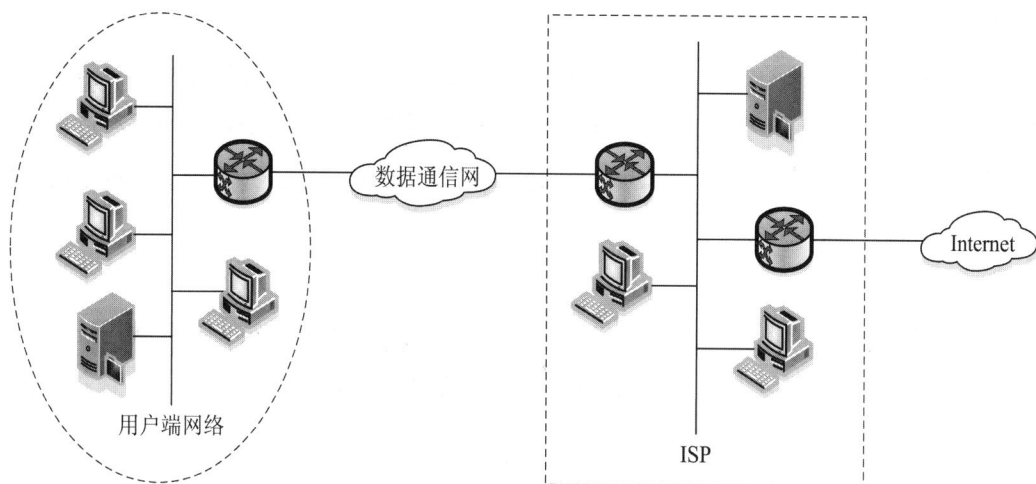

图 2-12　数据通信网技术原理图

表 2-8　有线接入中不同接入方式对比

接入方式	用户带宽	特　　点	应用情况
电话拨号	20～60 kb/s	优点：接入简单、费用低； 缺点：传输速率低	淘汰
ADSL	上行速率 16～640 kb/s； 下行速率 1.5～9 Mb/s	优点：使用费用低、无须重新布线； 缺点：对线路质量要求较高、用户规模受到调制解调器性能的影响	基本淘汰
有线电视网	10～36 Mb/s(共享)	优点：改造费用较低，具备丰富的增值业务； 缺点：需要对现有的有线电视网络进行改造、用户规模受限	面临淘汰
数据通信网	100 Mb/s、1 Gb/s、10 Gb/s	优点：传输性能与传输质量最佳； 缺点：前期投入较大，施工难度较大	广泛应用

2. 无线接入

无线接入技术主要有移动通信、数字微波和卫星通信等，主要以本地多点分配业务、无线宽带大范围接入等方式实现，如表 2-9 所示。

表 2-9　无线接入中不同接入方式对比

接入方式	特　　点	应　用　场　景
移动通信网	迭代发展、较为成熟	一般用于智能终端的接入，也可用于农村等偏远地区的网络覆盖接入
微波无线网	技术传统、应用较少	距离超过 40 km 以上的通信接入
卫星通信网	未来发展、应用较少	偏远山区的分散用户；覆盖面积大、规模大的互联网主干网环境

1) 移动通信网

移动通信技术是把一个地理区域分成若干个小区，充分利用无线传输在每一组连接内进行数据通信，一般用于手机、智能平板、智能手表等终端接入 Internet 网络。经过多年发展，移动通信技术具有 GSM、GPRS、EDGE、CMDA、LTE 等多种接入方式，技术迭代促进了其传输质量与速率的发展。

2) 微波无线网

微波无线网是通过地面微波通信方式，即在源、目两端建立微波设备无线塔及在传输链路之间设立若干个中继站，主要应用于有线难以布线与维护等的场景。

3) 卫星通信网

卫星通信网是利用人造地球卫星作为空中微波中继站实现地球上两个或多个地球站之间的通信，主要应用于偏远地区用户分散的场景，但随着近年来卫星互联网技术的发展，亦可应用在覆盖面积大、规模大的互联网主干网环境。

2.3.4　网络可靠性技术

在信息系统运行中，网络的稳定性至关重要，一旦网络出现故障，如断网、延迟丢包等，很可能会导致系统不可用。因此，冗余备份至关重要，需要对网络核心链路与节点等多个方面做可靠性设计。

1. 链路冗余

在网络拓扑结构的设计中，大部分系统采用以树型结构为主的层次结构。如果上下层设备只有一条链路，在链路发生故障时，将导致系统不可用。因此，适当在核心层、汇聚层之间引入冗余链路，如图 2-13 所示，避免单点故障，以提高系统的可靠性。

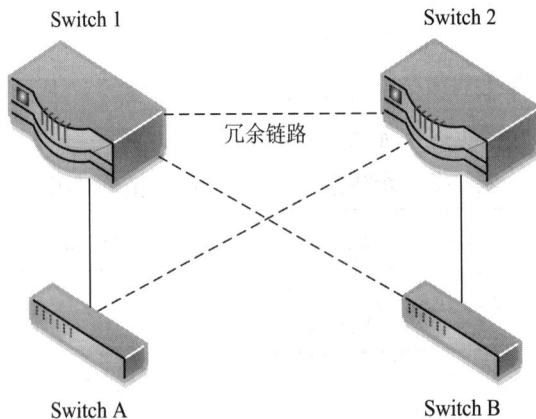

图 2-13　链路冗余示意图

2. 链路聚合

链路聚合用于将多个物理链路组合成一个逻辑链路，以增加带宽和提高可靠性。在核心交换机上实现链路聚合时，通常使用的协议是以太网聚合协议，并且当一个物理链路出现故障时，链路聚合可以自动将数据流量切换到其他正常工作的链路，实现无缝的故障转移，如图 2-14 所示。

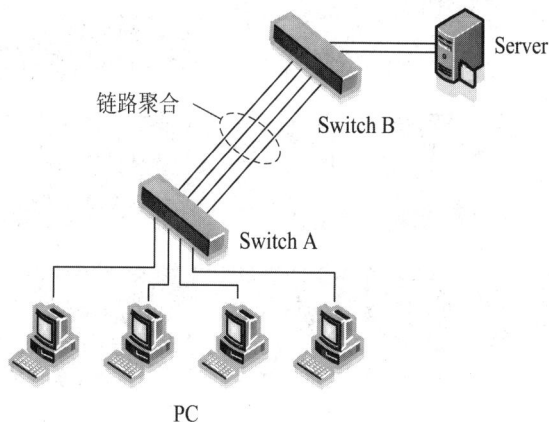

图 2-14　链路聚合示意图

3. 交换机冗余

核心交换机作为网络的中枢，其高可用性是至关重要的。冗余技术用于提供故障转移和容错能力，确保即使在某个组件或链路出现故障时，网络仍然可用。常见的冗余技术如下：

(1) 冗余电源：核心交换机通常配备多个电源模块，当其中一个电源出现故障时，其他电源可以自动接管，确保交换机的稳定运行。

(2) 冗余风扇：交换机的风扇模块通常也采用冗余设计，当一个风扇出现故障时，其他风扇可以保持散热效果，防止交换机过热。

(3) 冗余模块：核心交换机还可以使用其他冗余模块，如冗余控制板或冗余转发模块，以确保交换机的正常运行。

4. 交换机堆叠

堆叠是一种将多个交换机物理连接成一个逻辑单元的技术。在堆叠模式下，多个交换机被视为一个整体，作为一个逻辑交换机进行管理和配置。在核心交换机堆叠中，通常使用的协议是堆叠协议，通过该协议在多个交换机之间建立逻辑连接，并管理堆叠中的配置和状态信息。采用堆叠技术可简化交换机的配置和监控的复杂性，提供冗余和故障转移功能，其他交换机可接管故障交换机的业务，并且可以较为便捷地扩展网络规模和带宽，如

图 2-15 所示。

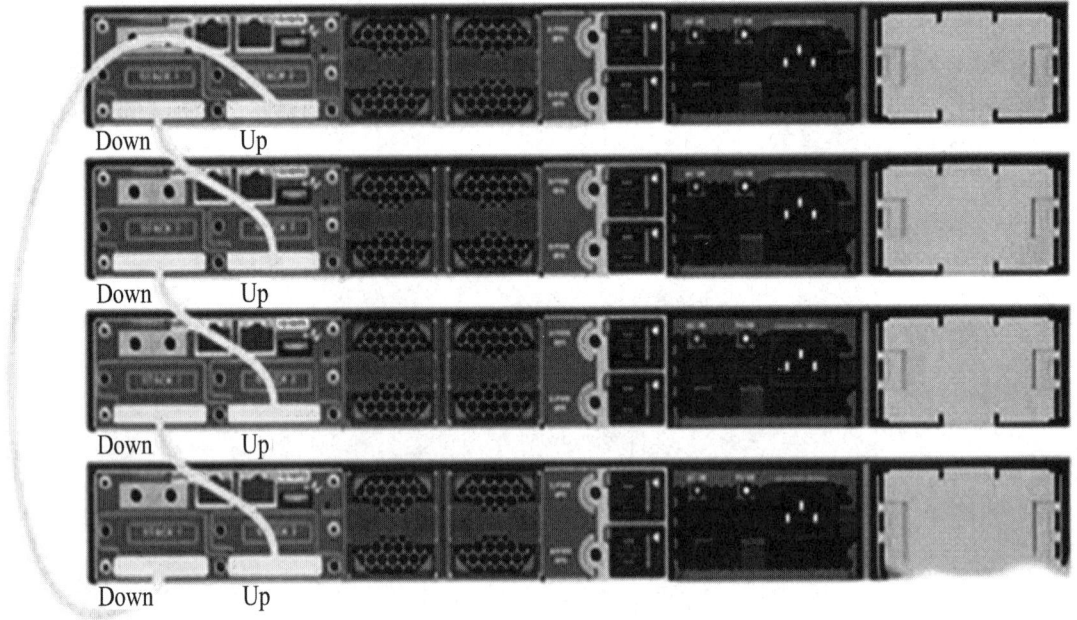

图 2-15　交换机堆叠示意图

5. 交换机热备份

核心交换机的热备份是一种保证交换机高可用性的重要技术。通过快速故障检测和无缝切换，备份交换机可以在主交换机出现故障时接管其功能，实现快速的故障转移，确保网络的连通性和稳定性。并且数据同步机制确保备份交换机上的配置状态与主交换机保持一致，实现平滑的切换过程。

2.3.5　网络安全性技术

网络信息系统是一个开放的系统，容易产生各种安全漏洞和隐患。当网络存在安全漏洞时，容易使网络信息系统发生人为的故障，破坏信息的机密性、完整性、可用性，带来不可弥补的损失。因此，网络系统集成时必须考虑网络安全问题，通常可以考虑采用防火墙、入侵检测和漏洞扫描等技术措施。

1. 防火墙

防火墙是将一个或一组网络设备部署于网络边界，通过执行安全策略，在两个或多个网络间加强访问控制，对进出网络边界的数据进行保护，以防止恶意入侵、恶意代码的传播等，保障内部网络数据的安全。防火墙工作原理如图 2-16 所示。

外部网络

防火墙

交换机

安 全 规 则				
规则	从哪里来	到哪里去	与谁联系	控制
1	内部IP	*	*	允许
2	外部IP	*	邮件服务器	拒绝
3	外部IP	*	邮件服务器	允许

E-mail服务器　Web服务器

内部网络

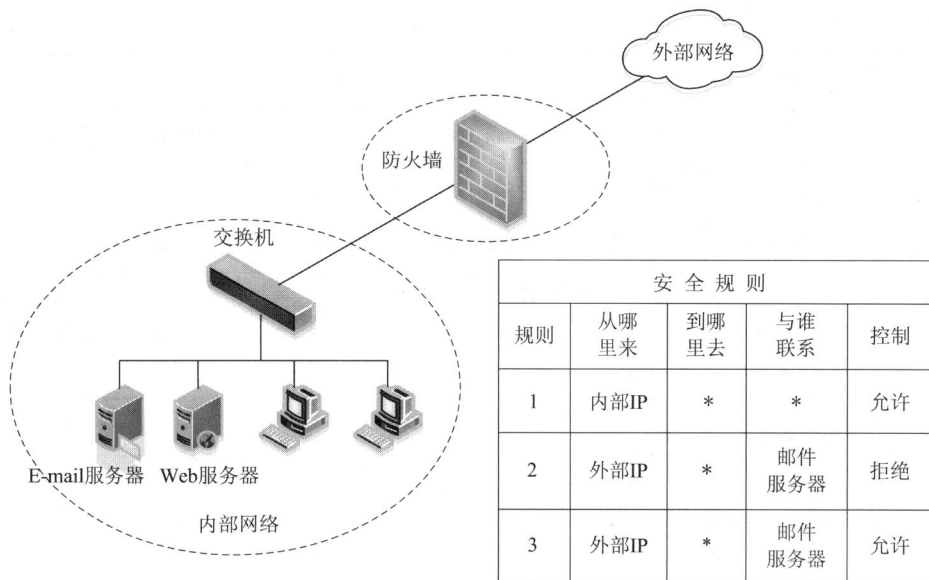

图 2-16　防火墙工作原理图

　　在选择防火墙时，重点关注网络功能支持与安全功能支持两个方面的指标，具体内容见表 2-10。

表 2-10　防火墙安全功能表

类 型	功能指标项	功 能 描 述
网络功能	网络接口	防火墙提供保护的网络类型，如以太网、快速以太网、千兆以太网、ATM、令牌环及 FDDI 网等
网络功能	协议支持	支持 IP 协议、AppleTalk、DECnet、IPX 及 NetBEUI 等协议；建立 VPN 通道的协议：IPSec、PPTP 等专用协议等；数据协议分析类型、工控协议分析类型、应用协议识别类型；IPv6 协议支持
网络功能	路由支持	静态路由、策略路由、动态路由
网络功能	设备虚拟化	虚拟系统、虚拟化部署
网络功能	管理功能	SNMP 管理、管理通信协议、带宽管理、负载均衡管理、用户权限管理、远程/本地管理等
网络功能	最大吞吐量	检查防火墙在不丢包的情况下达到的最大吞吐速率，如网络层吞吐量、HTTP 吞吐量、SQL 吞吐量
网络功能	最大连接速率	TCP 新建连接速率、HTTP 请求速率、SQL 请求速率
网络功能	最大规则数	检查在添加大数量访问规则的情况下防火墙性能的变化状况
网络功能	并发连接数	在单位时间内所能建立的最大 TCP 连接数，每秒的连接数
安全功能	加密支持	防火墙所能够支持的加密算法，如 DES、RC4、IDEA、AES 及国产加密算法
安全功能	认证支持	防火墙能够支持的认证类型，如 RADIUS、Kerberos、TACACS/TACACS+、口令方式、数字证书等

类　型	功能指标项	功　能　描　述
安全功能	访问控制	包过滤、NAT、状态检测、动态开放端口、IP/MAC 地址绑定
安全功能	流量管理	带宽管理、连接数控制、会话管理
安全功能	应用层控制	用户管控、应用类型控制、应用内容控制、负载均衡
安全功能	攻击防护	拒绝服务攻击防护、Web 攻击防护、数据库攻击防护、恶意代码防护、其他应用攻击防护、自动化工具威胁防护、攻击逃逸防护、外部系统协同防护
安全功能	审计和报表	支持的审计方式和分析处理审计数据的表达形式，如远程审计、本地审计等

注：IPSec—Internet Protocol Security，互联网安全协议；PPTP—Point to Point Tunneling Protocol，点对点隧道协议。

2. 入侵检测

防火墙只能防范来自外部网络的攻击，无法防范来自网络的内部入侵者。因此，需要应用入侵检测系统(Intrusion Detection System，IDS)实时监测内部的网络访问流量、应用进程状态、系统事件和日志等信息，一旦发现非法用户访问和安全事件，即采取切断连接、重启服务进程、报警、记录入侵轨迹等安全措施，从而缩短黑客入侵时间。根据部署位置不同，入侵检测系统可以分为基于主机的 IDS、基于网络的 IDS 和混合方式的 IDS。

1) 基于主机的 IDS

基于主机的 IDS 主要监视主机上的事件、系统日志和敏感资源的状态，一旦发生变化，IDS 将其与攻击特征比较分析，如果匹配的话，发出入侵报警并采取相应的行动。基于主机的 IDS 适用于任何网络环境，不需要额外的硬件，但不能检测利用网络包的攻击行为，如 DoS 攻击。

2) 基于网络的 IDS

基于网络的 IDS 主要监视网络传输数据，一旦检测到攻击，采取通知、报警以及中断连接等方式来对攻击做出反应。基于网络的 IDS 独立于操作系统，成本低，不需在每台设备上单独部署，攻击者转移证据很困难，可实时检测和快速响应，将入侵破坏减到最低，但不能检测非网络协议的攻击行为。

3) 混合方式的 IDS

由于基于主机的 IDS 和基于网络的 IDS 各有特点，通常采用混合的方式进行 IDS 部署。入侵检测系统的部署方式如图 2-17 所示，在核心网段安装入侵检测服务器系统，在重点保护网段安装检测代理，实行分布检测与集中管理。

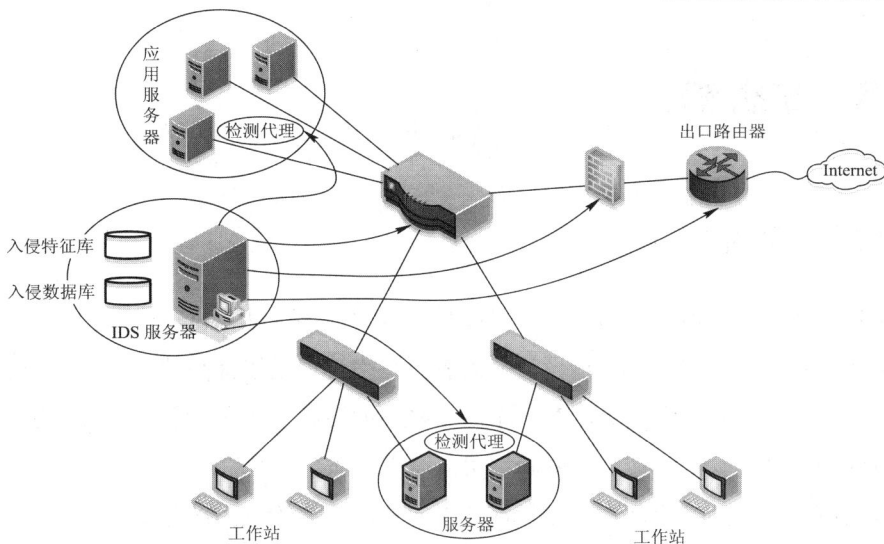

图 2-17 入侵检测系统工作原理图

3. 漏洞扫描

漏洞扫描技术通过对网络设备、系统软件、应用软件等的配置信息和运行情况进行分析和模拟攻击，以了解网络的安全设置和运行的应用服务，及时发现安全漏洞，客观评估网络风险等级。网络管理员能根据扫描的结果更正网络安全漏洞和系统中的错误设置，在黑客攻击前进行防范。

漏洞扫描系统一般部署于专门的扫描服务器中，扫描服务器在网络中的部署方式如图2-18 所示。与入侵检测系统类似，一般也是在核心网段安装漏洞扫描服务器，对重点保护网段的关键设备进行漏洞扫描，将扫描信息存储到扫描数据库，分析这些数据便可以发现可能存在的漏洞。

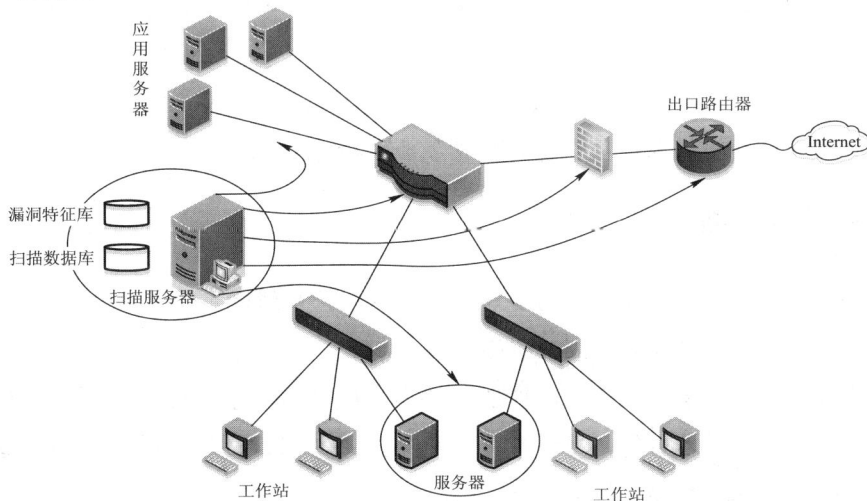

图 2-18 漏洞扫描系统工作原理图

2.4 网络集成管理

2.4.1 网络管理系统

网络集成系统中任何微小的故障都可能导致客户应用无法正常工作。因此，网络管理已经成为网络系统集成中需要重点设计的内容。网络管理是以提高整个网络系统的工作效率、管理水平和维护水平为目标，对一个网络系统的活动及资源进行监测、分析、评价和控制，以使网络系统有效运行，提供满足用户需求的服务。

网络集成系统的网络管理功能一般依托于专业的网络管理系统完成。一个完整的网络管理系统由网络管理协议、网络管理工作站、被管代理和管理信息库等多个部件组成。各部件分别介绍如下：

(1) 网络管理协议。网络管理协议是管理者和被管理者之间共同遵循的规则。通过网络管理协议可以完成网络管理者和被管理者之间管理信息的交换任务。常用的网络管理协议包括 SNMP、SNMP-2、SNMP-3、CMIP(Common Management Information Protocol，通用管理信息协议)等，通常都基于 TCP/IP 协议。

(2) 网络管理工作站。网络管理工作站负责集中管理和控制整个网络，是整个网络管理系统的核心设备。它使用网络管理协议，配合专业的网络管理软件，从各代理处收集管理信息。

(3) 被管代理。被管代理是驻留在用户主机和网络互联设备等被管对象的网络管理处理实体。通用型网络设备会配置网管模块或标明支持某种网管协议，其实质就是预置代理程序。

(4) 管理信息库。管理信息库(Management Information Base，MIB)是所有网管功能实现的基础。管理者通过管理信息库与被管网络部件发生关系。

2.4.2 网络管理功能

网络管理涉及网络资源和应用的诸多方面，ISO 将网络管理划分为性能、安全、计费、配置和故障五大部分。各功能分别介绍如下：

(1) 性能管理。性能管理是指周期性地收集，并向网管中心报告被监控网络资源的性能测量数据。该数据作为性能历史记录在网管中心保存一段时间，以便分析网络运行效率并及时发现瓶颈，为优化系统性能提供依据。

(2) 安全管理。安全管理是保护网络资源与设备不被非法访问，控制用户对资源的存取以及对加密机构中的密钥进行管理。安全管理包括数据链路加密、密钥分配、病毒免疫、灾难恢复措施等方面。

(3) 计费管理。计费管理是监视和记录用户对网络资源的使用情况，并计算网络运行成本，主要涉及收集计费记录、计算用户账单、网络经营预算等方面。

(4) 配置管理。配置管理是负责控制网络中各个设备的配置信息，提供有关工具手段，使网络管理者可以生成、查询及修改网络各部分运行参数和条件。

(5) 故障管理。故障管理是对来自硬件设备或路径节点的报警信息进行监控、报告和存储，以及进行故障的诊断、定位与处理。

2.4.3　网络管理方式

网络管理系统的基本工作流程为：在被管理部件上预置代理，网络管理者使用网络管理协议从代理的 MIB 中取得被管网络部件的管理信息，并加入自己的 MIB 中。管理软件通过对 MIB 的分析和处理，达到网络监控管理的目的。

从整体上讲，网络管理分为集中式管理、分布式管理和分层式管理。

1. 集中式管理

集中式管理方式具有一对多关系。采用此种模式的网络中设置一台功能强大的管理计算机，它集成了管理软件和数据库，负责监控网络的运行、收集网络运行数据、配置管理网络运行条件等；网络中的其他节点(计算机、网络打印机、路由器、交换机等)作为被管设备只需加载预置代理程序，并统一由中心管理计算机管理，如图 2-19 所示。

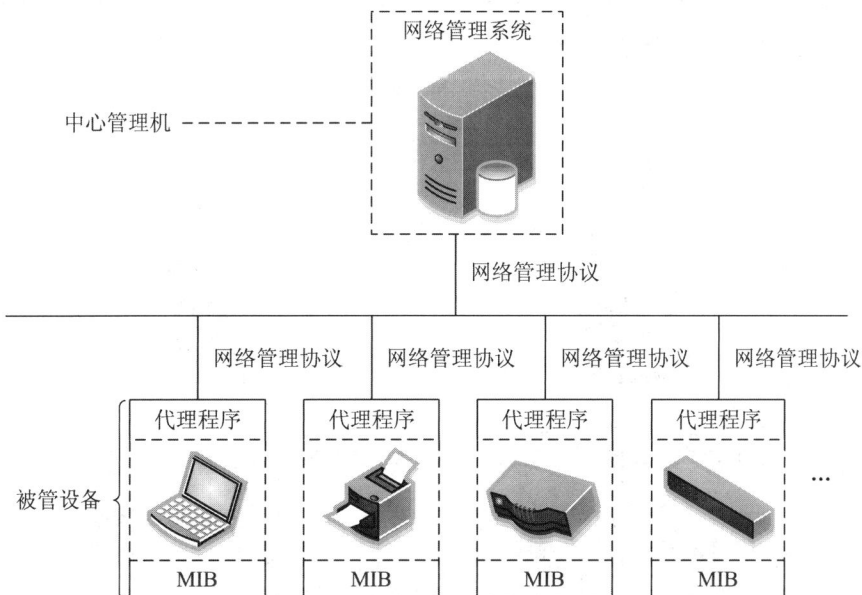

图 2-19　集中式管理示意图

2. 分布式管理

分布式管理方式将网络分为多个管理域，每个管理域配备一个网络管理系统与一个管理数据库。多个管理域之间对等，域之间的通信在系统内部进行。分布式网络管理模式不会因一台管理设备出现故障而影响整个网络的管理，稳定性更高；被管设备具有一定的数据处理和存储能力，网络管理系统负荷较小，对管理设备性能要求较低，如图 2-20 所示。

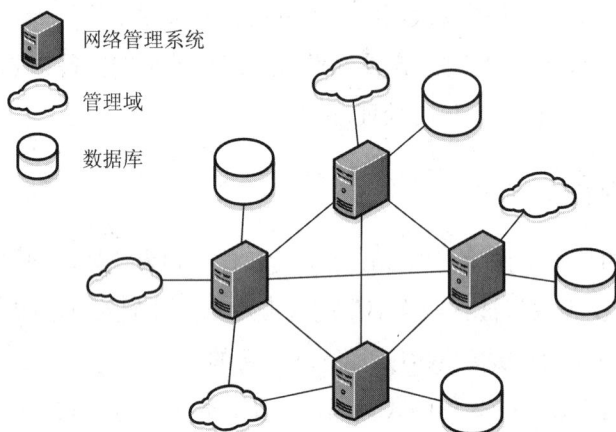

图 2-20　分布式管理示意图

3. 分层式管理

为了兼顾解决集中式管理中数据/业务过于集中及分布式管理中难以扩展的问题，分层式管理方式将管理内容分为总管理节点、域管理节点和域设备三层，其中域管理节点之间不再相互通信，由总管理节点收集各域管理节点上的数据，负责整个网络的总体管理工作。分层式网络管理模式的体系结构如图 2-21 所示。

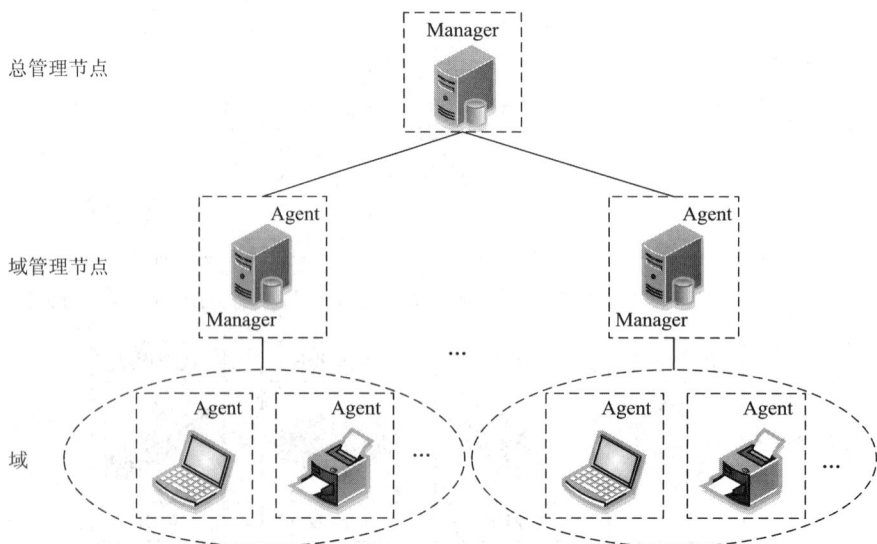

图 2-21　分层次管理示意图

4. 管理方式对比分析

各类型网络管理方式对比分析如表 2-11 所示。

表 2-11　网络管理方式对比分析表

管理方式	特　　点	适用场景
集中式管理	优点：网络设计简单，网络管理系统处于高度集中、易于全面作出决断的最佳位置，所以易于管理、维护和扩容； 缺点：网络对控制中心计算机过分依赖，容易超出负荷能力，具有一定脆弱性	小型结构网络
分布式管理	优点：完全分散了网络/资源的负荷，网络管理系统的规模大小可按需要调整，具有很高的可靠性(无单点障碍)； 缺点：分布式网络结构复杂，扩展困难，网络各域数据需要同步，因此对病毒敏感度较高	大型结构网络
分层式管理	优点：分散了网络/资源的负荷，降低了网络管理系统需收集传送的业务量，网络结构较容易扩展； 缺点：总管理节点设备要求较高，并对该节点可靠性要求较高	中大型结构网络

5. 网络管理系统的基本结构

网络管理系统的基本结构包括多任务操作系统、网络通信协议栈、网络管理协议平台、网络管理应用程序集、数据库及图形化用户接口等，如图 2-22 所示。

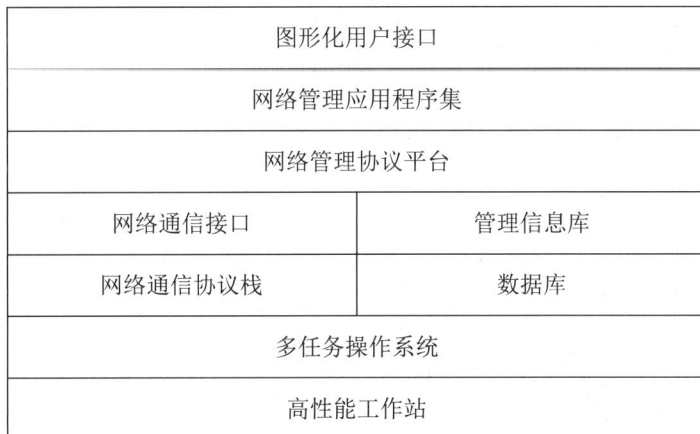

图形化用户接口	
网络管理应用程序集	
网络管理协议平台	
网络通信接口	管理信息库
网络通信协议栈	数据库
多任务操作系统	
高性能工作站	

图 2-22　网络管理系统的基本结构示意图

在这种体系结构中，网络管理系统通过各种管理应用提供的管理能力来实现网络管理功能。网络管理人员利用图形化用户接口与网络管理系统交互通信，网络管理系统通过网络通信接口实现与各网络元素及其他网管系统间的管理信息交换。

2.5 网络集成测试

2.5.1 测试流程

网络集成测试是网络集成项目的最后一环，测试需要检验采购设备与系统中的缺陷、工程施工过程中的问题、网络系统技术指标达标情况、网络工程的设计方案满足情况等内容。测试流程包括以下三个步骤：

(1) 测试准备。根据用户需求制定测试计划、编制测试记录表。所有网络设备及运行服务都需要联网运行，以便测试网络设备状态与网络系统承载能力。

(2) 实施测试。根据测试计划，对测试内容逐项进行测试，并填写测试记录表，详细记录测试事件和现象。

(3) 测试评估。对测试结果进行分析与评估，重点分析不合格项的可能原因，建议采取的修正措施。

2.5.2 测试内容

测试内容主要分为功能测试和性能测试两个方面的指标要求，具体如表 2-12 所示。

表 2-12　网络集成测试内容表

设备连通性测试	
测试对象	本地默认网关、接入层、骨干层、核心层、网络出口、Internet 标志节点等网络设备(包括交换机、路由器、防火墙、服务器等)
功能指标	节点是否可达、路由是否正确、子网间是否连通等
性能指标	传输时延、丢包率、经过的路由节点及时延
测试工具	Ping、Tracert
测试方法	在每一个子网/VLAN 中随机选取一台客户机，用 Ping、Tracert 进行测试
通过标准	局域网内正常网络传输时延＜10 ms，最佳情况＜1 ms；到广域网对端设备的包传输时延≤15 ms
网络服务访问测试	
测试对象	本地主要网络服务，包括 HTTP、Telnet、FTP、DNS、SMTP、POP3 等
功能指标	服务是否可正常访问
性能指标	服务响应时间
测试工具	网页浏览器、FTP 工具、即时通信软件、接口测试工具等
测试方法	在每一个子网/VLAN 中随机选取一台客户机，用测试工具测试相应服务
通过标准	Web 服务响应时间≤1 s；Web 网页解析响应时间≤5 s；DNS 解析时延≤10 ms；E-mail 服务连接响应时间≤10 ms；FTP 服务响应时间≤1 s

续表

	业务系统访问测试	
测试对象	业务系统，如办公自动化(OA)、企业资源计划(ERP)、客户关系管理(CRM)等系统	
功能指标	业务系统的各项服务是否可正常访问	
性能指标	服务响应时间	
测试工具	与业务系统相关的客户端程序等	
测试方法	在每一个子网/VLAN 中随机选取一台客户机，用测试工具测试相应服务	
通过标准	根据业务系统设计指标确定	
	网络设备冗余性测试	
测试对象	交换机之间的聚合链路和冗余链路、服务器、防火墙、双机/群机热备系统等	
功能指标	在所有冗余设备联网的状态下系统能否正常工作；服务能否自动切换、换后服务是否正常工作等	
性能指标	切换时服务中断时间、数据丢包率等	
测试工具	双机热备系统客户端程序、Ping 等	
测试方法	人工操作将聚合链路、冗余链路中的一条或多条断开、将目前提供服务的服务器停机、断网或模拟其他需要切换的事件；通过 Ping 和服务访问来检测设备是否可达、服务是否可访	
通过标准	服务能正确切换，切换后能正常提供服务，链路切换时间 STPS≤50 s，RSTP≤1 s，服务器切换时间与服务类型有关	
	网络系统安全性测试	
测试对象	防火墙系统、入侵检测系统、漏洞扫描系统、病毒查杀系统、身份认证系统等	
功能指标	参考各系统使用手册	
性能指标	参考各系统使用手册	
测试工具	各安全系统客户端程序、Ping 等	
测试方法	按照系统安全需求部署各安全系统，根据网络安全策略配置好安全系统，然后对安全目标逐项检测	
通过标准	具有安全保护、安全预警/告警、安全事件日志等功能	
	设备性能测试	
测试对象	网络互联设备、服务器系统等	
功能指标	交换机/路由器/服务器网络接口的报文吞吐率、入报文流量、出报文流量、丢包率、错包率、广播包率、网络瓶颈等	
性能指标	网络管理系统	
测试工具	设备启动 SNMP 协议，通过网络管理系统收集所管设备的接口性能数据，进行统计与分析	
测试方法	网络互联设备、服务器系统等	
通过标准	(单位时间内的接口的入报文流量 + 出报文流量)≤10%×接口速率，丢包率≤10^{-5}、错包率≤10^{-7}、多播包率≤30%	

第 3 章　数据集成技术

3.1　数据集成概论

3.1.1　需求分析

随着信息系统应用技术的发展，同一个组织内部应用了各种信息系统，构建了内部网络，建立了门户网址等。由于各系统建设时间的不一致、业务需求的不同、管理模式的变化等因素，致使相互之间不能进行信息共享，业务不能顺利进行和有效控制，形成了许多"信息孤岛"，数据分布在不同的物理空间与信息系统中，并以不同的格式表示和不同的介质存储，导致存在如下弊端：

(1) 数据一致性问题。信息的多口采集、重复输入以及多头使用和维护，使信息更新的同步性差，从而影响了数据的一致性和正确性，并使信息资源拆乱分散，信息使用和管理效率低下且失去了准确的依据。

(2) 数据重复管理问题。缺乏业务功能交互与信息共享，难以对业务过程及业务标准实施有效监控，同一业务数据被多个系统重复管理，进而带来了无效劳动、数据混乱、资源浪费等问题。

(3) 数据共享使用问题。孤立的信息系统无法有效地提供部门跨系统的综合性信息，各类数据不能形成有价值的信息，局部的信息不能被提升为管理知识，无法形成决策支持。

针对这些问题，可采用两种措施：一是采用升级的办法或用全新的系统替换旧系统，将旧系统中产生的数据导入到新系统中，从而消除现有"信息孤岛"，但升级替换方法投资巨大且易造成新的"信息孤岛"，不能从根本上解决信息共享；二是采用建立统一数据交换协议和数据接口的方法，但易受系统开发难度等问题的限制且无法实现业务流程、公共数据、应用软件和各种标准一体化。为彻底解决这一问题，数据集成研究已经成为信息系统集成的热点问题。

3.1.2　相关概念

1. 异构数据的定义

异构数据通常是指数据结构、存取方式、形式不一样的多个数据集和数据源，包含关系型数据库(Oracle/SQL Server/MySQL 等)、Excel 文件、txt 文本数据、XML 数据等不同数据集或数据源。异构数据通常具备以下特性：

(1) 异构性。被集成的数据源通常是独立开发的信息系统，其异构性表现在数据模型、数据语义、相同语义数据的表达形式、数据源使用环境等。

(2) 分布性。数据源是异地分布的，依赖网络传输数据，这就存在网络传输的性能和安全性等问题。

(3) 各个数据源有很强的自治性，它们可以在不通知集成系统的前提下改变。

2. 数据集成的定义

数据集成是把不同来源、格式、特点性质的数据在逻辑上或物理上进行有机集中，面向平台上运行的各种应用、系统、服务，提供完整、一致和安全的数据访问、信息查询及决策支持服务。数据集成主要是为了解决不同应用和系统间的数据共享和交换需求。

数据集成的核心任务是将互相关联的分布式异构数据源集成到一起，使整体上的数据保持一致性与完整性，为用户提供统一的数据源访问接口，执行用户对数据源的访问请求，使用户无须关心如何实现对异构数据源的访问，只关心以何种方式访问何种数据，如图 3-1 所示。

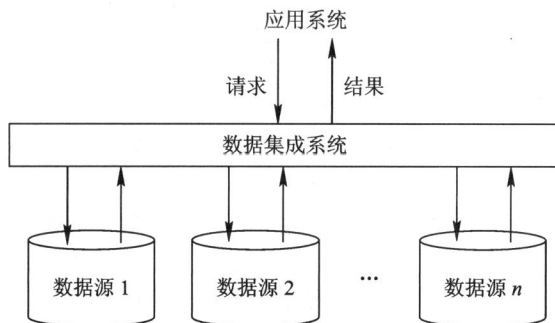

图 3-1　数据集成系统模型

数据集成的目的是屏蔽信息系统的异构性和数据表示方式的差异性，将不同系统中的数据通过各种技术进行无缝连接，并实现统一的访问。将分散的异构数据源进行数据集成，要经历数据采集、转换、存储和应用等多个阶段，在不同阶段涉及不同层次的数据集成技术。下面按照数据集成的不同阶段，分别阐述其涉及的问题及相关技术。

3.2 数据采集技术

3.2.1 数据采集应用

数据采集需要将计算机系统、网络设备、通信设备、环境设备、数据库系统以及传感器设备等位置分散、动态产生的数据，通过各种通信手段(以太网接口、串行接口)进行收集，转换成信息系统能够处理的格式并采用各种物理介质保存起来，如图 3-2 所示。

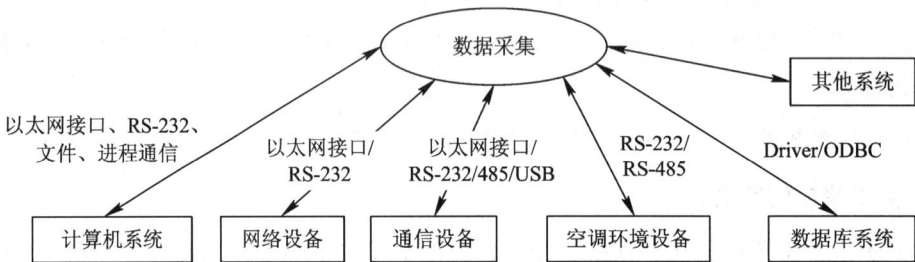

图 3-2　数据采集应用示意图

数据采集框架如图 3-3 所示，数据采集终端设备是一种具有现场实时数据采集处理功能的自动化设备，具备实时采集、自动存储、即时显示、即时反馈、自动处理、自动传输等功能。数据采集的方式包括人工采集、WiFi 与以太网数据采集、设备传感数据采集、RFID(Radio Frequency Identification，射频识别)数据采集、条码数据采集、摄像头采集、麦克风语音采集等。数据采集阶段中要考虑的主要问题有与信息源的接口、原始数据格式、采集频率/粒度、通信协议以及数据丢失后如何拟合等。

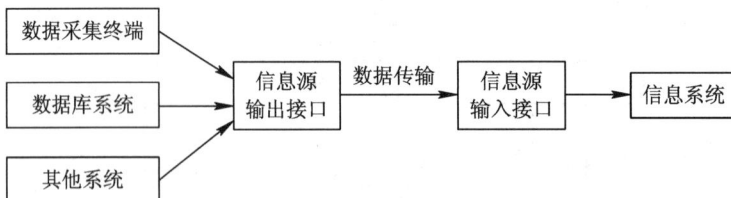

图 3-3　数据采集框架示意图

3.2.2 采集系统设计

目前很多数据是环境感知的数据，包括温度、压力、流量等物理量，这些数据必须通过专门的数据采集系统进行采集。数据采集系统将被测对象(外部世界、现场)的各种参量(可以是物理量,也可以是化学量、生物量等)通过各种传感元件做适当转换后,再经信号调理、采样、量化、编码、传输等步骤,最后送到控制器进行数据处理或存储记录。

传感器是信息采集系统的首要部件。按照被测信息的不同,传感器分为物理量传感器、化学量传感器和生物量传感器等三类,如表 3-1 所示。

表 3-1　传感器的分类

分　　类	具 体 传 感 器
物理量传感器	硬度传感器、姿态传感器、流量传感器、压力传感器、温度传感器、红外传感器、转速传感器、加速度传感器、重力传感器
化学量传感器	气体传感器、湿度传感器、离子传感器
生物量传感器	血压传感器、葡萄糖传感器

数据采集系统设计的主要工作是误差的合成与分配、系统结构的选择、硬软件的合理配置。设计数据采集系统时,首先根据被测信号的特点及对系统性能的要求,选择系统的结构形式。进行结构设计时,主要考虑被测信号的变化速率和通道数以及对测量精度、分辨率的要求等。数据采集系统比较适合采用分布式架构开展建设,一般由数据采集站、上位机及通信接口组成,如图 3-4 所示。

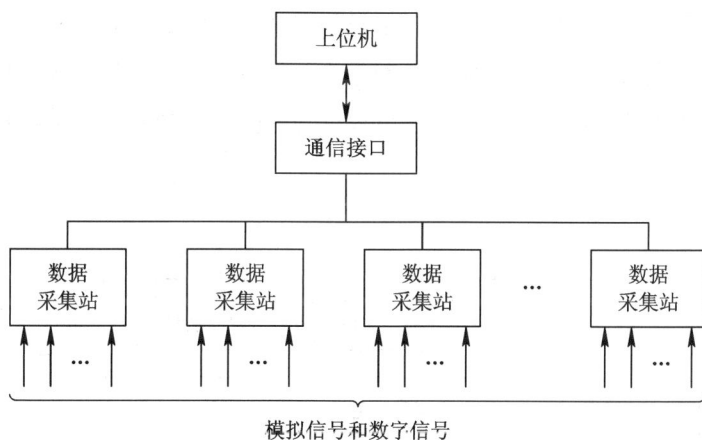

图 3-4　数据采集系统设计示意图

数据采集站由单片机或小型计算机控制的数据采集装置组成,位于被测对象附近,可独立完成数据采集和预处理任务,将采集数据以数字信号形式传送给上位机。上位机一般是计算机或服务器,用来将各个数据采集站传送来的数据进行集中处理与存储,并且对数据采集站的工作状态进行参数控制。使用数字信号代替模拟信号传输,有利于克服常模干扰和共模干扰,特别适合于在恶劣的环境下工作。

3.3　数据转换技术

3.3.1　数据转换应用

数据转换是将数据从一种格式/结构转换为另一种格式/结构的过程。数据转换对于数据集成和数据管理等活动至关重要。数据转换包含数据结构类型转换、删除空值数据、清理重复数据、丰富数据或执行聚合。

数据迁移、数据集成、数据仓库和数据整理都涉及数据转换。数据转换过程中一般采用两种方法：一是借助专业的 ETL(Extract Transform Load，抽取-转换-加载)工具，二是采用 SQL 编程方式。借助专业的 ETL 工具可以快速地建立起 ETL 工程，屏蔽复杂的编码任务，提高速度，降低难度，但缺少灵活性，其转换效果多是依赖于 ETL 工具本身的完备性与性能。而 SQL 编程的优点是灵活且运行效率高，但是编码复杂，通常由程序开发人员完成。

3.3.2　数据库转换方法

ETL 过程即数据从异构的数据源经过抽取与转换，最终加载到目标数据源的过程，如图 3-5 所示。ETL 负责对分布、异构的源数据进行抽取，按照预先设计的规则对不完整数据、重复数据以及错误数据等"脏"数据内容进行清洗，得到符合要求的数据，作为数据挖掘的基础。

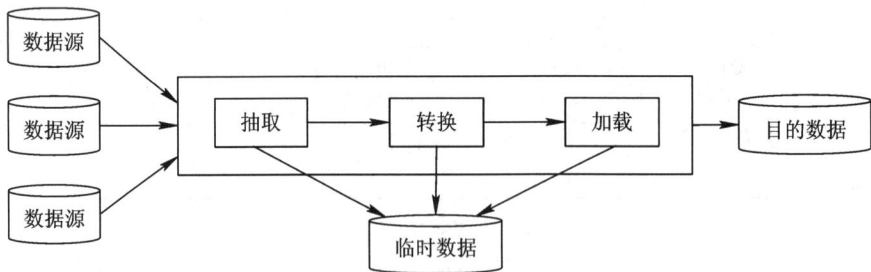

图 3-5　ETL 转换方法原理图

在信息系统研发过程中，存在数据输入错误、数据重复记录、丢失值、拼写变化、不同的计量单位/编码、滥用缩写词/惯用语等现象，导致数据质量较低，进而造成异构数据源之间的数据传递与共享较为困难。因此，需要对业务支撑系统的原始操作数据进行相应清洗转换，ETL 技术就是解决该类问题的。

1. 数据抽取

数据抽取是从各种原始的业务系统中将原始数据读取出来。在实际应用中数据源多采用的是关系数据库，从数据库中抽取数据有全量抽取和增量抽取两种方式。全量抽取是将数据源中的表或视图的数据原封不动地从数据库中抽取出来，增量抽取只抽取自上次抽取以来新增或修改的数据。在 ETL 过程中增量抽取比全量抽取应用得更广泛，目前增量数据抽取中捕获变化数据的方法有触发器、时间戳、全表比对和日志对比等。

1) 触发器

触发器是在要抽取的表上建立触发机制，一般要建立插入、修改、删除 3 个触发器。每当源表中的数据发生变化时，相应的触发器将变化的数据写入一个临时表，抽取线程从临时表中抽取数据，临时表中抽取过的数据被标记或删除。触发器方式的优点是数据抽取的性能较高，缺点是要求业务表建立触发器，对业务系统有一定的影响。

2) 时间戳

时间戳是一种基于快照比较变化数据的捕获方式，在源表上增加一个时间戳字段，在系统中更新修改表数据时，同时修改时间戳字段的值。当进行数据抽取时，通过比较系统时间与时间戳字段的值来定位数据抽取内容。有的数据库的时间戳支持自动更新，即表的其他字段的数据发生改变时，自动更新时间戳字段的值。有的数据库不支持时间戳的自动更新，这就要求业务系统在更新业务数据时，手工更新时间戳字段。同触发器方式一样，时间戳方式的性能也比较好，数据抽取相对清楚简单，但对业务系统的所有目标表都需要加入额外的时间戳字段，特别是对于不支持时间戳的自动更新的数据库，还要求业务系统进行额外的更新时间戳操作。

3) 全表比对

典型的全表比对的方式是采用 MD5(Message Digest Algorithm 5，信息-摘要算法)校验码方法。ETL 工具事先为要抽取的表建立一个结构类似的 MD5 临时表，记录源表主键以及根据所有字段的数据计算出来的 MD5 校验码。每次进行数据抽取时，对源表和 MD5 临时表进行 MD5 校验码的比对，从而决定源表中的数据是新增、修改还是删除，同时更新 MD5 校验码。MD5 校验码方法的优点是对于源数据库，仅需要建立 MD5 临时表，对系统的侵入性较小。但是由于抽取时 MD5 临时表的建立涉及比较计算，导致抽取时性能较差，并且当表中没有主键或唯一列且含有重复记录时，MD5 校验码方法的准确性较差。

4) 日志对比

日志对比是通过分析数据库自身的日志来判断变化的数据。Oracle 的数据改变捕获技术(Changed Data Capture，CDC)是该方面的主流技术，通过识别从上次抽取之后数据的变化内容，对源数据表进行新增、修改、删除等操作，并且将变化的数据保存在数据库的变化表中。最终将发生变化的数据利用数据库视图的方式提供给目标系统。

2. 数据转换

数据转换是将数据按照预先设计好的规则进行转换、清洗，处理一些冗余、歧义、不完整、违反业务规则的数据，统一数据的格式、内容与粒度。数据的转换和加工可以在 ETL 引擎中进行，也可以在数据抽取过程中利用关系数据库的特性同时进行。在 ETL 引擎中一般通过组件拼装的方式实现数据转换，有些 ETL 工具还提供了脚本支持。常用的数据转换组件有字段映射、数据过滤、数据清洗、数据替换、数据计算、数据验证、数据加解密、数据合并、数据拆分等。

数据转换的操作如下：

(1) 直接映射：数据源字段和目标字段长度或精度相同，则无须做任何处理。

(2) 字符串处理：从数据源的字符串字段中进行类型转换、字符串截取等操作，以获取特定信息作为目标数据库的某个字段。

(3) 字段运算：将数据源的一个或多个字段进行数学运算而得到目标字段。

(4) 空值判断：对数据源中的空值字段进行判断，并转换成特定的值。

(5) 日期转换：对数据源字段的日期格式进行统一格式转换。

(6) 聚集运算：对数据源一个或多个字段运用 sum、count、avg、min、max 等聚集函数得到目标数据库表中的一些度量字段。

(7) 既定取值：对目标字段取一个固定的或依赖系统的值，而不依赖于数据源字段。

相比在 ETL 引擎中进行数据转换和加工，可以直接在数据库中使用 SQL 语句进行转换和加工，更加简单清晰，性能更高。对于 SQL 语句无法处理的，再交由 ETL 引擎处理。

3. 数据加载

数据加载是转换后的数据按照计划增量或全部导入到目标库中。一般来说有两种装载方式：一是直接采用 SQL 语言进行新增、删除、修改等操作；二是采用特有的批量装载工具或 API(Application Program Interface，应用程序接口)。第一种方法由于进行了 SQL 命令的日志记录，具备一定的数据恢复性；第二种方法的批量装载工具易于操作使用，在装入大量数据时效率较高。

3.3.3　ETL 工具介绍

ETL 工具根据其提供厂商分为两种：一种是数据库厂商自带的 ETL 工具，典型的代表产品有 Oracle 的 ODI、SQL Server 的 SSIS 等；另一种是第三方工具提供商，如 Informatica Enterprise Data Integration、Kettle 等。下面介绍四种常用的 ETL 工具。

(1) Oracle Data Integrator(ODI)。ODI 是 Oracle 在 2006 年收购 Sunopsis 公司后整合推出的一款数据集成工具，现在是 Oracle Fusion Middleware 的组件。ODI 是一个全面的数据集成平台，涉及领域包括高容量、高性能、批处理、事件驱动的少量传送集成过程以及支持 SOA 的数据服务。与常见的 ETL 工具不同，ODI 不是采用独立的引擎而是采用数据库管理系统进行数据转换。ODI 是以图形模块设计工具和调度代理访问信息库为中心进行组织的。图形模块用于设计和构建集成过程，代理用于安排和协调集成任务。调度代理访问信息库帮助数据管理员根据信息库中的元数据生成报告。

(2) Microsoft SQL Server Integration Services(SSIS)。SSIS 的前身是 Microsoft SQL Server 的 DTS(数据转换服务)，是用于生成企业级数据集成和数据转换解决方案的平台。SSIS 具备许多现成的标准任务，如 Transform Data(数据转换)、Execute Process(执行处理)、ActiveX Script(动态脚本)、Execute SQL(执行 SQL)和 Bulk Insert Tasks(块插入任务)。SSIS 包含一组丰富的内置任务和转换、用于构造包的工具以及用于运行和管理包的服务。SSIS 可以使用图形工具来创建解决方案，也可以对各种对象模型进行编程，通过编程方式创建包，并编写自定义任务以及其他包对象的代码。

(3) Informatica Enterprise Data Integration。Informatica 是 Informatica 公司旗下的数据集成与应用解决方案，包括 Informatica Power Center 和 Informatica Power Exchange 两大产品，具备数据集成工具、数据质量工具、元数据管理解决方案、主数据管理解决方案及企业级集成平台等系列解决方案。Informatica Power Center 是一个功能强大的数据整合引擎，具备数据清洗和匹配、数据屏蔽、数据验证、负载均衡、企业网格、元数据交换、下推优化、团队开发和非结构化数据等组件功能，不需要开发者手工编写这些过程的代码。Informatica Power Exchange 是一系列的数据访问产品，用于访问和集成多种业务系统及格式的数据；支持多种不同的数据源和各类应用，包括企业应用程序、数据库和数据仓库，大型机、中型系统、消息传递系统和技术标准；支持包括对 ERP 系统(PeopleSoft、SAP)、CRM 系统(Siebel)、电子商务数据(XML、MQ Series)等的接口与格式。

(4) Kettle。Kettle 是 Pentaho 公司旗下的开源元数据驱动 ETL 工具软件。Kettle 支持 Windows、Linux 等多个操作系统平台，具备无代码拖拽式构建数据管道、数据管道可视化、模板化开发数据管道、深度 Hadoop 支持、数据任务下 Spark 集群、支持数据挖掘与机器学习等特点。Kettle 主要包含 Spoon、Pan、Chef、Kitchen 等四个工具。其中：Spoon 是数据转换工作的图形化设计工具；Pan 是由 Spoon 设计 ETL 转换的后台运行程序；Chef 是任务管理工具，负责完成任务内容配置、转换与脚本设计；Kitchen 是远程执行数据任务的服务调度程序。

上述四种 ETL 工具对比分析如表 3-2 所示。

表 3-2 ETL 工具对比

ETL 工具	易用性	分层架构	复杂数据清洗	实时数据日志采集	血缘关系	二次开发
Oracle Data Integrator	高	是	一般	否	是	低
Microsoft SSIS	中	是	支持	否	是	中
Informatica Enterprise Data Integration	低	是	支持	是	是	低
Kettle	中	否	支持	否	否	高

3.4 数据存储技术

3.4.1 数据库中间件技术

当前大多数结构化数据库都支持结构化查询语言(Structured Query Language，SQL)，但由于数据库管理系统底层结构不一致，各个数据库实现底层操作的 API 各不相同。为了使应用程序方便地访问特定的数据库，必须定义一组存取本数据库的客户端 API。该 API 是由一组专门的驱动程序库组成的，应用程序与该驱动程序库链接在一起组成一个完整的进程。应用程序调用该驱动程序库提供的功能完成相应的操作。

上述方法存在对编程语言与数据库种类版本的适配性问题，如图 3-6(a)、(b)所示。对于不同编程语言与不同数据库版本，都需要使用不同的驱动程序，其 API 的调用方法都会存在差异性，增加了开发成本。为解决该问题，发展出了 ODBC(Open Database Connectivity，开放数据库连接)、JDBC(Java Database Connectivity，Java 数据库连接)、ADO(ActiveX Data Object，ActiveX 数据对象)等数据库中间件技术。通过该技术打通异构数据库和应用系统的关系，向下协调各异构数据库系统之间的数据关联关系，向上为应用系统提供统一的 API 调用方法，从而可以屏蔽数据库的分布地点、平台版本、SQL 扩展语句、特殊的本地 API 等差异，如图 3-6(c)所示。

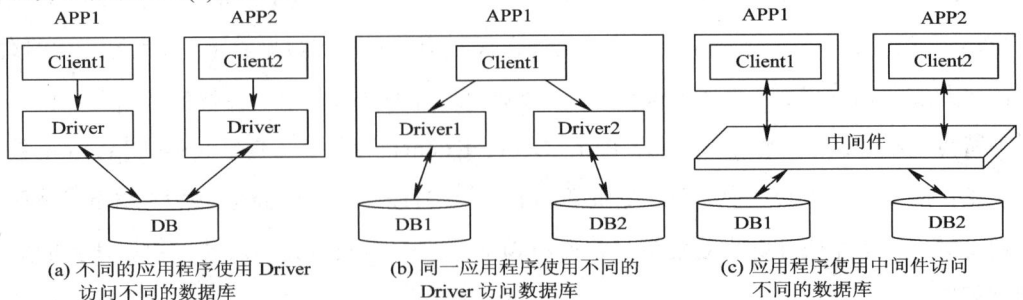

(a) 不同的应用程序使用 Driver 访问不同的数据库

(b) 同一应用程序使用不同的 Driver 访问数据库

(c) 应用程序使用中间件访问不同的数据库

图 3-6 数据库中间件技术示意图

1. ODBC 连接件

ODBC 是 1992 年 Microsoft 与 Sybase、Digital 等公司共同制定的中间件标准,进而发展为 Windows 开放服务结构(Windows Open Services Architecture,WOSA)中有关数据库的一个组成部分。它为应用程序开发提供了一组对数据库访问的标准 API,并且具备对 SQL 语言的支持。使用 ODBC API 的应用程序可以与任何具有 ODBC 驱动程序的关系数据库进行通信,如图 3-7 所示。

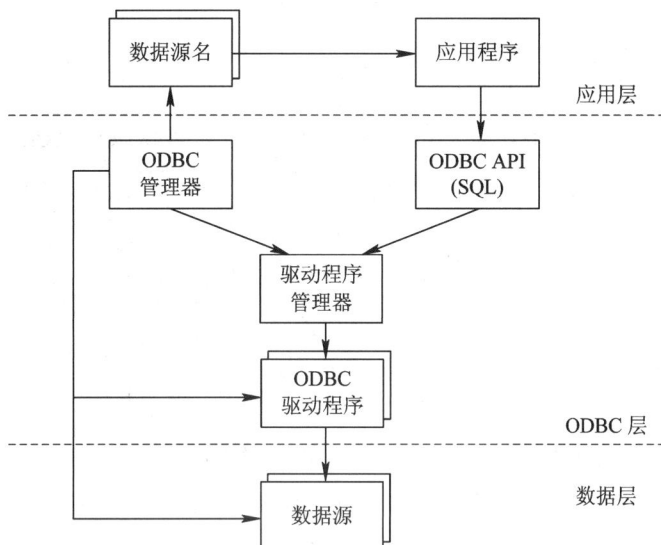

图 3-7　ODBC 的总体结构

ODBC 总体结构主要有以下 6 个组件:

(1) 应用程序:执行处理并调用 ODBC API 函数,提交 SQL 语句并获得结果。

(2) ODBC API: ODBC 的应用程序接口。

(3) 驱动程序管理器(Driver Manager):根据应用程序的开发语言及访问数据源的不同,选择性地加载/卸载驱动程序,处理 ODBC 函数调用。

(4) ODBC 驱动程序:处理 ODBC 函数调用,提交 SQL 请求到一个指定的数据源,并把结果返回到应用程序。

(5) 数据源:包括用户要访问的数据库管理系统。

(6) ODBC 管理器:管理安装的 ODBC 驱动程序和管理数据源的工具软件。

当应用程序访问一个数据库时,首先向 ODBC 管理器注册一个数据源,管理器根据数据源提供的数据库位置、数据库类型及 ODBC 驱动程序等信息,生成数据库连接件配置信息(Data Source Name,DSN),包括数据库名称、路径、用户名、密码、驱动程序类型等。当应用程序开始调用数据源时,ODBC 驱动程序管理器根据 DSN 信息动态加载 ODBC

驱动程序，并根据应用程序所调用的 ODBC API，编译并提交对应的 SQL 给数据库管理系统。

2. OLE DB/ADO 连接件

ODBC 虽然已经是一个稳定并且执行效率良好的数据连接件，但是存在无法独立运行、不支持非结构化数据、无法支持脚本文件等缺点，因此，Microsoft 开发了 OLE DB、ADO 等连接件，以满足不同需求，如图 3-8 所示。

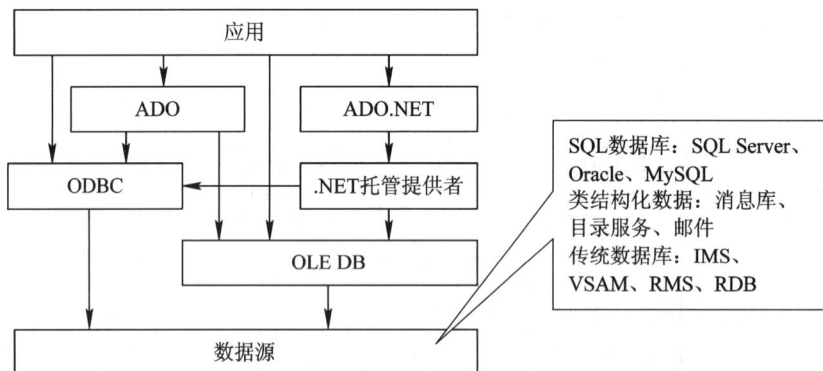

图 3-8   ADO、OLE DB 以及 ODBC 之间的关系

为了解决对非结构化数据的访问，Microsoft 公司推出了 OLE(Object Link and Embed，对象连接与嵌入) DB 技术，通过该技术应用程序可以直接访问数据库、文件系统、消息存储区、目录服务、工作流和文档存储区中的数据。但是由于 OLE DB 太底层化，Microsoft 公司随后使用组件对象模型(Component Object Model，COM)技术封装 OLE DB，推出了 ADO (ActiveX Data Object)技术。ADO 在微软数据库访问组件(Microsoft Data Access Components，MDAC)体系结构的上层，通过下层的 ODBC 或者 OLE DB 来访问数据源。ADO 封装了 OLE DB 复杂的接口，以极为简单的 COM 接口存取数据。通过 ADO 能够调用 OLE DB 存取传统的关系数据库，也可以存取非传统的数据，如文字、E-mail、声音、图形、影像等。

3. JDBC 连接件

JDBC 是 Java 语言中客户端程序访问数据库的应用程序接口规范，可以为多种关系数据库提供统一访问，由一组用 Java 语言编写的类和接口组成。与 ODBC 数据库驱动需要高度规范化与定制化不同，JDBC 数据库驱动的实现方式较为灵活，可以通过 ODBC 桥接、本地驱动与网络驱动等多种方式。

JDBC 的设计在思想上沿袭了 ODBC，总体结构类似于 ODBC。JDBC 除了具有 ODBC 的上述特点外，还支持硬件平台和操作系统的异构性。利用 Java 的平台无关性，JDBC 应用程序拥有更好的跨平台特性，因而更适合异构环境的数据库应用。

3.4.2　数据仓库方法

随着信息系统记录管理的数据越来越多，通过数据进行决策支持已经成为必然趋势。利用关系数据库进行联机处理分析仅能解决单一或局部的统计与分析问题。但对于整个领域或行业的宏观决策，涉及的数据和信息范畴较广，这就要同时启动大量数据库表，并且要将众多表中的数据按一定的规律拟合起来，形成针对某一主题的数据内容。如果利用关系数据库进行联机处理分析，则会出现三方面问题：一是数据分析处理会消耗大量计算资源，从而影响业务系统的业务处理效率；二是联机事务处理(On-line Transaction Processing, OLTP)缺少针对比较、趋势分析与预测等的数据处理模板，导致开发应用困难；三是会不断积累产生与业务无关的分析数据，影响关系数据库的性能。

因此，数据仓库技术就成为解决上述问题的良好方案。尹蒙(W. H. Inmon)于 1993 年在《构建数据仓库》(Building the Data Warehouse)中系统地对数据仓库进行了定义：数据仓库是为决策支持服务的，是面向主题的、集成的、相对稳定的、随时间变化的数据集合。数据仓库具备以下特征：

(1) 面向主题。传统的数据库是面向应用而设计的，按照业务处理流程来组织数据，一般依托关联关系来描述相关事务与应用，目的在于提高数据处理的速度。主题数据是在较高层次上对数据进行归类，每个主题对应于一个宏观的分析领域，满足该领域分析决策的需要。数据在进入数据仓库之前必须进行加工、关联和集成，将原始数据做一个从面向应用到面向主题的转变。

(2) 集成性。数据仓库的数据主要用于进行分析决策，要对来自多个应用系统的数据进行抽取、筛选、清理、综合。需要统一原始数据中的所有矛盾，如同名异义、异名同义、单位不统一等，而且要将这些数据统一到数据仓库的数据模式上，还要监视数据源的数据变化，以便扩充和更新数据仓库。

(3) 相对稳定。数据仓库稳定性是指数据进入数据仓库以后将被长期保留。仓库内数据主要是为了分析决策，所涉及的数据操作主要是数据查询，一般情况下并不进行数据修改和删除操作。由于数据仓库用于趋势预测分析，是不同时间点数据库的快照的集合以及基于这些快照进行集成、综合而导出的数据，而不是事务型数据，因此，尽管数据库内的具体事务处理过程是变化的，但进入数据仓库的数据则是相对稳定的。

(4) 具备时间特性。由于数据仓库常用作趋势预测分析，因此需要保留足够长时间的历史数据，数据仓库中的数据时间期限远长于传统操作型数据系统中的数据时间期限。传统操作型数据系统中的数据含有"当前值"的数据，这些数据在访问时即使是有效的也能被更新，但数据仓库中的数据是一系列某一时刻生成的快照。传统操作型数据系统中可能包含也可能不包含时间元素，而数据仓库中一定会包含时间元素。

总之，数据仓库的概念可以从两个层次予以理解：首先，数据仓库用于支持决策，面向分析型数据处理，不同于传统操作型数据库；其次，数据仓库是对多个异构的数据源进行有效集成，集成后按照主题进行重组，并包含历史数据，而且存放在数据仓库中的数据一般不再修改。

1. 数据仓库的体系结构

数据仓库一般采用三层结构，如图 3-9 所示。底层是数据仓库服务器，通过异构数据源的转换集成形成主题数据集；中间层是 OLAP(On-line Analysis Processing，联机分析处理)应用工具，针对主题数据集实现多维数据分析；顶层是前端工具，包括查询和报告工具、分析工具或数据挖掘工具。

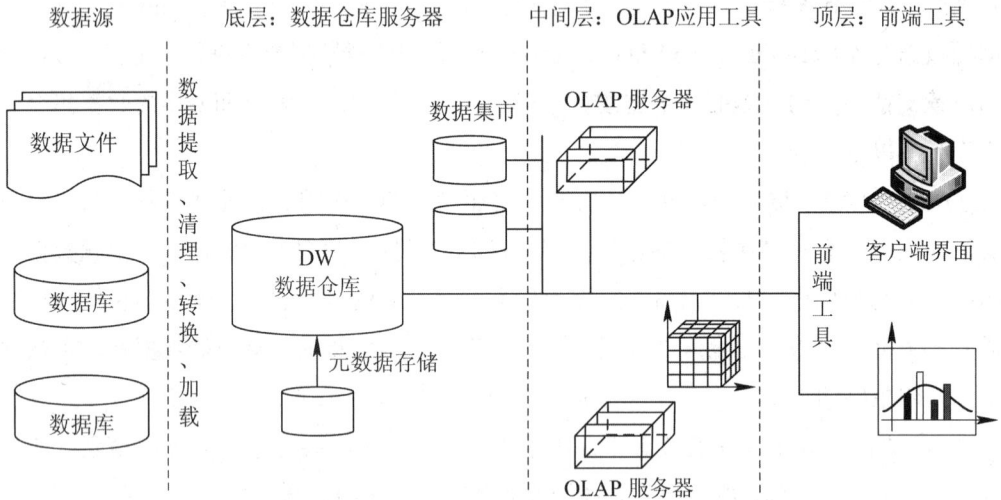

图 3-9 数据仓库的系统组成

(1) 数据源：它来自现有的多项用户管理系统，即内部数据源，也可以来自其他数据源，如其他数据库、电子表格、文档、其他类型的信息库，还包括多种非结构化的数据信息，如业务规则和流程逻辑、整理归纳出的知识经验等。

(2) 数据仓库服务器：它支持海量数据存储和快速检索。根据数据仓库的分析主题与处理需求，通过 ODBC、OLE DB、ADO、JDBC 等数据库中间件访问数据源，设计对数据源进行 ETL 的处理策略，对数据进行接收、分析、抽取、净化、汇总、变换、存储等操作，从而形成主题数据集。

(3) OLAP 服务：OLAP 是将预先设定的主题数据集通过各种分析操作，产生多维分析立方体供业务人员分析使用。

(4) 前端工具：它面向用户的需求，将分析结果以方便用户理解的方式呈现给用户，以支持用户进行决策，包括各种报表工具、查询工具、数据分析工具、数据挖掘工具及各种基于数据仓库的开发工具。

2. 数据仓库的建立

数据仓库的建立从分析业务需求出发，结合现有信息系统数据模型，设计 ETL 执行策略，形成主题数据库，根据业务分析需求构建 OLAP 数据处理策略，根据主题进行数据分析，更新数据仓库。建立数据仓库的具体步骤如下：

(1) 确定分析的业务主题需求。分析业务领域，挖掘需求，确定用户的决策需求、现有信息系统数据库状态、数据关联关系等内容。

(2) 设计硬件资源平台。估算现有决策分析需求与处理数据体量，设计硬件支持平台。

(3) 设计主题数据库策略。基于现有信息系统数据库状态、数据关联关系等内容，设计数据中间件访问、ETL 执行策略、数据存储方式等主题数据库物理架构要素。

(4) 选择商用平台工具。根据应用需求和数据特征，选择相应的数据库系统 OLAP 工具、数据挖掘工具、数据报表工具、数据库管理系统、数据展现工具等。

(5) 数据加载和清洗。从数据源数据库中对数据进行抽取净化和转换到数据仓库数据库，帮助决策分析得出更准确的结果。

(6) 根据主题进行数据分析。针对客户需求，使用选择好的分析工具按照主题进行数据分析。

(7) 更新数据仓库。根据用户使用情况和需求，开发人员进一步完善系统，并管理数据仓库的一些日常活动，如刷新数据仓库的当前详细数据，将过时的数据转化成历史数据、清除不再使用的数据、调整粒度级别等。

3. 数据集市

数据集市是完整的数据仓库的一个逻辑子集，而数据仓库正是由其所有的数据集市有机组合而成的。数据仓库是针对企业级的，能为整个企业各个部门的运行提供决策支持手段；数据集市是针对某个部门进行的、范围相对较小的数据仓库。

为了成功地建设数据集市，能有机地组成完整的数据仓库，数据集市的设计有一些特定的要求。在一个数据仓库内，所有的数据集市必须具有统一的数据定义与一致的业务事实。遵循这样的原则，才可能使数据集市不仅能满足本部门的需要，而且能有机地组合在一起。实际上，这种设计要求是自上而下和自下而上两种设计思想相融合的结果。

(1) 自上而下的实施。首先在原始数据源的基础上导出数据，建立企业级数据仓库，然后根据需要导出部门和个人仓库。自上而下有利于保证各级数据仓库的一致性，但是周期长、费用高、难度大。在这种形式下，主题数据集和面向应用的数据环境共同构成一个多层次的体系化环境，可以进行从 OLTP 到决策支持系统的所有应用，如图 3-10 所示。

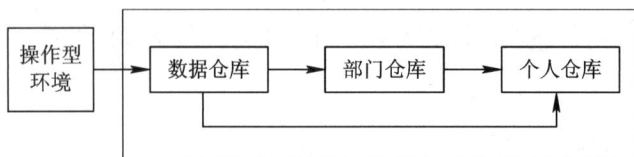

图 3-10　自上向下的体系结构

(2) 自下而上的实施。首先基于独立部门的定制化需求，建立小型的数据仓库，在此基础上不断进行扩充、完善，最后实现企业级的数据仓库。该方法面向特定需求和应用，规模小、投资小、见效快，可方便部门层次的使用。但需要注意的是，在建立数据集市时要具有全局观念，以便于以后的集成，如图 3-11 所示。

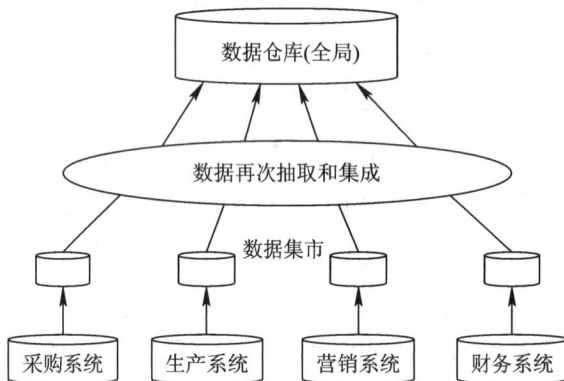

图 3-11　自下向上的体系结构

3.4.3　数据存储模型

数据仓库的数据组织方式可分为基于逻辑视图的虚拟存储、基于关系数据库的存储和基于多维数据库的存储等多种存储模型。

虚拟存储方式是虚拟数据仓库的数据组织形式。它没有专门的数据仓库来存储数据，根据用户的分析挖掘需求，设计多维数据库视图，在源数据库中关联所需要的数据表，完成多维分析。这种方式组织比较简单，硬件花费少，用户使用灵活，但是往往会受到源数据库中数据质量的限制，无法规避数据的冗余和冲突，很难为决策服务建立有效的数据支撑。

基于关系数据库的存储方式是将数据仓库的数据存储在关系型数据库的表结构中，在元数据的管理下完成数据仓库的功能。这种组织方式在建库时有两个主要过程，用于完成数据的抽取。首先要提供一种图形化的点击操作界面，使分析员能对源数据库的内容进行选择，定义多维数据模型；然后再编制程序把数据库中的数据抽取到数据仓库的数据库中。

多维数据库的数据组织是直接面向 OLAP 分析操作的数据组织形式。这种数据库产品比较多，其实现方法不尽相同。其数据组织采用多维数组结构文件进行数据存储，并有多维索引及相应的元数据管理文件，与数据相对应。

1. 基于关系数据库的数据存储模型

基于关系数据库的数据存储模型一般采用星形模型和雪花模型。

1）星形模型

大多数基于关系数据库的数据存储模型采用星形模型。数据库中包括一张事实表，另外每一维都有一张维表。事实表中的每条元组都包括指向各个维表的外键和一些相应的测量数据。维表中记录的是有关这一维的属性，如图 3-12 所示。

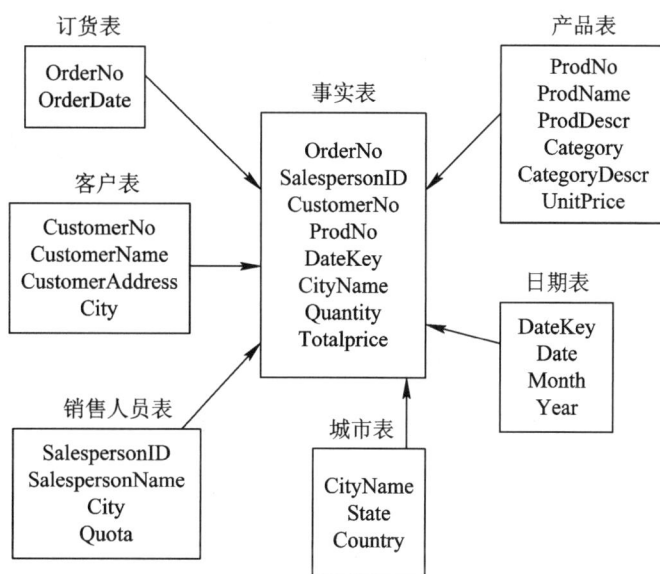

图 3-12　星形模型示意图

从图 3-12 中可以看出，事实表中的每条元组包含一些指针(外键，在其他表中是主键)，每个指针指向一张维表，这就构成了数据库的多维联系，相应地每条元组中多维外键限定了数字测量值。在每张维表中除包含每一维的主键以外，还有其他说明该维一些属性的字段。

星形模型使数据仓库的复杂查询可以直接通过各维的层次比较、上钻下钻等操作完成，减少了执行查询分析的时间，但是该方式存在数据冗余、多维操作慢的缺点。

2）雪花模型

雪花模型是对星形模型的扩展。它对星形模型的维表进一步层次化，原有的各维表被扩展为小的事实表，形成局部的"层次"区域。它的优点是：最大限度地减少数据存储量以及联合较小的维表来改善查询性能。

雪花模型增加了用户必须处理的表数量，增加了某些查询的复杂性。但这种方式可以使系统进一步专业化和实用化，同时降低了系统的通用程度。使用数据仓库和 OLAP 查询工具完成一些简单的二维或三维查询, 既满足了用户对复杂数据仓库查询的需求, 又能够在无须访问过多数据的情况下完成一些简单查询功能, 如图 3-13 所示。

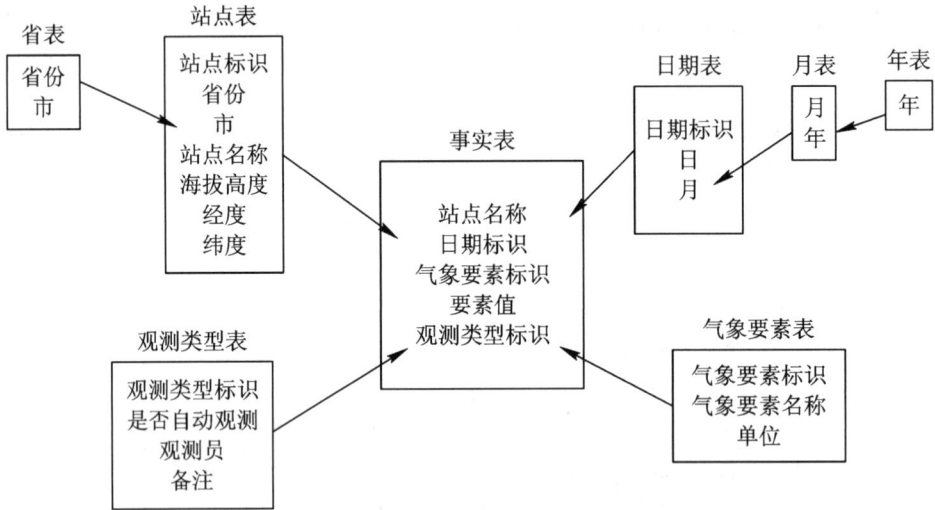

图 3-13   雪花模型示意图

2. 基于多维数据库的数据存储模型

多维数据库的存储模型与多维数据库平台相关性较高, 一般采用超立方结构模型。它是将用于分析的数据从关系数据库中抽取出来, 存放到多维数据库的超立方结构中。图 3-14 是该数据存储结构的示例。

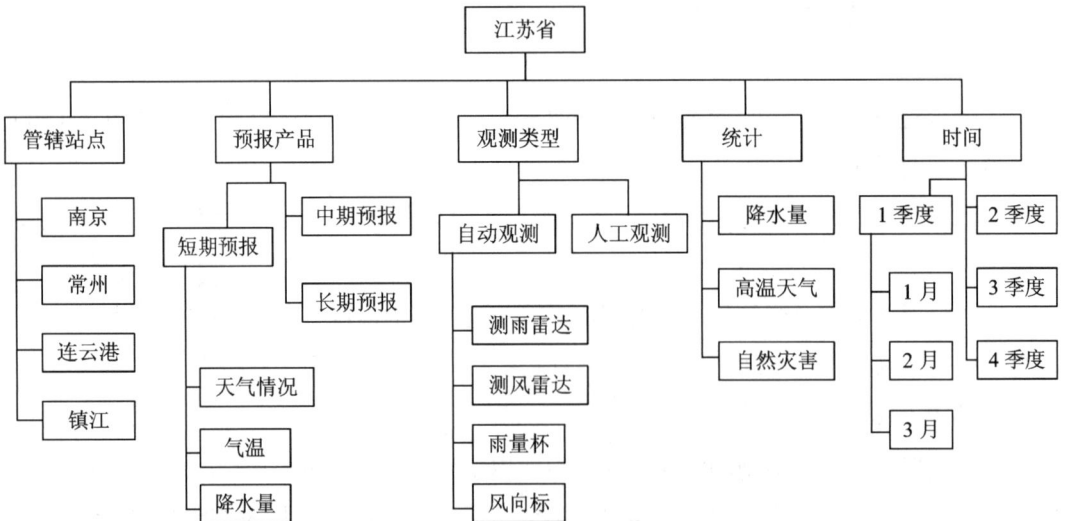

图 3-14   多维数据库的数据存储结构示意图

这种多维体是以多维数组方式记录各测量数具体值的, 如图 3-15 所示。

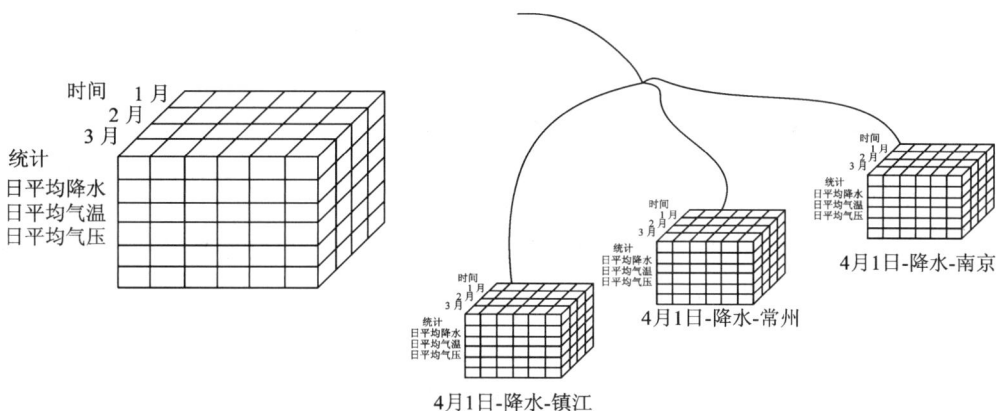

图 3-15　多维数组方式记录各测量数具体值示意图

　　相应各维有一定的记录维及维内层次的元数据结构。这种数据组织方式减少了数据库表中由于空穴造成的空间浪费，消除了每个元组中存储的外键信息，它由统一的维与数组的对应系数限定数据，减少了存储空间。其最主要的特点是减少了以维为基本框架的存储空间，针对多维数据组织的操作算法，极大地提高了多维分析操作的效率。

3.5　数据应用技术

3.5.1　多维数据分析

　　数据分析技术可以分为联机事务处理 OLTP 和联机分析处理 OLAP 两类。OLTP 是传统的关系型数据库的主要应用模式，主要面对基本的、日常的事务处理，如增加、删除、修改、查询等处理。但是传统的联机事务处理缺少针对比较、趋势分析与预测等的数据处理模板，无法支持用户对数据决策分析的处理需求，因此出现了 OLAP 技术。

1. OLAP 的基本概念

　　在 OLAP 中有维、维的层次、维成员、多维数据集等基本概念。

　　(1) 维。维是人们观察数据的特定角度，是考虑问题时的一类属性，属性集合构成一个维，如时间维、地理维等。

　　(2) 维的层次。维的层次是人们观察数据的某个特定角度，即维还可以存在细节程度不同的各个描述方面，如时间维还可以分为日期、月份、季度、年等不同的细节。

　　(3) 维成员。维成员是维的一个取值，是数据项在某维中位置的描述，如"某年某月某日"是在时间维上位置的描述。

　　(4) 多维数据集。多维数据集也被称为数据立方体或超立方体，是决策支持的支柱，也是 OLAP 的核心。在多维数据集中有一组度量值，这些值是基于多维数据集中事实表的一列或多列，这些值应该是数字。度量值是多维数据集的核心值，是最终用户在数据仓库应用中所需要查看的数据。

2. OLAP 的主要操作

OLAP 的核心是多维分析。OLAP 的多维分析使用户从多个角度、多个侧面去观察数据仓库。OLAP 系统根据用户的分析需求有不同的操作，主要操作有切片、切块、钻取、旋转等。具体操作内容介绍如下：

(1) 切片。切片是指在多维数组的某一维选定一个维成员的动作，如图 3-16(a)～(c)所示。切片操作可以降低多维数据集的维度，使人们能将注意力集中在较少的维度上进行观察。

(2) 切块。切块是指舍弃一些观察角度，在多维数组对两个及以上的维选定某一区间的维成员的动作，如图 3-16(d)所示。切块也可以看成进行多次切片操作以后，将每次切片操作所得到的切片重叠在一起而形成的。

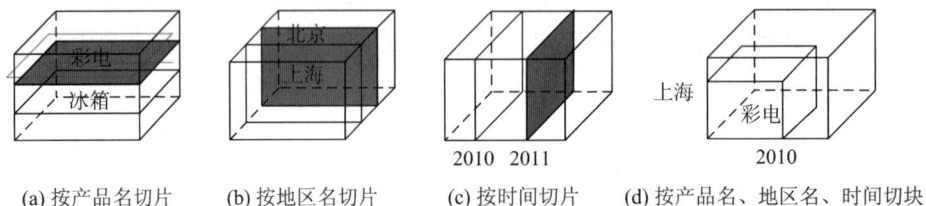

(a) 按产品名切片　　(b) 按地区名切片　　(c) 按时间切片　　(d) 按产品名、地区名、时间切块

图 3-16　切片与切块示意图

(3) 钻取。钻取是改变维的层次，变换分析粒度的动作。钻取包含上钻和下钻。上钻操作通过维的概念分层向上攀升或者通过维规约在数据立方体上进行汇总，以获得概括性的数据。下钻是上钻的逆操作，由不太详细的数据得到更详细的数据。下钻可以沿用维的概念分层向下或引入新的维以及维的层次来实现，以获得细节性的数据，如图 3-17 所示。

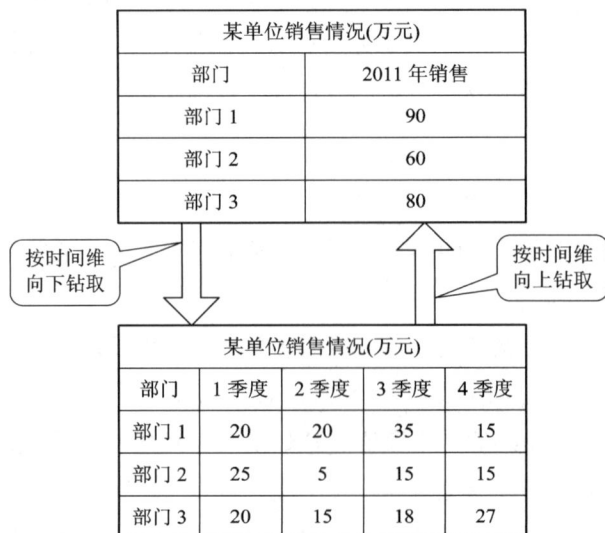

图 3-17　上钻和下钻操作示意图

(4) 旋转。旋转是改变一个报告或页面显示的维方向的动作。旋转是一种视图操作，通过旋转可以得到不同视角的数据(如图 3-18 所示的季度和年的位置交换或层次变换)，以用户容易理解的角度来观察数据。

某单位销售情况(万元)							
	2010 年				2011 年			
部门	1 季度	2 季度	3 季度	4 季度	1 季度	2 季度	3 季度	4 季度
部门 1	20	20	35	15	12	20	25	14
部门 2	25	5	15	15	20	18	23	12
部门 3	20	15	18	27	20	20	17	27

某单位销售情况(万元)							
	1 季度		2 季度		3 季度		4 季度	
部门	2010 年	2011 年	2010 年	2011 年	2010 年	2011 年	2010 年	2011 年
部门 1	20	12	20	20	35	25	15	14
部门 2	25	20	5	18	15	23	15	12
部门 3	20	20	15	20	18	17	27	27

图 3-18　旋转操作示意图

3. MOLAP、ROLAP 与 HOLAP

OLAP 有基于多维数据库的 MOLAP(Multi-Dimensional OLAP)、基于关系数据库的 ROLAP(Relational OLAP)和兼顾上述两种方式的 HOLAP(Hybrid OLAP)三种形式。

(1) MOLAP。MOLAP 是基于多维数据库的 OLAP，以多维数据库的组织方式为核心，数据存储模式使用"立方块(Cube)"结构。在 MOLAP 中，对"立方体"的"切片""切块""钻取""旋转"是产生多维数据报表的主要技术。MOLAP 的特点是将细节数据和聚合后的数据均保存在"立方体"中，因此能提供快速的数据检索查询与复杂的计算，但生成"立方体"时需要大量的时间和空间，并且"立方体"的生成需要与决策分析主题紧密关联，不能包含所有数据，导致该类方式只能处理有限的数据。

(2) ROLAP。ROLAP 是基于关系数据库的 OLAP，以关系数据库为核心，以关系型结构进行多维数据的表示和存储。数据存储模式使用星形模式、雪花模式的结构，采用关系数据库的 SQL 事务执行引擎切片、切块、钻取、旋转等操作，每个操作都会被转换成 SQL 语句提交到数据库中执行。ROLAP 的特点是与关系数据库功能紧耦合，可以使用关系数据库自身的函数，不存在数据存放空间限制，但是由于 ROLAP 技术的本质是在关系数据库中进行 SQL 查询或者 multiple SQL 查询，所以当数据量很大时查询时效性不佳，进行汇总计算就比较困难。

(3) HOLAP。HOLAP 是 ROLAP 和 MOLAP 的混合体，将细节数据保留在关系数据库的事实表中，但是聚合后的数据保存在多维数据库的"立方体"中。HOLAP 支持将数据元素存储在关系数据库的事实表中，并将数据的另一个元素存储在多维数据库的"立方体"中，从而实现各自优势的权衡。由于 HOLAP 允许使用两类 OLAP，因此，对这两类 OLAP 的协同控制与使用时机是关键。该方法理论上兼顾了上述两种方法的优点，但是协同控制与调用策略的设计将加大开发与实施的难度。

4. OLAP 与 OLTP 的特点

OLAP 是数据仓库系统的主要应用，支持复杂的分析操作，侧重于决策支持，并且提供直观易懂的查询结果。OLAP 使分析人员、管理人员或执行人员能够从多种角度对从原始数据中转化出来的、能够真正为用户所理解的并真实反映企业特性的信息进行快速、一致、交互的存取与分析。OLAP 具有系统反应速度快、可处理与应用有关的任何逻辑分析和统计分析、可提供多维视图与分析支持、稳定的报表性能、公共的数据存储与分析服务等特点。

OLAP 的数据来源与 OLTP 一样来自底层的数据系统，但两者面对的用户群、数据的特点有所不同，如表 3-3 与表 3-4 所示。具体内容如下：

(1) 应用模式。OLTP 是面向基础业务的，用于用户和信息技术专业人员的事务和查询处理；而 OLAP 是面向决策支持的，用于领导和分析人员的数据分析。

(2) 存储模式。OLTP 系统通常采用实体-存储关系(E-R)模型和面向应用的数据库设计；而 OLAP 系统通常采用星形或雪花模型和面向主题的数据库设计。

(3) 数据内容。OLTP 系统主要关注一个企业或部门内部的当前数据，而不涉及历史数据或不同组织的数据；OLAP 系统常常跨越数据库，涉及存续体量较大的历史数据。

(4) 执行操作。OLTP 系统主要管理当前数据，其访问模式主要由短的原子事务组成。OLAP 主要提供大量历史数据的存储与查询，大部分是只读操作，尽管许多操作可能是复杂的查询。

(5) 资源需求。OLTP 主要完成基础业务的处理与管理，对数据库平台与硬件支持资源要求较低。OLAP 主要完成决策分析与数据处理，需要多处理器、大存储量的专用服务器及特定类型的数据库。

表 3-3　OLTP 和 OLAP 对比表

对比方面	OLTP	OLAP
用户	操作人员，低层管理人员	决策人员，高级管理人员
功能	日常操作处理	分析决策

对比方面	OLTP	OLAP
数据库设计	面向应用	面向主题
数据	原始的、当前的、细节性的、二维的、独立的、可更新的	提炼性的、历史的、综合性和多维的、统一的、周期性增加
存取数据量	少，一次读/写数十条记录	多，一次读/写上百万条记录
工作单位	简单的事务	复杂的查询
用户数	上千个	上百个
数据库大小	常以 MB 或 GB 计算	常以 GB 或 TB 计算

表 3-4 OLTP 和 OLAP 准则

准则	OLTP	OLAP
用途	执行日常业务运营	决策支持，为业务和管理查询提供答案
数据源	事务数据库(专注于效率和一致性的规范化数据)	数据仓库或数据集市(专注于准确性和完整性的非规范化数据库)
报表	常规、定期、关注面较窄的报表	即时的、多维的、关注面较宽的报表和查询
资源需求	普通关系数据库	多处理器、大存储量的专用数据库

3.5.2 数据挖掘技术

数据挖掘是基于人工智能、机器学习、模式识别、统计学、数据库、可视化技术等方法技术，从大量的、不完全的、有噪声的、模糊的、随机的数据中发现并提取隐含的、潜在的、有价值的信息或知识的过程。这些知识或信息有概念、规则、规律、模式等形式。

1. 数据挖掘过程

数据挖掘过程一般分为数据准备、数据挖掘与数据表述，主要过程如图 3-19 所示。

(1) 数据准备。数据准备阶段主要是分析业务问题，根据分析业务需求，从各业务系统中针对性地提取集成数据，保证数据来源的广泛性、完整性和正确性。

(2) 数据挖掘。数据挖掘阶段是综合利用多种挖掘方法对数据进行分析，寻找规则和知识。

(3) 数据表述。数据表述阶段是解释并评估结果，利用可视化工具，将获取的信息以便于用户理解和观察的方式反映给用户。

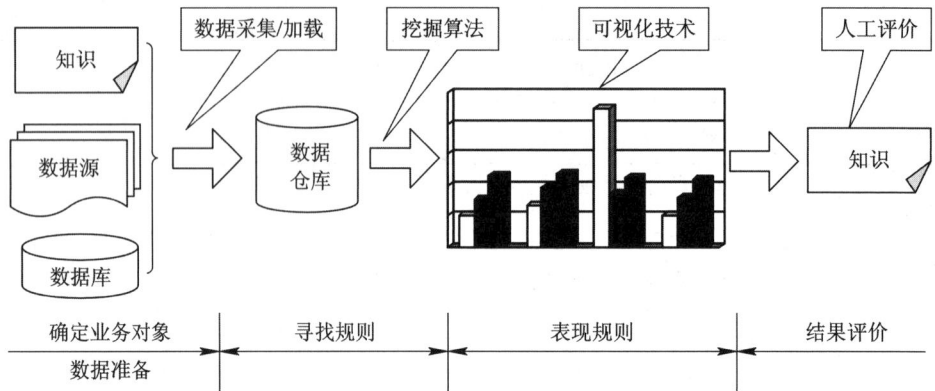

图 3-19 数据挖掘的主要过程

2. 数据挖掘的功能

数据挖掘具有概括性分析、关联分析、分类分析、聚类分析、预测分析及孤立点分析等功能。

(1) 概括性分析。概括性分析是根据数据的微观特性，发现其表征的、带有普遍性的、较高层次概念的和宏观的知识，反映同类事物的共同性质，是对数据的概括、精炼和抽象。概括性分析是一种把数据库中的有关数据从低层次抽象到高层次的过程。该方法的基本思想是实现某些常用的代价较高的聚集函数的计算，如计数、求和、平均、最大值等，并将这些实现视图存储在多维数据库中。

(2) 关联分析。关联分析是发现反映一个事件和其他事件之间依赖或关联的知识。如果两项或多项属性之间存在关联，则从其中一项的属性值可推测或预测其他属性值。典型的关联分析算法有 Apriori、最大频繁项集、Galois 闭包等。

(3) 分类分析。分类分析是找出反映同类事物共同性质的特征和不同事物之间差异性质的特征，以便能够分类识别未知数据的归属或类别。典型的分类分析算法有贝叶斯、SVM(Support Vector Machine，支持向量机)与神经网络等。

(4) 聚类分析。聚类分析是指将物理或抽象对象的集合分组为由类似的对象组成的多个类的分析过程。典型的聚类分析算法有 K 均值聚类算法、KNN(K-Nearest Neighbor，K 最近邻算法)、PCA(Principal Component Analysis，主成分分析)等。

(5) 预测分析。预测分析是根据客观对象的已知信息而对事物在将来的某些特征、发展状况的一种估计、测算活动。典型的预测分析方法有回归模型法、时序模型法等。

(6) 孤立点分析。孤立点分析是对差异和极端特例的描述，揭示事物偏离常规的异常现象，如标准类外的特例、数据聚类外的离群值等。

第 4 章 设备集成技术

4.1 设备集成概述

4.1.1 需求分析

随着各类外设硬件、嵌入式设备、物联网感知设备等的广泛应用，在信息系统集成类项目中需要加入大量的软硬件设备的集成内容，因而涉及各类软硬件设备的输入/输出控制，包含对硬件设备提供的功能化软件模块的接口集成，对增强系统安全可信度的安全组件的设备集成，对外设硬件及物联网感知设备的硬件集成等内容，具体需求如下：

(1) 针对 B/S 即浏览器/服务器模式的信息系统，硬件设备厂商通常会以浏览器插件的形式给出一些特定功能的交互模块。为了实现无差别的用户体验，需要将其相关模块集成到用户的 B/S 信息系统中。

(2) 针对有特定安全要求的信息系统，为了提升信息系统的安全防护能力，使用 USB Key 硬件设备实现对用户的安全性认证。需要将该类设备集成进入信息系统的安全访问模块中。

(3) 收银台、短信猫、LED 大屏、身份证阅读器、射频读卡器、医用设备和银行 POS 机等硬件设备，一般通过串口数据对外提供服务通信。为了管理、监控与使用该类设备，需要通过串口通信的方式完成数据交互与功能调用。

(4) 随着物联网技术的日渐成熟，信息系统需要集成 RFID 设备、摄像头与云台等物联网感知与监控设备，以获取传感器下发的信息与数据。

由于受到设备功能、标准协议与使用方法的限制，需要针对不同的软硬件设施设计定制化的集成方案，其中包含了浏览器插件、USB Key 技术、串口通信、RFID 技术、摄像头和云台等内容。

4.1.2 相关概念

1. 浏览器插件

浏览器插件是基于浏览器的原有功能，对浏览器特定功能进行补充并遵循浏览器接口规范的一种程序。浏览器插件的作用主要是扩展应用功能与丰富浏览体验，其功能包含了硬件专用软件功能拓展、安全性提升、多媒体播放、即时消息通信等。

2. USB Key

USB Key 是一种 USB(Universal Serial Bus，通用串行总线)接口的硬件设备。其内置单片机或智能卡芯片，有一定的存储空间，可以存储用户的私钥以及数字证书，可用于 Web 互联网登录、系统身份认证、邮件加密、数字签名、数字证书、数据签名、硬盘数据加密等。

3. 串口通信

串口通信用于在两个设备之间通过专门设计的线路(称为串行端口)传输数据，在不同领域都有着广泛的应用，主要应用于工控自动化、商业零售设备、医疗设备、视频监控系统等设备与外部信息系统的交互。

4. RFID

RFID(Radio Frequency Identification)即无线射频识别技术，是自动识别技术的一种。通过无线射频方式进行非接触双向数据通信，对记录媒体(电子标签或射频卡)进行读写，从而达到识别目标和数据交换的目的。RFID 主要应用于物流、交通、身份识别、防伪、资产管理、信息统计、安全控制等领域。

4.2 浏览器插件

4.2.1 功能作用

在 B/S 信息系统中，纯粹的客户端代码难以实现部分特定功能，因此需要借助浏览器插件的方式实现，具体作用如下：

(1) 访问硬件设备提供的特定软件模块，如调用手写板的签名模块、读卡器的读写模块、计算机摄像头的管理模块等。

(2) 增强本地安全，接管用户输入并进行混淆，如网上银行的密码输入框、系统登录的验证码等。

(3) 表现 HTML 难以描述的特殊展现形式以及触发本地事件，如单击下载或直接播放。

上述功能通常采用的技术手段有两种：一是 IE 内核的 ActiveX 技术，二是用于多个浏览器的 Java Applet 技术。

4.2.2　ActiveX 技术

1. 工作原理

ActiveX 是 Microsoft 公司提出的一组使用 COM 技术使得软件部件在网络环境中进行交互的技术集，与具体的编程语言无关。ActiveX 控件可以使 COM 组件从外观和使用上能与普通的窗口控件一样，还提供了类似于设置 Windows 标准控件属性的属性页，从而能够在容器程序的设计阶段对 ActiveX 控件的属性进行可视化设置。ActiveX 控件可基于浏览器的信任对本地硬件设备进行功能调用，如图 4-1 所示。

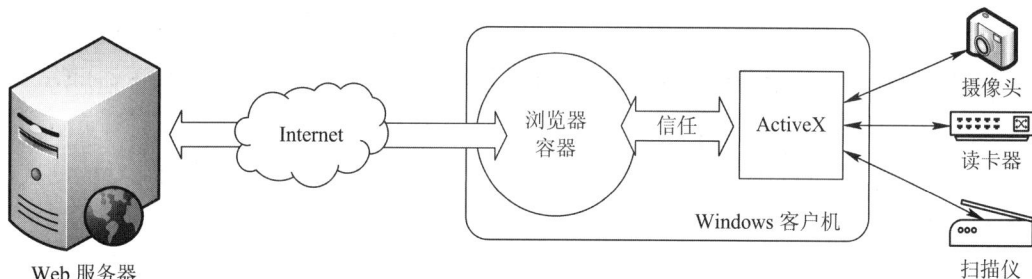

图 4-1　浏览器通过 ActiveX 调用本地硬件设备

2. 开发模式

ActiveX 控件的开发模式包含以下三种：

(1) 直接用 COM 技术的 API 开发。该方法独立于开发组件与平台，但是其开发难度大，方法较为复杂，代码编写与调试也较为困难，一般不予考虑。

(2) 基于传统的 MFC(Microsoft Foundation Classes，微软基础类库)套件，将 COM 的基本功能封装在若干 MFC 的 C++ 类中，开发者通过继承类属性得到配套功能支撑。该方法比较适合开发桌面 ActiveX 控件。

(3) 基于 ATL(Active Template Library，活动模板库)开发。该方法使用 C++ 的模板技术，在运行时不需要依赖于类似 MFC 程序所需要的庞大的代码模块，更适合于 Web 应用开发。

3. 调用策略

在客户端对 ActiveX 控件调用时，ActiveX 使用了安全级别和证明等两个安全性补充策略，确保能通过 Internet 发行。Microsoft 提供了验证代码工具对组件进行签名，同时需要从证书授权机构获得一个数字证书，明确对象并防止随意篡改信息。因而，在 IC 卡信息调用、客户端验证等需要使用 ActiveX 控件的场景中，客户端对 ActiveX 控件及配套证书的部署较为烦琐，有时甚至需要调整设置 IE 的安全级别。

4.2.3 Applet 技术

1. 工作原理

Applet 是采用 Java 编程语言编写的应用程序，作为 Web 页面的一部分运行，由支持 Java 的浏览器解释执行。当用户访问这样的网页时，Applet 被下载到用户的计算机上执行。由于 Applet 是在用户的计算机上执行的，用户可更好地欣赏网页上 Applet 产生的多媒体效果。

在 Applet 中，可以实现图形绘制，字体和颜色控制，动画和声音的插入，人机交互及网络交流等功能。Applet 还提供了抽象窗口工具箱(Abstract Window Toolkit，AWT)的窗口环境开发工具。AWT 利用用户计算机的 GUI(Graphical User Interface，图形用户界面)元素，可以建立标准的图形用户界面，如窗口、按钮、滚动条等。

在 B/S 架构下经常需要实现客户端的硬件(读卡器)设备通信，得到硬件(读卡器)的数据。在此，与硬件设备通信的 C 语言或其他语言一般由设备商提供，系统集成商只负责实现 JavaScript 与 Applet 的通信，以及 JNI(Java Native Interface，Java 本地接口)与 C 的通信，工作原理如图 4-2 所示。

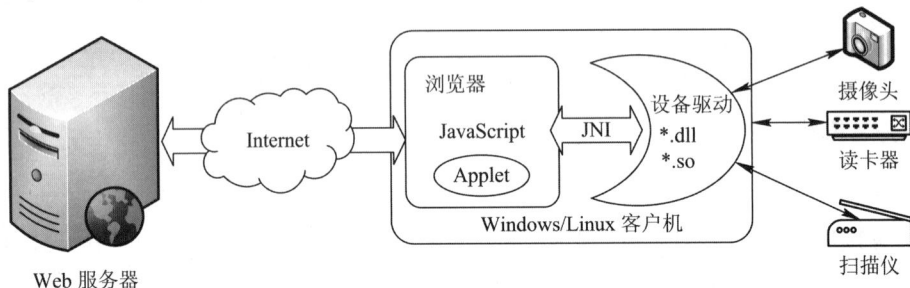

图 4-2 浏览器 Applet 通过 JNI 调用本地硬件设备

2. 调用策略

在客户端对 Applet 控件调用时，需要具备 JVM(Java Virtual Machine，Java 虚拟机)环境，它可以是 Web 浏览器的一个插件，或一个独立的运行环境。当用户浏览包含 Applet 的网页时，Applet 代码实际上是从远程服务器上下载到本地计算机上运行的，因而 Applet 本身设定了相应的安全规则来保证用户的系统安全。这些规则包括：

(1) Applet 无法调用/运行本地计算机上的可执行程序。

(2) Applet 除了与所在的服务器联系外，无法再同任何其他的服务器取得联系。

(3) Applet 不能对本地文件系统进行读写操作。

在某些情况下,通过使用签名的 Applet 可以针对不同的情况给予不同级别的安全等级。被签名的 Applet 携带一个可以证明其签名者身份的证书,在该部分内容被调用时,需要浏览器信任签名者,给予 Applet 额外的权限。

4.3 USB Key

4.3.1 功能

USB Key 是一种 USB 接口的硬件设备。其内置单片机或智能卡芯片,有一定的存储空间,主要用作基于公钥体系的数字证书和私钥的安全载体。由于 USB Key 本身作为密钥存储器,其自身的硬件结构决定了用户只能通过厂商编程接口访问数据,这就保证了保存在 USB Key 中的数字证书无法被复制,并且每一个 USB Key 都带有 PIN(Personal Identification Number,个人识别密码)码保护,形成了"Key+PIN 码"的双因子认证模式,保障了数字证书和私钥的合法使用。如果用户 PIN 码被泄露,只要保存好 USB Key 的硬件就可以保护自己的证书不被盗用;如果用户的 USB Key 丢失,获得者由于不知道该硬件的 PIN 码,也无法盗取用户保存在 USB Key 中的私钥。并且与 PKI(Public Key Infrastructure,公钥基础设施)技术的结合,使 USB Key 的应用领域从仅确认用户身份,扩展到可以使用数字证书的所有领域,广泛用于安全交易等场合。其功能层次如图 4-3 所示。

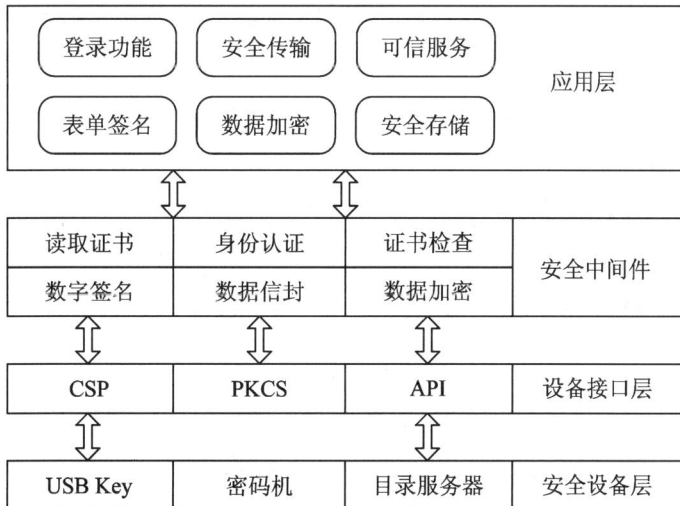

CSP—Content Security Policy,内容安全策略;
PKCS—Public Key Cryptography Standards,公钥密码标准。

图 4-3　USB Key 功能层次图

4.3.2   技术特点

USB Key 作为新一代的身份认证产品，具有以下特点：

(1) 双因子认证。USB Key 用作基于公钥体系的数字证书和私钥的安全载体。通过采用 "Key+PIN 码" 的双因子认证，既可以保护密钥，又可以保护数字证书。

(2) 带有安全存储空间。USB Key 具有一块 8～128 KB 的安全数据存储空间，对该空间的读写操作必须通过程序实现，用户无法直接读取，因此存储于该空间的用户私钥是不可导出的。这也就防止了其他人复制数字证书或伪造用户身份信息的可能。

(3) 硬件实现加密算法。USB Key 通过内置 CPU 或智能卡芯片，可实现 PKI 体系中使用的数据加解密、签名验签、消息摘要等各种算法，保证了密钥的不可复制性，从而杜绝了用户密钥被黑客截取的可能性。

(4) 便于携带，安全可靠。USB Key 类似于 U 盘，非常小巧，便于携带。Key 中的证书和密钥不可导出，硬件不可复制，更加安全可靠。

4.3.3   使用方式

1. 身份认证应用

基于 USB Key 的签名和验签机制，利用 PKI 数字证书机制，可实现服务器和客户端的双向身份认证，通过验证用户证书的有效性和合法性，来确认用户具有系统赋予的角色权限。通过交易系统的用户名、密码结合证书的方式，甚至不需要用户名、密码的方式就可登录系统，确定用户身份。平台服务器可配置服务器证书，建立起 SSL(Secure Socket Layer, 安全套接层)安全通道，用户或者客户端必须使用证书才能登录到系统，通过双向的认证机制，保证登录者的真实身份。身份认证应用流程如图 4-4 所示。

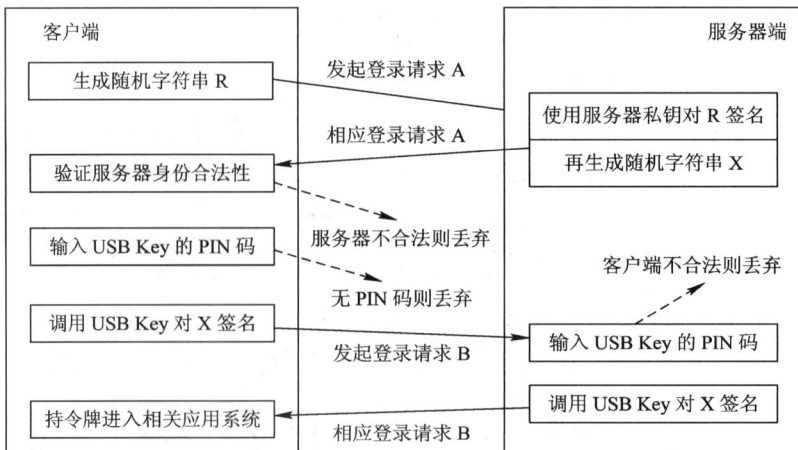

图 4-4   身份认证应用流程

2. 数字签名应用

使用数字签名中间件，可对文字、表格、文件、图像、图形等类型的数据进行签名，制作数字信封、证书解析、数据编码、数据摘要、获取数据原文等功能。通过将网上交易平台与数字签名中间件结合，当用户要提交电子数据时，客户端程序通过签名中间件读取用户的个人证书，验证个人证书信息及有效性，然后使用签名中间件的标准签名方法对电子文件进行签名，最后发送到网上交易平台。数字签名应用流程如图 4-5 所示。

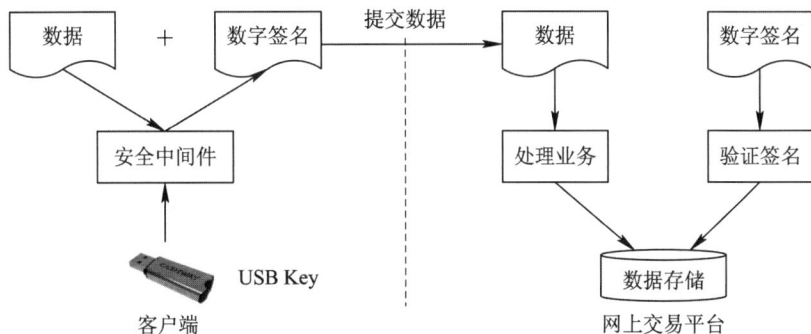

图 4-5　数字签名应用流程

3. 数据加密应用

通过 USB Key 技术在系统内传输和存储的机密资料，可以通过两种方法进行保护：一是建立 SSL 安全通道，保证传输安全；二是对机密信息进行加密处理后再传输和存储。USB Key 采用非对称加密技术，发送方用接收方的公钥对原文进行加密，接收方用自己的私钥进行解密。因为只有接收方才拥有自己的私有密钥，所以即使其他人得到了经过加密的会话密钥，也无法进行解密，从而保证了传输文件的安全性。USB Key 数据加密应用如图 4-6 所示。

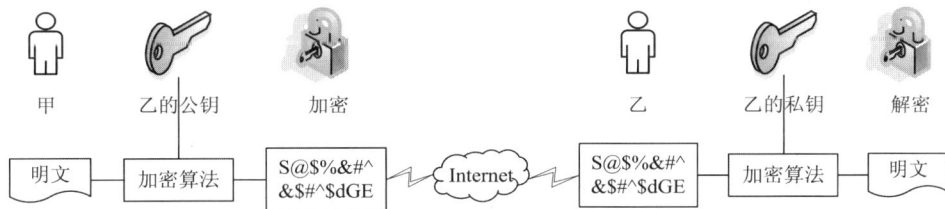

图 4-6　USB Key 数据加密应用

4.4 串口通信

4.4.1 基本原理

典型的串口通信使用 3 根线完成，分别是地线、发送、接收。由于串口通信是异步的，端口能够在一根线上发送数据同时在另一根线上接收数据。通常可按以下四步实现串行通信：

(1) 按协议的设置初始化并打开串口，通知操作系统本应用程序需要调用串口，封闭其他应用程序的重复占用。

(2) 配置串口通信参数。

(3) 在串口上往返传输数据，并在传输过程中进行校验。

(4) 关闭串口，即释放串口以供其他应用程序使用。

串行通信数据传输过程如图 4-7 所示。

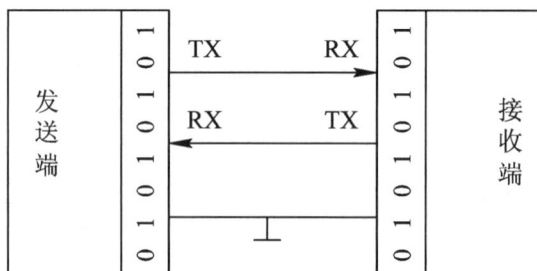

图 4-7   串行通信数据传输示意图

1. 上位机和下位机

接口技术有上位机和下位机两个重要概念。这两种称谓是相对的，区分的方式是确定主动方与被动方。

(1) 上位机。也就是通信双方较为主动的一方，也称为主机，可以是两台计算机中的其中一台，可以是两台设备间的其中一台，也可以是计算机与设备间的其中一台，关键是看哪一方处于比较主动的位置。

(2) 下位机。通信双方相比而言处于较为被动的一方，一般是指设备(如单片机)，也可以是某台计算机。

2. 数据结构

对于串行通信而言，在传输一个字符时，总是以"起始位"开始，以"停止位"结束，字符之间没有固定的时间间隔要求。对于串行传输的每一个字符，第一位(起始位)以低电平开始，字符内容由 7 位数据位组成，其后面是一位校验位(检验位可以是奇校验、偶校验或无校验位)，最后是停止位(停止位通常为一位、一位半或二位)。停止位后面是不定长的空闲位，停止位和空闲位都规定为高电平。实际传输时，每一位的信号宽度与波特率有关，波特率越高，宽度越小，在进行传输之前，双方一定要使用同一个波特率设置。串行通信字符的数据结构如图 4-8 所示。

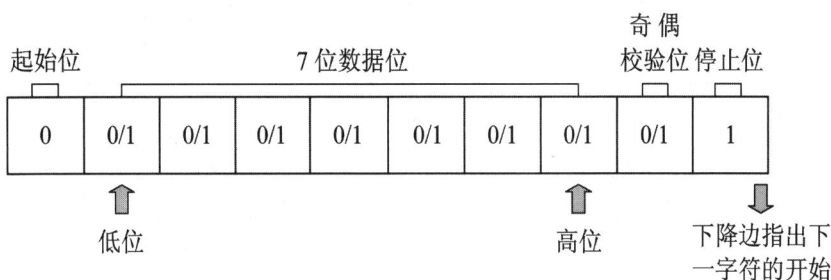

图 4-8　串行通信字符的数据结构

3. 参数设置

串口通信主要参数是波特率、起始位、数据位、奇偶校验位、停止位和空闲位等。对于两个需要进行串口通信的端口，这些参数必须匹配，这也是能够实现串口通信的前提。其主要设置参数内容如下：

(1) 波特率。波特率是一个衡量通信速度的参数，表示每秒传送的二进制位数。例如，每秒可以传输 9600 个二进制位(bit)，波特率就是 9600 bit。波特率的单位是每秒比特数(b/s)，常用的单位还有每秒千比特数(kb/s)和每秒兆比特数(Mb/s)。

(2) 起始位。起始位必须是持续一个比特时间的逻辑 0 电平，表示传输一个字符的开始，接收方可用起始位使自己的接收时钟与发送方的数据同步。

(3) 数据位。数据位是衡量通信中实际数据位的参数。当计算机发送一个信息包，数据位的标准值是 5、7 和 8 位。设置值取决于传输信息格式，比如，标准的 ASCII 码是 0～127(7 位)，扩展的 ASCII 码是 0～255(8 位)。

(4) 奇偶校验位。奇偶校验位仅占一位，是串口通信中一种简单的检错方式，用于进行奇校验或偶校验，奇偶检验位不是必须有的。串口会设置校验位(数据位后面的一位)，用一个值检验传输的数据有偶数个或奇数个逻辑高位。

(5) 停止位。停止位是按长度来算的。串行异步通信从计时开始，以单位时间为间隔(一个单位时间就是波特率的倒数)，依次接收所规定的数据位和奇偶校验位，并拼装成一个字符的并行字节；此后应接收到规定长度的停止位"1"。所以说，停止位都是"1"，1.5 是它的长度，即停止位的高电平保持 1.5 个单位时间长度。一般来讲，停止位有 1、1.5、2 个单位时间三种长度。

(6) 空闲位。空闲位是指从一个字符的停止位结束到下一个字符的起始位开始，表示线路处于空闲状态，必须用高电平来填充。

4. 通信模式

串口通信的通信模式主要包括单工模式、半双工模式和全双工模式三种，其示意图如图 4-9 所示。

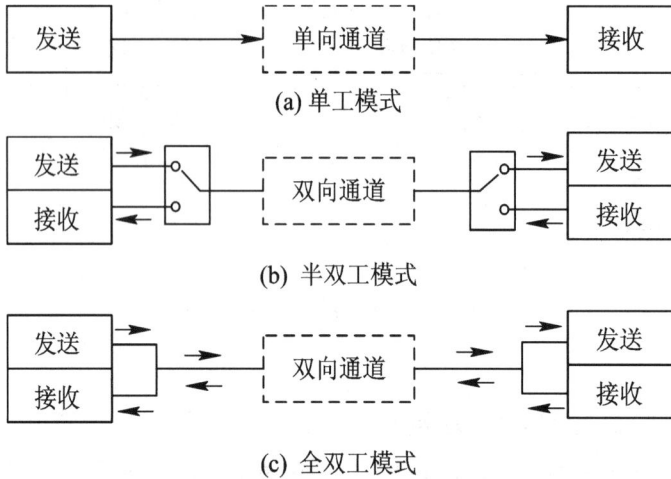

图 4-9 串口通信模式示意图

单工模式的数据传输是单向的。通信双方中，一方固定为发送端，一方则固定为接收端。信息只能沿一个方向传输，使用一根传输线。

半双工模式通信使用同一根传输线，既可以发送数据又可以接收数据，但不能同时进行发送和接收。数据传输允许数据在两个方向上传输，但是，在任何时刻只能由其中的一方发送数据，另一方接收数据。因此，半双工模式既可以使用一条数据线，也可以使用两条数据线。半双工通信中每端需有一个收发切换电子开关，通过切换来决定数据向哪个方向传输。因为有切换，所以会产生时间延迟，信息传输效率低。

全双工模式通信允许数据同时在两个方向上传输，它是两个单工通信方式的结合，要求发送设备和接收设备都有独立的接收和发送能力。在全双工模式中，每一端都有发送器和接收器，有两条传输线，信息传输效率高。

4.4.2 通信方法

1. Windows 串口通信方法

在 Windows 环境下，串口是系统资源的一部分。应用程序如果想使用串口进行通信，则必须向操作系统提出资源申请要求(打开串口)，通信完成后必须释放资源(关闭串口)。

Windows 系统函数已经包含了上述通信支持与中断功能。Windows 系统每接收一个字符，系统产生一个低级硬件中断，Windows 系统中的串行驱动程序就取得了控制权，并将接收到的字符放入输入数据缓冲区，然后将控制权返回正在运行的应用程序。如果输入缓冲区数据已满，串行驱动程序用当前定义的流控制机制通知发送方停止发送数据。队列中的数据按"先进先出"的次序处理。其串口通信具体流程如图 4-10 所示。

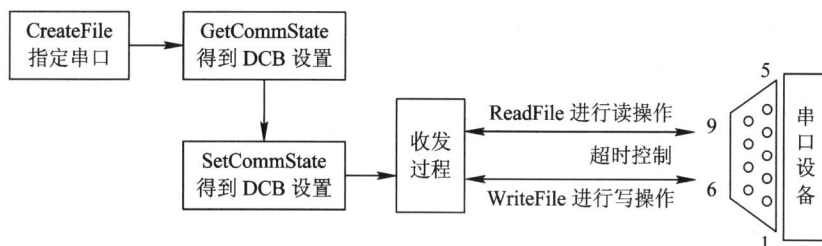

DCB—Device Control Blocks，设备控制块。

图 4-10　实现串口通信的过程

2. Linux 串口通信方法

在 Linux 系统中串口以设备文件的形式存在，可以使用系统调用/函数来访问它。在 Linux 系统环境下处理串口通信的流程和 Windows 环境下的处理流程基本一致，包括打开串口、串口初始化、读取或写入串口、关闭串口等过程。但 Linux 系统中却有一个稍微不方便的地方，那就是普通用户一般不能直接访问设备文件，必须改变设备文件的访问权限设置或以 root 超级用户的身份运行程序。

4.4.3　串口服务器

随着网络的广泛普及，某些应用需要对分布部署的异地设备进行远距离监控，并且需要通过串口连接多个设备。然而，受限于管理计算机的串口数量与串口通信模式，传统的通过串口直连管理计算机的模式无法满足上述需求，因此将串口转化为网口的串口联网服务器就应运而生。串口服务器主要应用在门禁系统、考勤系统、售贩系统、POS 系统、楼宇自控系统、自助银行系统、电信机房监控和电力监控等。

串口服务器提供串口的网络通信功能，能够将 RS-232/485/422 串口转换成 TCP/IP 网络接口，实现 RS-232/485/422 串口与 TCP/IP 网络接口的数据双向透明传输。通过串口服务器，串口设备能够立即具备 TCP/IP 网络接口功能，连接网络进行数据通信，极大地扩展通信距离。串口服务器的应用场景实例如图 4-11 所示。

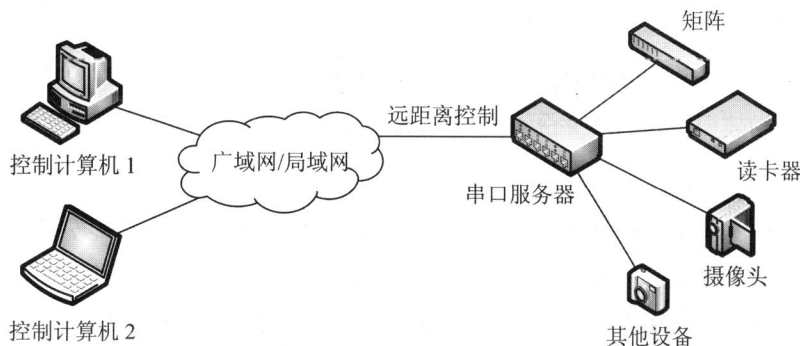

图 4-11　串口服务器的应用场景实例

串口服务器的通信模式如下：

(1) 点对点通信模式。串口转换器成对使用，一个作为服务器端，一个作为客户端，两者之间建立连接，实现数据的双向透明传输。该模式适用于将两个串口设备之间的总线连接改造为 TCP/IP 网络连接。

(2) 使用虚拟串口通信模式。一个或者多个转换器与一台计算机建立连接，实现数据的双向透明传输。由虚拟串口软件管理下面的转换器，可实现一个虚拟串口对应多个转换器。该模式适用于串口设备由计算机控制的 RS-485 总线或 RS-232 设备连接。

(3) 基于网络通信模式。应用程序通过基于 Socket(套接字)协议的通信策略，调用转换器的 Socket 协议通信，从而控制串口设备。

4.5 RFID 技术

4.5.1 基本组成

RFID 系统是一种非接触式的自动识别系统，它通过射频无线信号自动识别目标对象并获取相关数据，通常由电子标签、读写器和计算机通信系统三部分组成，如图 4-12 所示。

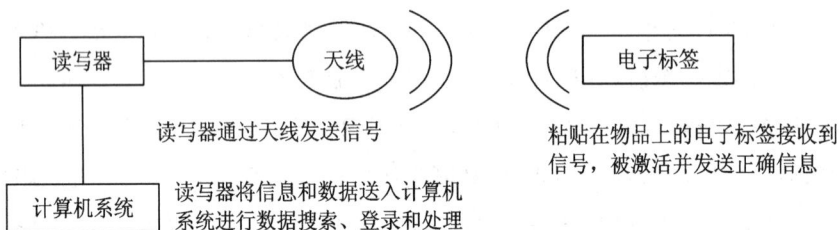

图 4-12 RFID 系统组成图

RFID 系统各部分分别介绍如下：

(1) 电子标签。电子标签由无线通信天线和芯片组成，一般附着于物体上，用于识别目标对象。作为被识别物的"身份卡"，其内部存储着独立且唯一的电子编码，通过它能区分不同的被标识物。

(2) 读写器。读写器是对电子标签进行读写操作以及向计算机系统传输数据的设备，主要包括射频模块和数字信号处理单元两部分。读写器通过天线向电子标签发送射频调制信号，同时通过天线接收从电子标签返回载有信息的射频调制信号，经处理后传给中间件或应用系统。

(3) 计算机通信系统。计算机通信系统由网络设备、信息数据中心以及用于管理和控制的应用系统组成，其可以通过 API 接口与 RFID 读写器建立连接，实现数据通信和功能调用，完成由多个读写器与电子标签组成的复杂 RFID 系统的数据信息处理与通信功能。

相较于传统的条码技术，RFID 技术具有识别距离远、标签耐用、标签防伪、存储信息量大、可并发识别等技术优势，如表 4-1 所示。

表 4-1　RFID 技术与条码技术的对比

对比内容	RFID 技术	条码技术
识别范围	非接触、远距离识别技术，扫描距离几厘米到几十米不等，且具有穿透能力	需足够靠近条码才能识别
扫描效率	快速读取，支持批量处理	需逐个识别
读写功能	多次读取、多次写入，可修改数据(可重复读写 10 万次或者使用 10 年左右)	一次读取，多次写入
人力投入	无须安排专人扫码，可减少人力成本	需安排专人进行扫码
运行环境	适用于恶劣环境，耐磨、防尘、防爆、防水	易磨损，不适用于恶劣环境
成本投入	设备购置成本较高，但无需耗材成本	设备购置成本相对较低但需长期投入打印耗材

4.5.2　RFID 工作原理

1. 工作流程

RFID 系统的一般工作流程如下：

(1) 读写器将设定数据的无线电波经过发射天线向外发射。

(2) 当电子标签到读写器天线的距离达到一定阈值时，电子标签的天线由于电磁感应的作用会产生感应电流，当该电流达到一定程度后，电子标签就会被激活。电子标签内存储的信息就会被内置的天线通过载波发送出去。

(3) 读写器天线接收到该载波信号，并传送给读写器，读写器对接收到的信号进行解调解码，并送到计算机系统进行处理。

(4) 计算机系统根据逻辑运算判断该电子标签的合法性，如果合法，就根据不同的事先设定做出相应的处理和控制，并向读写器下发相应的指令。

(5) 读写器获取指令后，根据指令进行不同的操作。

RFID 系统的基本工作原理如图 4-13 所示。

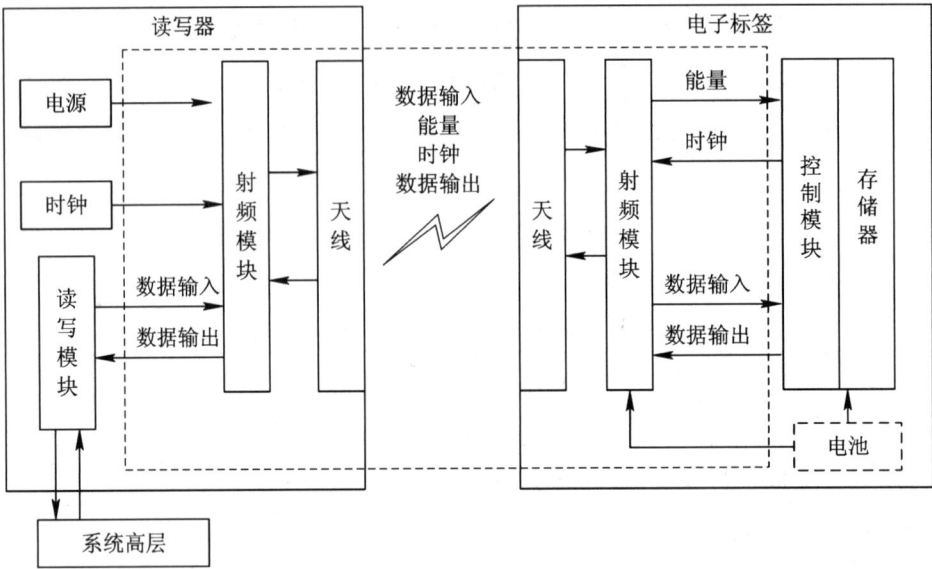

图 4-13   RFID 系统工作原理图

2. 频率分类

RFID 技术根据工作频率的不同通常可分为低频系统、高频系统、超高频系统和微波系统等，性能对比如表 4-2 所示。

表 4-2   不同频段的电子标签性能比较

频 段		低频	高频	超高频	微波
		小于 135 kHz	13.56 MHz 左右	900 MHz 左右	2.45 GHz
通信方式		电感耦合方式		电磁发射方式	
主要用途		畜牧业、门禁	支付	物流管理、制造业	交通管制
读取距离		<10 cm	<1 m	10 m 左右	2 m 左右
使用区域	美国	多	多	多	多
	中国	多	多	多	多
	欧洲	多	多	较少	多
	日本	多	多	很少	多

低频和高频系统的标签采用电感耦合原理实现能量传递和数据交换，其阅读距离短、阅读天线方向性不强等，主要用于短距离、低成本的应用中。超高频和微波系统的标签采用电磁反向散射耦合原理进行数据交换，阅读天线及电子标签天线均有较强的方向性，阅

读距离较远，可适应物体高速运动，但该系统标签和阅读器成本都比较高。

3. 标签分类

根据电子标签供电方式的不同，电子标签可分为无源标签、半有源标签和有源标签。

(1) 无源电子标签不含电池，它接收到阅读器发出的微波信号后，利用阅读器发射的电磁波提供能量。无源标签一般免维护，重量轻、体积小、寿命长、较便宜，但其阅读距离受到阅读器发射能量和标签芯片功能等因素限制。

(2) 半有源标签内部带有电池，但电池仅为标签内部需维持数据的电路或远距离工作时供电，电池能量消耗很少。

(3) 有源标签工作所需的能量全部由标签内部电池供应，且它可用自身的射频能量主动发送数据给阅读器，阅读距离很远(可达 30 m)，但寿命有限，价格较贵。

4.5.3　关键技术

RFID 关键技术有以下四项，分别是 RFID 中间件、数据传输校验、多目标识别和无线定位技术。

1. RFID 中间件

RFID 中间件扮演 RFID 标签和应用程序之间的中介角色，在应用程序端使用 RFID 中间件所提供的一组通用应用程序 API 接口，既能够同 RFID 读写器相连，又能够读取 RFID 标签数据。

2. 数据传输校验

为了能够保证数据的完整性，可以对传输数据使用校验法来判断数据的传输错误并进行必要的修正，最常用的校验方法是奇偶校验法以及冗余校验法。数据在传输的过程中，需要在一定的范围内来保证其安全性。在进行 RFID 硬件设备的调试过程中，可以通过在阅读器与标签之间建立密钥来对要传输的数据进行加密，来达到安全的目的。

3. 多目标识别技术

读写器通过天线发射能量形成电磁场，如果多个附着有 RFID 电了标签的物品位于读写器的电磁场区，就会在同一时刻有多个 RFID 电子标签向读写器传输信息，从而产生冲突。由于射频识别技术的独特性，通常采用反碰撞算法解决这些标签冲突问题。

4. 无线定位技术

越来越多的厂商开始使用 RFID 作为室内或者数据中心内设备的定位实现技术。它为在物联网数据资产管理系统中资产的区域定位和轨迹跟踪提供了实现技术，也为物联网数据资产管理系统中设备的自动管理提供了一定的技术基础。

4.6 摄像头和云台

4.6.1 摄像头

1. 种类划分

按照接口类型划分，摄像头可以分为 USB、手机、模拟、网络等摄像头。其中，USB摄像头采用 USB 接口；手机摄像头采用 DVP(Digital Video Port，数字视频端口)和 MIPI(Mobile Industry Processor Interface，移动产业处理器接口)，通常应用于手机配件中；模拟摄像头采用 AV 接口(RCA，俗称莲花插座)，常用于视频监控、车载监控等；网络摄像头采用 RJ45 和无线接口，常用于安全监控等。

按照信号产生机理划分，摄像头可以分为数字和模拟摄像头。其中，数字摄像头可将视频采集设备产生的模拟视频信号转换成数字信号，进而将其储存在计算机里；模拟摄像头捕捉到的视频信号必须经过特定的视频捕捉卡转换成数字模式，并加以压缩才可以转换到计算机上运用。有线/无线数字摄像头如图 4-14 所示。

图 4-14　有线/无线数字摄像头

2. 结构组成

摄像头通常由图像传感器、数字信号处理芯片和镜头组成，分别介绍如下：

(1) 图像传感器。常见的摄像头传感器类型主要有两种：一种是 CCD 传感器，另一种是 CMOS 传感器。两者对比如表 4-3 所示。

表 4-3　传感器类型比较

传感器	优　势	劣　势	应用场景
CCD	灵敏度、分辨率、噪声控制等方面有优势，图像质量高	制造工艺复杂，成本高昂，耗电高	网络摄像头、车载摄像头、数码相机等
CMOS	低成本、低功耗、高整合度	图像质量低	手机摄像头等

(2) 数字信号处理芯片。数字信号处理芯片最主要的功能是初始化感光芯片，并将感光芯片获取的数据通过 USB 接口及时快速地传给计算机。数字信号处理芯片直接决定了感光芯片输出画面的品质与流畅度。

(3) 镜头。镜头由几片透镜组成，有塑胶透镜或玻璃透镜。塑胶镜片的透光率要低于玻璃镜片，优点是价格便宜，并且尺寸可以做得很小，如手机和平板电脑里的镜头是塑胶镜片；而玻璃镜片的体积较大，价格通常会高出同规格塑胶镜片好多倍，但同时也会带来更好的清晰度和低照度。

4.6.2　云台

如果一个监视点所要监视的环境范围较大，则在摄像部分必须设置云台。云台是承载摄像机进行水平和垂直两个方向转动的装置，如图 4-15 所示。

图 4-15　可安装摄像机的云台装置

云台是安装、固定摄像机的支撑设备，分为固定和电动云台两种。固定云台适用于监视范围不大的情况，在固定云台上安装好摄像机后可调整摄像机的水平和俯仰的角度，达到最好的工作姿态后锁定调整就可以了。电动云台适用于大范围扫描监视，可以扩大摄像机的监视范围。电动云台工作姿态是由两个执行电机来实现的，电机接受来自控制器的信号精确地运行定位。

电动云台内部有两个电机，分别负责云台的上下和左右各方向的转动。当接到上下动作电压时，垂直电机转动，经减速箱带动垂直传动轮盘转动；当接到左右动作电压时，水平电机转动并经减速箱带动云台底部的水平齿轮盘转动。

4.6.3　联网视频监控

在监控系统的构建中，一般都要求联网。对于 64 路以上这种较为大型的网络视频监控的解决方案，一般都是采用分散式分布集中监控管理，通常采用"模拟摄像头＋编码器＋流媒体服务器＋存储设备"的方式进行架构。在监控中心配备若干服务器，安装网络视频监控管理平台软件，构建网络视频监控管理服务器，同时在网络视频监控管理服务器上配备相应容量与数量的磁盘，以满足录像存储周期的要求，如图 4-16 所示。

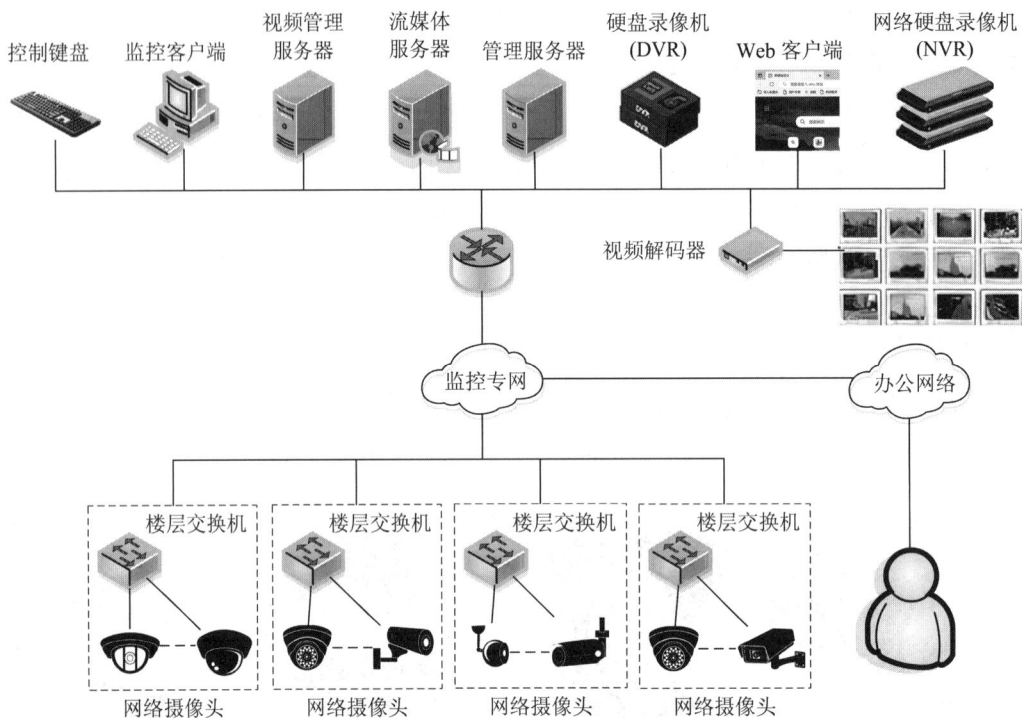

图 4-16　典型网络视频监控解决方案

第 5 章　应用集成技术

5.1　应用集成概述

5.1.1　需求分析

随着网络、信息技术的日益发展，同一企业内部建设了各种信息系统。由于缺少整体规划与综合集成手段，单一系统建设主要面向局部应用，在业务处理范围、系统结构和实现技术等方面相对独立。虽然这些应用系统所解决的问题针对性较强，但是很难将多项系统的业务功能作为一个整体进行规划与使用，各系统相对独立，难以融合应用，因而出现了如下弊端：

(1) 业务功能难以互操作。由于业务功能与应用接口相对独立，其异构性严重影响了系统间的互操作性，导致无法在异构系统之间相互调用业务功能。

(2) 应用功能重复建设。多项信息系统的公共业务由于无法调用共享，单独建设出现重复建设问题，增加了系统的复杂性，进而导致业务管理混乱、数据内容不一致等问题。

(3) 业务流程繁杂。由于前期缺少对业务领域的统筹设计，将一个工作流程切分成不同的业务功能，并划分至不同的业务系统，因而造成了同一工作需要操作不同业务系统，使得业务不能顺利执行和有效控制。

针对这些问题，需要对现有各系统进行应用集成，通过合理规划系统功能、统一设计思路、打通应用接口，提升应用系统间的互操作性，实现对业务系统的动态重构。

5.1.2 相关概念

1. 应用集成的定义

应用集成是将各类型不同平台、不同方案构建的应用软件系统有机地结合起来，使其可相互访问调用，犹如一个整体般进行业务处理与信息共享。应用集成的核心就是通过规划构建底层架构，将多个不同数据源和相互分离的应用系统进行协同，以联系贯穿整个组织的异构系统、应用服务、数据源等，如图5-1所示。

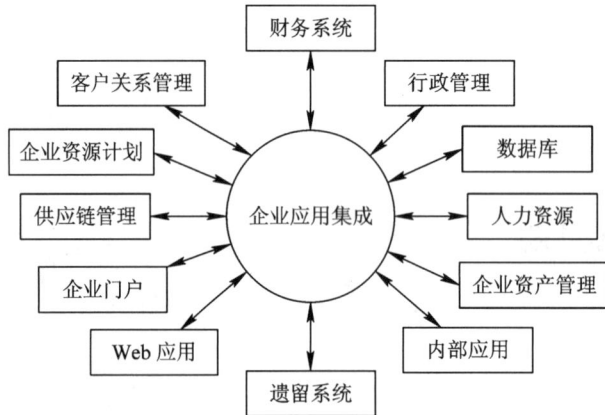

图 5-1 应用集成示意图

2. SOA 的定义

面向服务的架构(Service-Oriented Architecture，SOA)是利用业务驱动的方法构建松耦合的集成架构模式。从软件架构的角度来看，SOA 架构就是由服务、接口和协议等软件元素相互作用构成的软件架构，通过定义良好的接口和契约，将应用程序的不同功能单元(也称为服务)联系起来；从设计模式的角度来看，SOA 架构是一种通过服务接口实现软件组件复用及互操作的架构方法，通过定义不同业务服务相互交换数据和参与工作流程的方法，指导业务服务在软件生命周期的工作，帮助用户通过组合拼装的方式构建新的业务功能。

SOA 架构具有服务重用、松耦合、高可靠性、易于扩展和服务治理等特点，具体内容如下：

(1) 服务重用。SOA 架构可以将应用程序分解为可重用的服务。这些服务可以在不同的应用程序中使用，从而避免了重复编写代码并节省了开发时间和成本。

(2) 松耦合。每个服务都有自己的接口和实现方式，因此可以实现松耦合。这意味着一个服务变化不会影响到其他服务，从而提高了系统的可维护性。

(3) 高可靠性。SOA 架构中的每个服务都可以独立地进行测试和部署，从而提高了系统的可靠性和可用性。如果某项服务出现问题，可以单独修复该服务，而不影响其他服务的正常运行。

(4) 易于扩展。SOA 架构可以通过添加新的服务来扩展系统的功能。这些新服务可以与现有服务进行交互，从而提高了系统的灵活性和扩展性。

(5) 服务治理。SOA 架构提供了一套标准的服务治理机制，可以对服务进行注册、发现、路由和安全控制。这些机制可以确保服务的安全和可靠性，同时简化了服务管理和维护。

3. 中间件的定义

中间件是一种独立的系统软件服务程序，分布式应用软件借助它在不同的技术之间共享资源。中间件位于客户机服务器的操作系统之上，管理计算资源和网络通信。中间件主要提供开发工具与公共服务，支持分布式应用，面向解决异构平台集成、多网络协议通信、多数据库使用、多任务协同工作等信息系统开发应用中的共性问题，使开发者可集中精力关注业务逻辑核心内容的开发。在软件架构设计中，一般将多项中间件集成应用，组成一个平台(包括开发平台与运用平台)，即"中间件 = 平台 + 通信"，这也就限定了中间件应用于分布式系统，同时也把它与支撑软件和实用软件区分开来，如图 5-2 所示。

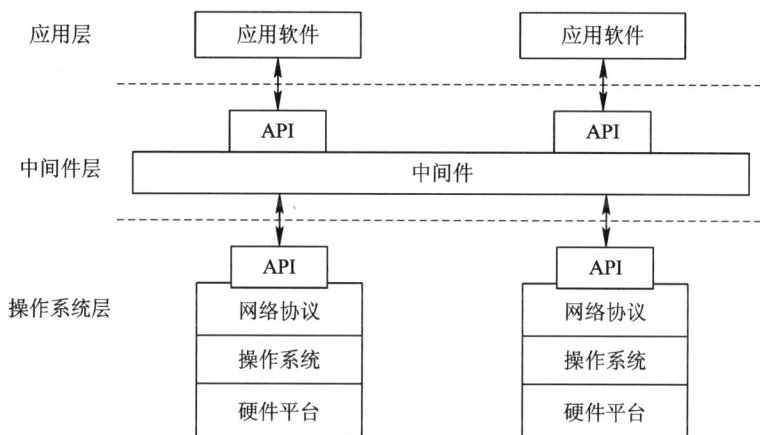

图 5-2　中间件应用示意图

4. 数据交换格式

在应用集成中，最常用的数据交换格式为 XML 和 JSON，其概念与区别如下：

1) XML

可扩展标记语言(eXtensible Markup Language，XML)是一种基于文本的标记语言，是 Web 数据交换标准。XML 提供了一种格式统一、跨平台、跨语言的文件格式，可用于 Web 数据的交换和存储。XML 允许灵活地开发自定义文档，运用统一的标准来描述和交换独立的结构化数据。

XML 模式用来定义 XML 文档的结构、约束和验证规则，目前使用较多的是文档类型定义(Document Type Definition，DTD)。XML 定义格式由成对的尖括号"〈""〉"来表示元素和属性。

2) JSON

JavaScript 对象表示法(JavaScript Object Notation，JSON)是一种轻量级的数据交换格式。JSON 采用完全独立于编程语言的文本格式来存储和表示数据，是基于键值对的集合，用于表示结构。

JSON 是基于 JavaScript 语言的一个子集，但与具体编程语言无关，可以被多种编程语言解析和生成。JSON 定义格式以"{key: value}"来表示键值对。

3) XML 与 JSON 比较

XML、JSON 两种格式各有其独特优势。在复杂程度上，XML 比 JSON 更复杂，结构更加完整，当需要考虑引用、格式、存储等混合内容时，XML 具有更大优势，并且具有更高的安全性；在传输速度上，由于 JSON 更加简洁，其轻量级特性拥有更快的传输与处理速度，使其更适合移动端交互，如表 5-1 所示。

表 5-1   XML 与 JSON 属性比较

属　　性	XML	JSON
可读性	复杂	简洁
易于处理	是	更简单
性能	较慢	较快
服务器数据	完善	较弱
数据编码	复杂	简单
国际化	支持 Unicode	支持 Unicode
可扩展性	可扩展	可扩展
实用性	被业界广泛采用	移动端适用
安全性	安全性更高	相对薄弱

5.1.3　应用模式

在信息系统开发应用中，SOA 技术、Web 服务技术与中间件技术构成了整个应用集成项目的技术主体内容，三者的关系也最为紧密。主流多业务系统应用集成的方法都是基于SOA 架构思路设计的，通过 Web 服务技术对其 SOA 服务架构进行软件实现，通过中间件技术完成其核心通用功能。其具体内容如下：

一是在 SOA 架构中，将组织各项实际业务按照领域业务驱动的方式进行分区。对服务的发布管理与调用监控通常使用企业服务总线(Enterprise Service Bus，ESB)等商业化产品。

二是在 SOA 架构中，对系统的各项业务以服务的形式构建出来。对服务的访问调用，一般使用 SOAP Web Service、REST Web Service 等 Web 服务技术。

三是面向信息系统的通用业务占据了很大比重。在业务中台或 ESB 企业服务总线中，一般会提供大量的通用功能业务，因而，采用中间件产品可以很好地构建 SOA 的应用，并且采用中间件产品开发出来的应用，将很容易被整合进 SOA 架构。

四是中间件业务模块可以支撑业务中台或 ESB 企业服务总线中的通用业务功能，并且各业务系统中基于中间件开发的功能服务的调用更加开放，都能够被重新配置或以新方式优化以满足新的需求。

5.2　SOA 集成平台技术

5.2.1　SOA 技术架构

SOA 技术架构主要包括资源、基础技术平台、辅助工具、其他平台、应用服务、维护使用人员等部分，如图 5-3 所示。

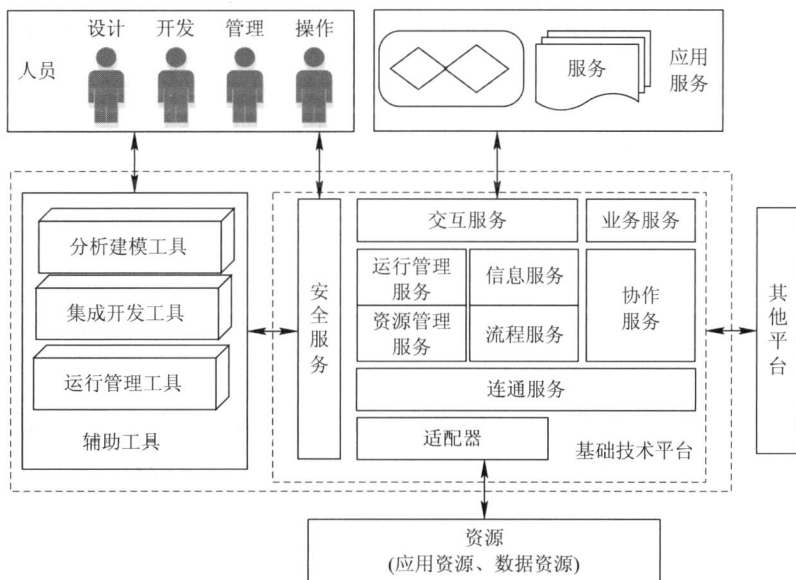

图 5-3　SOA 技术架构图

1. 资源

资源是 SOA 业务集成系统中被集成的对象，这些对象一般已经存在。资源通过适配器接入基础技术平台中，以服务形式对外提供服务或使用其他服务。资源具有统一的服务接口，使用统一的接入方式，通过对已有资源的封装，增强重用能力，充分发挥已有的作用。

资源主要包含应用资源与数据资源两类：

(1) 应用资源。应用资源是指已有的应用系统，它通过开放接口，以适配器为桥梁接入 SOA 基础技术平台中。

(2) 数据资源。数据资源主要是针对无法开放操作接口的应用系统，只需对外提供数据服务。数据资源主要供 SOA 业务集成系统中的各种服务进行加工处理，并进行深度的应用。

2. 基础技术平台

基础技术平台是 SOA 业务集成系统的核心，主要完成服务规划调用、业务功能编排、服务安全管理等功能，主要包含适配器、连通服务、安全服务、流程服务、资源管理服务、运行管理服务、信息服务、协作服务、交互服务、业务服务等要素。各要素分别介绍如下：

(1) 适配器。适配器主要是对已有资源面向 SOA 的服务封装，实现已有资源的可重用。通过适配器，已有资源仅需要与 SOA 基础技术平台的连通服务相连接，而不需要与每个服务直接相连，就可以实现服务之间的互操作。

(2) 连通服务。连通服务主要解决服务之间高效通信的问题，是服务之间互相通信和交互的骨干。其主要功能包括实现通信代理与服务之间的双向交互，包括紧耦合方式(即通过代码之间调用)和松耦合方式(即通过网络通信)；实现代理之间的通信，保证代理之间的通信质量；提供服务运行监控与管理。

(3) 安全服务。安全服务是为 SOA 参考模型中其他服务提供基本的安全服务功能，包括身份验证、访问控制、数据加密、数据完整性等。

(4) 流程服务。流程服务是为业务流程的运行提供一组标准服务。业务流程是一组服务的集合，可以按照特定的顺序与规则进行调用。

(5) 资源管理服务。资源管理服务是各种辅助工具对资源进行管理操作的代理，负责对 SOA 业务集成系统中各种资源的具体管理操作。

(6) 运行管理服务。运行管理服务是运行管理工具的代理，完成基础技术平台中各种运行信息的收集，以及执行运行管理工具的具体管理操作。

(7) 信息服务。信息服务是为上层应用系统、同层的其他服务等提供数据访问及资源访问服务，可以让应用系统高效地访问和操作分布数据资源，实现全局数据访问。

(8) 协作服务。协作服务主要满足不同系统间通过 REST Web Service 方式的交互通信需求。

(9) 交互服务。交互服务是实现人与服务之间的交互功能。

(10) 业务服务。业务服务是指为新建服务提供特定的运行支持环境。

3. 辅助工具

辅助工具包括运行管理工具、集成开发工具和分析建模工具。

(1) 运行管理工具：提供界面友好的图形化方式，并对各种资源和服务对象进行统一管理。

(2) 集成开发工具：提供系统建模、服务编码、运行调试和系统部署等管理功能。

(3) 分析建模工具：提供业务分析和业务建模等功能。

4. 其他平台

其他平台是指外部组织中需要协作工作的 SOA 业务集成系统。

5. 应用服务

应用服务是指经过 SOA 业务集成系统编排与处理，通过标准化的服务接口发布的服务。

6. 维护使用人员

SOA 业务集成系统主要包括设计人员、开发人员、管理人员与操作人员。

(1) 设计人员：主要负责进行业务分析和建模，使用业务分析和建模工具。

(2) 开发人员：主要负责实现服务接口开发与编排等功能，包括流程定义、服务编码、资源集成等。

(3) 管理人员：主要负责对 SOA 业务集成系统的运行进行监控管理,使用运行管理工具。

(4) 操作人员：主要负责对 SOA 业务集成系统进行业务操作，通过交互服务使用具体 SOA 业务集成系统的服务，或进行数据和业务的处理。

5.2.2　SOA 关键要素

服务是整个 SOA 实现的核心，SOA 架构的基本元素就是服务。针对服务应用管理，SOA 业务集成系统一般提供服务提供者、服务消费者、服务注册机构、服务代理和服务协议等实体功能组件，以说明如何提供消费服务。SOA 关键要素也围绕服务展开，包括服务描述、服务注册、服务管理、服务通信、服务应用等。

1. 服务描述

服务描述定义了服务提供者与消费者之间的服务协议的主要内容。通过服务描述，服务屏蔽了业务调用共享的实现细节，使服务提供者和消费者之间能以一种松耦合的方式协作。服务协议要求是无歧义的、定义良好的服务接口，一般使用 WSDL(Web Services Description Language，Web 服务描述语言)来描述。

服务描述内容包括：

(1) 服务输入和输出参数(根据服务层数据模型定义的文档类型)；

(2) 服务安全概要，如权利、访问控制列表、保密及不可否认性等；

(3) 服务质量，如优先级、可靠传送、事务特征和恢复语义等；

(4) 服务水平协议，如响应时间、可用率等。

2. 服务注册与查找

在 SOA 架构中，为了更加方便有序地使服务请求者发现并调用各类型服务，使用了服务注册与查找机制，以方便服务提供者发布自己的服务，服务请求者查找所需的服务。

1）服务注册中心

服务注册中心为服务请求者提供了服务发现(包括注册和查找操作)的支撑，供用户存储、查询和版本化服务描述信息。服务注册中心需要提供分类管理能力，来实现对服务的领域划分与查找搜索。

服务注册中心的实现技术可以有多种，包括 UDDI(Universal Description，Discovery and Integration，统一描述、发现和集成)、LDAP(Lightweight Directory Access Protocol，轻型目录访问协议)、数据库和文件方式。具体使用哪种技术实现，可以根据实际情况确定，关键是需要提供上述的基本功能。

2）服务查找

服务查找是根据服务描述信息搜索查询所需的服务。其查找的使用方式主要分为静态查找与动态查找等两种。

静态查找一般由人工进行查找，通过 SOA 应用集成系统的运行管理工具从服务注册中心中获取服务信息，一般通过静态绑定方式实现服务间的通信。人工查找获取服务信息后，可以通过工具自动生成静态的服务访问接口代码，与服务请求代码集成在一起，直接访问所需要的服务。

动态查找一般由机器自动到服务注册中心进行查找，一般通过动态绑定方式实现服务间的通信。自动查找获取服务信息后，自动生成动态的服务访问数据，通过标准的访问接口传递生成的数据消息，来访问所需要的服务。

3. 服务管理

服务管理是对服务部署运行情况的管理与监控，包括生命周期管理、服务管理、监控、检查、分析、服务等级协议与策略。通过服务管理，能够灵活加入运行时控制，如服务消息处理、生命周期管理、访问控制和日志审计等。

对 SOA 应用集成系统的管理分为监控服务运行信息和管理命令执行两大类。

(1) 监控服务运行信息：主要用于系统服务运行情况的监控，了解系统实时运行情况，在此基础上可以对整个系统进行优化。

(2) 管理命令执行：对各类型服务(平台核心服务与业务系统功能服务)执行具体的管理操作，包括运行状态的管理控制和运行参数的动态修改。

4. 服务通信

在 SOA 架构中，业务系统调用服务时，在查找到服务接口地址后，依靠服务通信和交互以实现真正的服务消费和服务提供操作。通常 SOA 应用集成系统支持的基本通信模式有：

(1) 单向请求：只发请求，不需要应答。

(2) 请求/响应：发送请求，并等待应答，或轮询应答。

(3) 请求/回调：发送请求后不等待应答，服务提供者返回应答时再激活服务请求者的应答处理代码。

(4) 存储转发：数据不直接发送给服务提供者，而是先提交到一个可靠队列，服务提供者从可靠队列中接收请求。

(5) 订阅/发布：服务提供者订阅自己可以提供服务的消息主题，服务消费者发布消息到特定的主题上，可以实现多对多的数据传输。

(6) 会话过程：服务请求者和服务提供者之间通信时建立一个会话连接，可以进行多次数据交互过程。

5. 服务应用

1) 服务应用的方式

服务应用的方式包括服务的直接使用、服务的合成以及服务的编制和编排。服务的直接使用是指服务消费者直接调用服务提供者，这是一种最简单的使用方式。服务的合成是指通过编程来调用一个或多个服务，同时这个编程实现也被封装成一个服务，从而可以为其他消费者提供服务。服务的编制和编排是指在一个业务流程中使用多个服务，通过编程或使用建模工具来定义该服务流程，并将其封装成一组服务。

2) 服务应用的工具

服务的应用需要提供设计、开发、调试、部署、管理、运行等一组相关工具和服务的实际应用环境，包括服务设计开发及服务运行管理等工具。

服务设计开发工具提供从服务设计、编排、调试到部署的整个流程支持，主要功能包括分析建模、支持图形化流程定义，提供图形化的服务内容管理功能，服务编写开发功能，以及服务运行和流程调试、服务部署。

服务运行管理工具提供运行管理与统计分析功能，主要功能包括服务运行状态和信息监控；服务控制功能，包括启动、停止、暂停和恢复等；服务统计分析，对服务的响应时间、调用频次、使用率等要素进行统计分析。

3) 服务应用的操作

在 SOA 应用集成系统中，为维护管理各种平台核心服务与业务系统功能服务，需要提供统一的操作界面，在统一界面环境下完成各类型工作操作，具体内容如下：

(1) 内容统一管理：将服务操作界面进行统一管理与展现，方便用户使用。

(2) 服务消费代理：提供标准的服务代理模块，在用户填写必要的数据和做出必要的决定后，通过服务消费代理，可以方便简单地发出服务请求。

(3) 服务提供代理：提供标准的服务提供代理，以接收服务请求，并保存输入数据，提供标准的表单操作界面，为用户提供方便的数据处理界面，在处理完毕后可以通过服务提供代理返回应答消息。

(4) 多 Portal(门户网站)界面集成：为了在多业务系统中使用统一的用户管理认证模式，需要提供在不同业务系统中 Portal 的认证集成，一般需要支持 WSRP(Web Services for Remote Portlets，远程 Portlet 的 Web 服务)标准。

(5) 多渠道支持：交互服务在提供统一操作界面的基础上，也需要支持多渠道接入方式，包括浏览器接入、平板电脑接入、多操作系统接入等。

5.2.3 ESB 架构

企业服务总线 ESB 是基于 SOA 思想的企业应用集成的基础软件架构。在统一的软件架构中，结合 SOA、Web 服务技术、XML、JSON 等技术，利用基于标准的整合技术，通过定义服务接口的方式整合遗留系统中的应用和新开发的应用服务，提供集中配置多个代理服务模式，并作为服务请求者的代理中心，负责与各业务系统的功能服务进行交互，如图 5-4 所示。

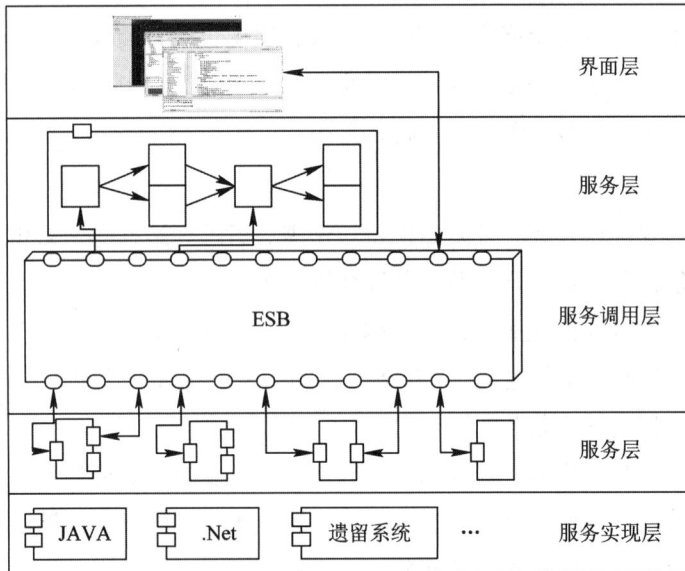

图 5-4 典型基于 ESB 模式的 SOA 应用

通过 ESB 技术，第三方的程序组件能够以标准的方式进行集成接入，组件之间能够以标准的消息通信方式进行交互。这有助于减少应用接口的数量和复杂性，消除不同应用间的技术差异，降低 IT 维护和更改的成本，让用户能够以更简单、快速、安全的方式来使用服务。

1. ESB 功能组成

基于 SOA 架构，ESB 主要完成各业务系统的服务调度与监控管理，主要完成以下功能：

(1) 多调用协议支撑和转换。ESB 可以兼容并转换各个业务系统采用的 Web Service

SOAP、Thrift RPC 等不同形式的调用协议，使业务系统内部不用做适应性改造。

(2) 多消息格式支撑和转换。ESB 可以完成 JSON、XML 等消息格式的相互转化，或者实现不同结构内容的互相转换等。

(3) 服务监控管理。ESB 可以提供注册、监控、管理、安全、版本、优先级等系列功能，提供内容统一管理、服务消费/提供代理、服务调用监控、统一用户认证、安全管控方案、版本管理控制、系统优先级设置等功能。

(4) 服务集成和编排。ESB 可以将多个服务通过组合编排的形式集成为一个新服务，设计服务执行的先后顺序，判断服务执行条件，确保集成后新服务可正常工作。

2. ESB 体系结构

ESB 是一种分布式的集成框架，主要包括操作管理、消息管理、安全管理、适配器/传输与服务托管等模块。其中，操作管理模块主要是对 ESB 服务进行操作与管理；消息管理模块主要是对 ESB 服务消息流进行控制；安全管理模块主要是保证消息内容与传输的安全性；适配器/传输模块主要是对消息传输/内容消息协议的转化适配；服务托管模块主要提供 ESB 运行服务环境，如图 5-5 所示。

操　作　管　理			
统计信息及状态	告警管理	SLA(服务级别协议)规则	消息跟踪
消息重发	端点故障切换	负载均衡	消息限制
日志记录	配置管理	服务注册表	高可用性
错误管理	部署管理	服务记录管理	

消　息　管　理			
消息转换	可靠消息传递	结果缓存	消息路由
协议转换	事物管理	服务调出	消息认证
消息编排	直通式消息传递	服务组合	

安　全　管　理			
身份验证	授权管理	加密/解密	安全调节

适配器/传输			服务托管
SOAP	Email	数据库访问代理	服务容器
HTTP/REST	FTP/File	第三方软件代理	组件模型
JMS	EJB	用户代理	

图 5-5　ESB 服务总线结构组成示意图

各模块组具体模块功能如表 5-2 所示。

表 5-2　各模块组具体模块功能展示

组件名称	组 件 功 能
操作管理模块	
统计信息及状态	提供错误数量、最大/最小相应时间、消息处理数等统计信息
告警管理	告警消息的控制管理，包括发送渠道、集成统一监控环境方法
SLA 规则	对统计信息内容的监控规则
消息跟踪	服务消息跟踪模式的设置
消息重发	确保在预定义时间后自动重新发送未及时处理的消息
端点故障切换	设置 ESB 备用服务提供者的相关参数，在 ESB 主服务不可用时将自动切换备用服务
负载均衡	多个服务提供者交替循环调用的方法策略
消息限制	应被发送到服务提供者的服务端点的每单元时间内的最大消息数
日志记录	记录 ESB 日志及相关功能审计查询
配置管理	ESB 内部属性参数的配置管理
服务注册表	ESB 上服务的注册与管理
高可用性	ESB 服务相关高可用参数的设置
错误管理	提供服务无法正确处理后的消息转发目的地设置，及查看、更正、重新处理消息的策略设置
部署管理	ESB 上部署内容的配置方法
服务记录管理	查询服务使用情况记录
消息管理模块	
消息转换	文本、二进制、CSV(逗号分隔值文件)、XML、JSON 等消息格式转换
可靠消息传递	支持消息队列模式的消息传递
结果缓存	在缓存中保存服务调用结果消息，支持后续调用从缓存获取
消息路由	支持根据消息的内容将消息转发至特定服务端点
协议转换	无需任何编程工作即可从某个通信协议切换到另一个协议
事务管理	提供消息处理中事务的控制管理机制
服务调出	可在消息流中调用其他服务，如在 Web 服务消息中调用 ESB 本地程序方法
消息认证	提供消息发送/接收方的内容认知机制
消息编排	将属于一个整体但顺序不满足的消息流进行重新排序

组件名称	组件功能
消息管理模块	
直通式消息传递	ESB 消息转发模式
服务组合	将多项服务组合成一个服务
安全管理模块	
身份验证	提供验证服务提供者的身份机制
授权管理	为服务提供授权机制，提供用户、角色等管理角色的权限映射
加密/解密	支持消息内容的加/解密
安全调节	支持将一个域的凭证转换成另一个域的相应凭证在安全域之外进行通信
适配器/传输模块	
SOAP	支持 SOAP 协议通信传输
Email	支持 Email 协议通信传输
HTTP/REST	支持 HTTP 协议通信传输，及 REST 风格的消息内容
FTP/File	支持 FTP 协议通信传输
JMS	支持 JMS(Java Messaging Service，Java 消息服务)
EJB	支持 EJB(Enterprise Java Beans，企业 Java Beans)通信传输
操作管理模块	
数据库访问代理	提供数据库的访问组件
第三方软件代理	提供第三方软件代理服务
用户代理	提供用户代理组件
服务托管模块	
服务容器	提供 ESB 服务运行环境
组件模型	支持 Java EJB、Java Spring Framework 或 Microsoft COM+等组件模型，可在此基础上创建服务

3. ESB 服务模式

基于 ESB 的服务模式主要有交互模式、中介模式与部署模式等。

1) 交互模式

ESB 交互主要是服务端点将消息发送到总线或从总线接收消息，支持各种端点协议和交互方式，包含请求/响应、请求/多重响应、事件传播等模式，如图 5-6 所示。

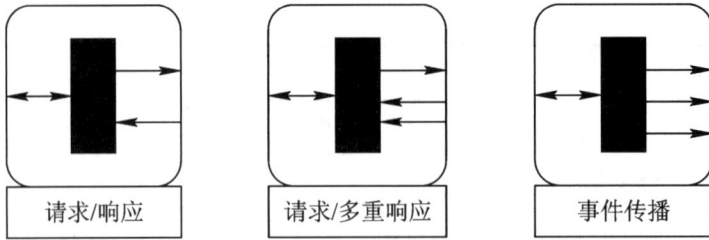

图 5-6　交互模式示意图

(1) 请求/响应：处理端点间的请求/响应方式的交互。此 ESB 基于消息传递模型，由两个相关的单向消息流对请求/响应交互进行处理，一个用于请求，一个用于响应。

(2) 请求/多重响应：请求/响应类型的变体，可以发送多个响应。

(3) 事件传播：事件可以匿名分发到由 ESB 管理的相关方列表。服务可以将自身添加到该列表中。

2) 中介模式

ESB 中介主要是允许对消息交换进行操作，处理总线上的动态消息(请求或事件)。ESB 将服务请求者发出的消息转换为服务提供者可理解的消息格式内容，包括协议变换、转换、充实、路由、分发、监视、相关等模式，如图 5-7 所示。

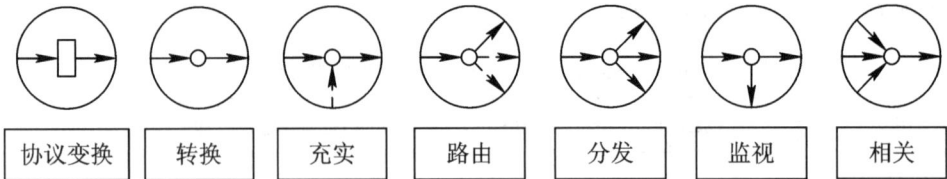

图 5-7　中介模式示意图

各中介模式内容如下：

(1) 协议变换：允许服务请求者使用各种交互协议或 API(如 SOAP/HTTP、JMS、MQ 消息队列)发送消息，将请求代码转换为目标服务提供者的格式。它可以应用到交互的请求者端或提供者端，也可以同时应用到两端或两者之间的任何位置。

(2) 转换：将消息的有效内容从请求者的模式转换为提供者的模式，包括包封、反包封或加密。

(3) 充实：添加外部数据源信息(中介的自定义参数或数据库查询自定义参数)至消息内容。

(4) 路由：消息路由模式，根据消息内容上下文与目标服务提供者选择确定的服务端点。

(5) 分发：在消息订阅模式中，基于订阅者概要将消息分发到一组相关方。

(6) 监视：对消息传输状态变化与消息事件与内容进行监控。

(7) 相关：将多个 Web 服务或事件流进行拼装组合成一个或一组 Web 服务。

3) 部署模式

ESB 部署主要是指对其服务策略与服务模式的部署，包含单一模式、总分模式、代理模式、分散模式和统一模式等，如表 5-3 所示。

表 5-3　ESB 部署模式

模　式	适　用　范　围
单一模式	主要应用于部门或小型组织
总分模式	适用于组织内具有分级关系的上下级部门之间，其中上下级交互频繁，而同级交互相对较少的场合
代理模式	适用于部门之间的联系较为松散，且无须对交互进行集中统管的场合
分散模式	适用于部门之间的联系较为松散，且无须对交互进行集中统管的场合
统一模式	适用于高性能、高可靠性 ESB 集群内部各节点间的互联

各部署模式的具体内容如下：

(1) 单一模式。单一模式是最基本的 ESB 部署模式，每个服务提供者对环境中所有请求者均可见，服务提供者与消费者通过统一的 ESB 进行数据交互，且所有的交换内容都置于 ESB 的管理之中。该模式主要应用于部门或小型组织，如图 5-8 所示。

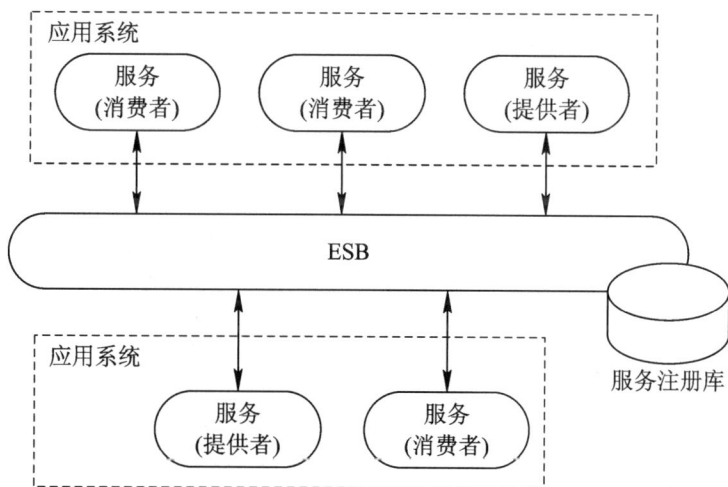

图 5-8　单一模式示意图

(2) 总分模式。总分模式构建了上下级分级关系的交互模式，部门内的服务交互由组织内 ESB 提供，跨部门之间的交互由上级 ESB 进行统一管理，同级部门之间的服务交互需要经过上级 ESB 进行消息中转。此种模式主要适用于上下级部门交互频繁，而同级部门交互相对较少的场合，如图 5-9 所示。

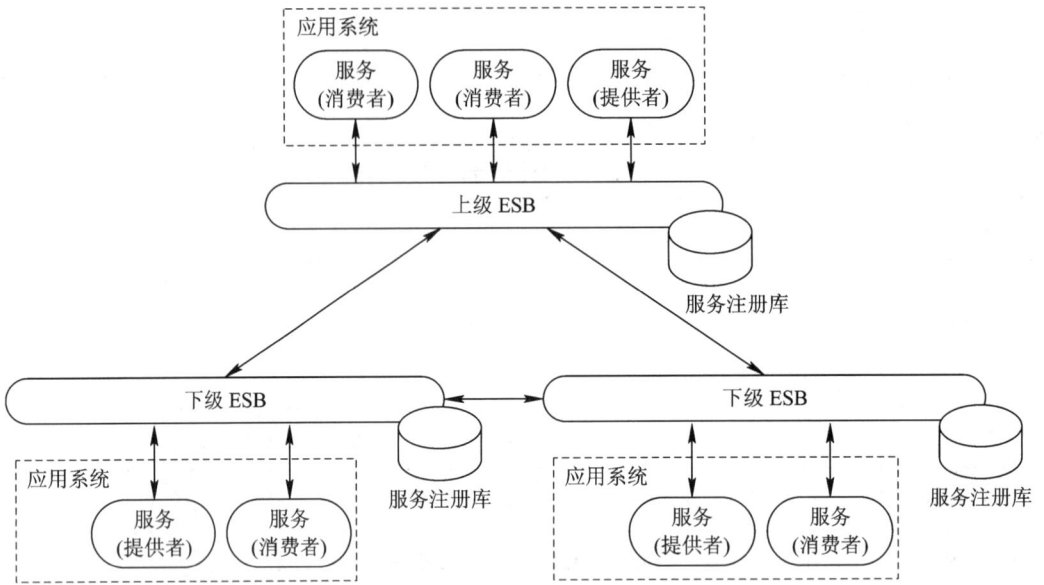

图 5-9　总分模式示意图

(3) 代理模式。代理模式构建了对等关系的交互模式，部门内的服务交互由部门内 ESB 提供，跨部门的服务交互需要通过公共代理 ESB 进行消息路由。这种模式可以有选择地将请求者或提供者公开给其他部门中的合作伙伴，如图 5-10 所示。

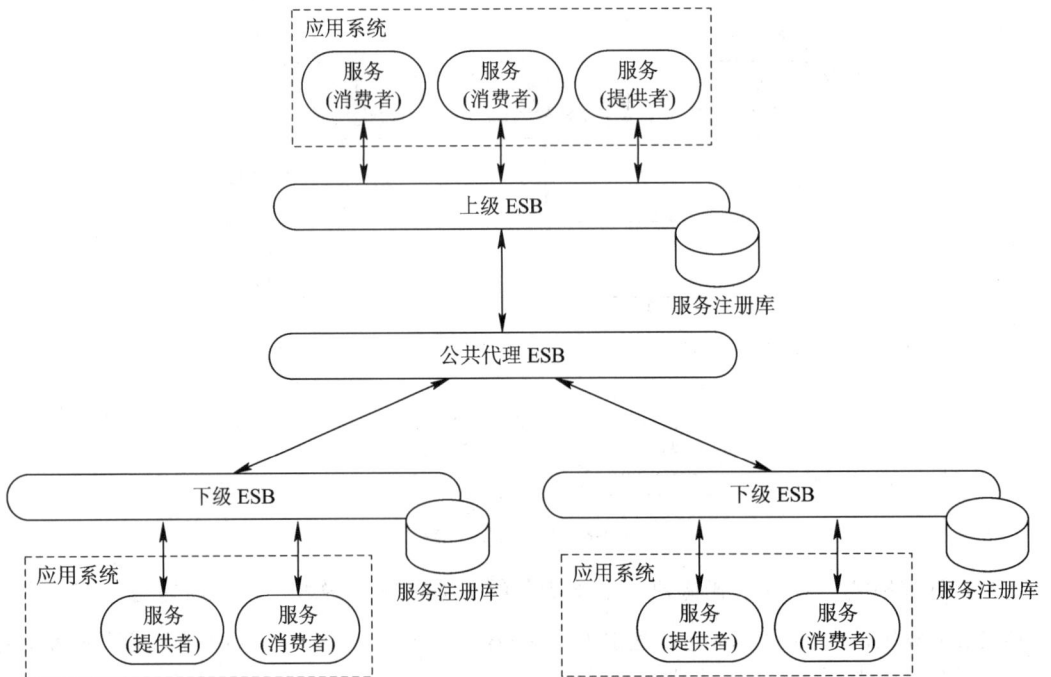

图 5-10　代理模式示意图

(4) 分散模式。分散模式是由各个业务部门独立管理 ESB 服务，可自主地实施解决方案。部门之间的联系较为松散，跨部门通信时不进行统一的管理。因此，当需要跨部门通信时，各 ESB 要通过一种标准的"桥接"技术相互访问，如图 5-11 所示。

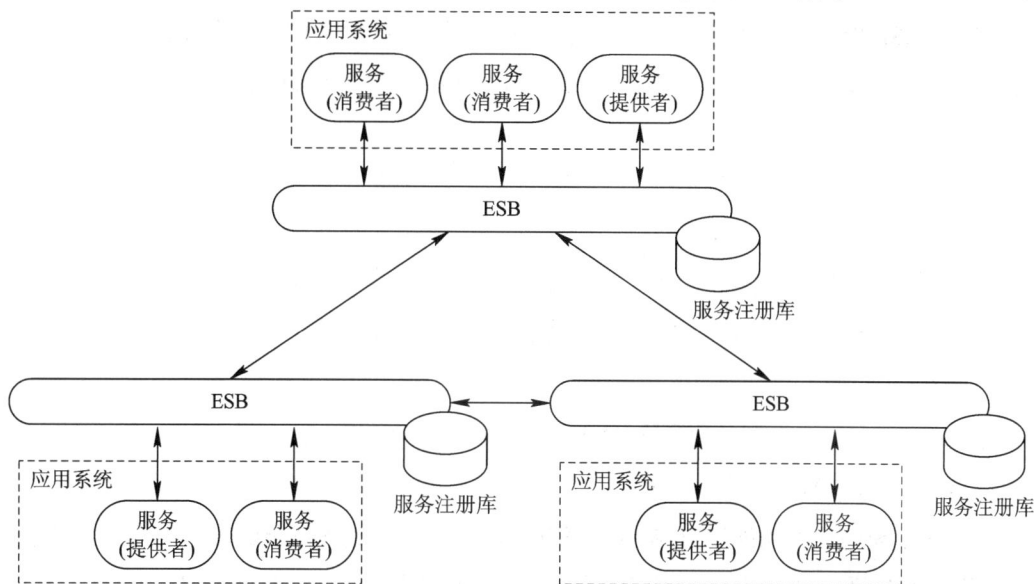

图 5-11　分散模式示意图

(5) 统一模式。统一模式是整个组织具有逻辑上唯一的 ESB，该 ESB 是由物理上遍布于各个部门的 ESB 节点构成的，节点之间可以直接进行通信并具有服务寻址、消息路由功能。这种模式主要用于高性能、高可靠性 ESB 集群内部各节点间的互联，如图 5-12 所示。

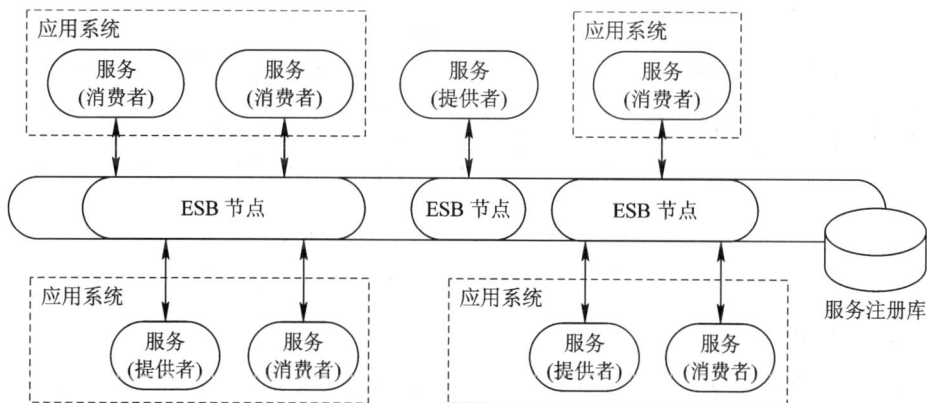

图 5-12　统一模式示意图

4. ESB 应用场景

ESB 应用场景有 Web 服务虚拟化支持、业务功能的 Web 服务化支持、业务消息的直接转发处理和服务版本控制等。

1) Web 服务虚拟化支持

当各业务系统直接连接 Web 服务接口时，往往会导致服务器地址无法更换，多项业务系统应用服务集成困难等问题。为解决上述问题，需要对应用服务进行虚拟化，服务提供者提供的 Web 服务接口不再由服务使用者直接使用，而是通过 ESB 调用服务后再进行统一发布。通过 ESB 配置可以实现对服务器地址的改动与 Web 服务的统一发布与管理，并且服务虚拟化还支持扩展到服务统计信息的 ESB 监视功能，以便检查 SLA 合规性，如图 5-13 所示。

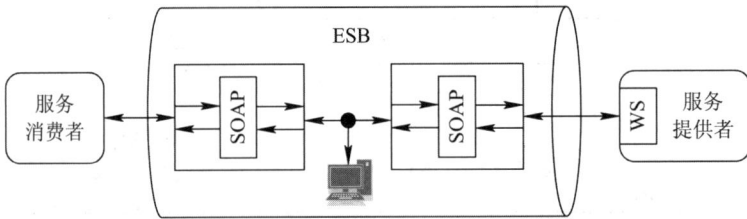

图 5-13　Web 服务虚拟化支持示意图

2) 业务功能的 Web 服务化支持

当业务系统的业务功能进行 Web 服务化发布时，由于业务系统的开发模式与设计思路不同，不同业务系统的 Web 服务调用方法与模式也不同。为了解决上述问题，对数据存取、文件读取等固定业务功能 Web 服务的开发与调用模式进行统一规范，将 ESB 总线作为协议转化器，由其统一负责接口定义与规范调用。通过 ESB 对固定业务功能构建 Web 服务，可减少 Web 服务开发的工作量，同时规范化其调用方法与模式，如图 5-14 所示。

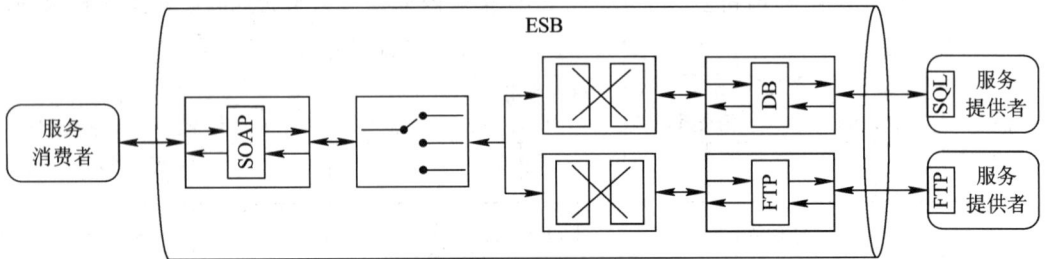

图 5-14　业务功能的 Web 服务化支持示意图

3) 业务消息的直接转发处理

在传统的业务系统接口开发中，由于未开展 Web 服务化的应用改造，需要对服务消息进行直接转发，将消息从一个业务系统转发到另一个业务系统，而网络通信与业务负载等问题，往往会导致业务功能交互调用的失败。为了解决上述问题，可通过 ESB 总线中的直通式消息传递模式完成两个业务系统间的业务消息转发调用。一般通过使用消息队列模式结合服务调出功能对其 JAVA 消息服务进行调用。通过 ESB 对业务消息的序列化与事务管理，增加了其消息通信的鲁棒性，并且可将传统业务系统的交互功能进行统一管理监控，如图 5-15 所示。

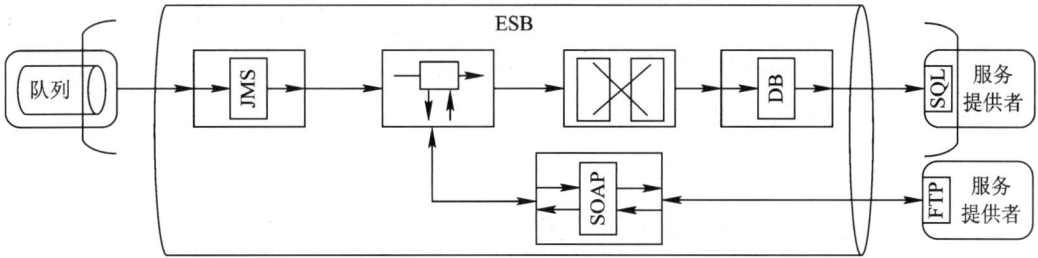

图 5-15　业务消息的直接转发处理示意图

4) 服务版本控制

在业务系统的建设过程中，由于业务需求的变化，其业务功能往往会有调整与修改，而对于外部系统来说，有时无法根据业务系统业务功能的变化进行修改调整，会存在不同时期的业务功能需要同时运行、兼容使用。为了解决上述问题，需要通过 ESB 对新调整功能的 Web 服务进行转化，以满足部分已有外部系统对原有业务功能 Web 服务的调用内容与格式要求。通过 ESB 对新调整功能的 Web 服务转化，不需要将多个版本的业务功能同时运行，不同版本的业务功能只需要对转化方式进行切换管理，简化了业务功能 Web 服务的版本控制难度，如图 5-16 所示。

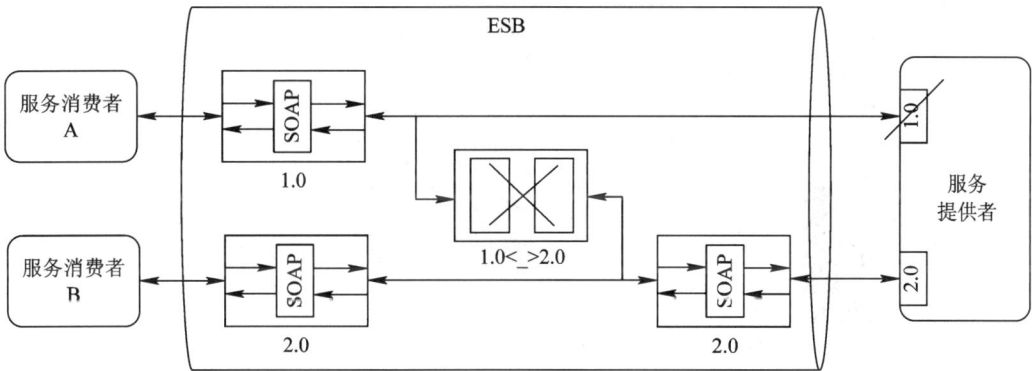

图 5-16　服务版本控制示意图

5.2.4　BPM 管理架构

为了适应业务功能敏捷快速的变化与不断调整，需要对组织内部的多步骤、长期存在、横跨多系统、关系多部门人员的流程进行可见性获取并实施控制。因此，国际工作流管理联盟(the Workflow Management Coalition，WFMC)提出了业务流程管理方法(Business Process Management，BPM)。

业务流程管理方法是一套达成企业各种业务环节整合的全面管理模式。当前，随着工作流引擎、规则引擎、门户技术、MDA(Model Driven Architecture，模型驱动架构)和 SOA 等架构技术的发展，发展出了业务流程建模语言(Business Process Modeling Language，

BPML)、基于 XML 的 Workflow 过程定义语言(XML Process Definition Language，XPDL)
等理论方法，形成了构建 BPM 平台的基础技术。这些技术实现了对业务功能进行描述、理
解、表示、协作和管理的基础。

1. BPM 系统架构

BPM 系统基于业务流程管理思想，优化管理业务流程，将分散在各业务系统中的信息
进行有效的整合并展示在决策者面前，为科学合理设计组织内部工作流程提供方法和手段。
典型的 BPM 系统如图 5-17 所示。它由组织目录系统、流程设计器、规则引擎、流程存储，
流程测试、工具支持和流程服务器组成，具体内容如下。

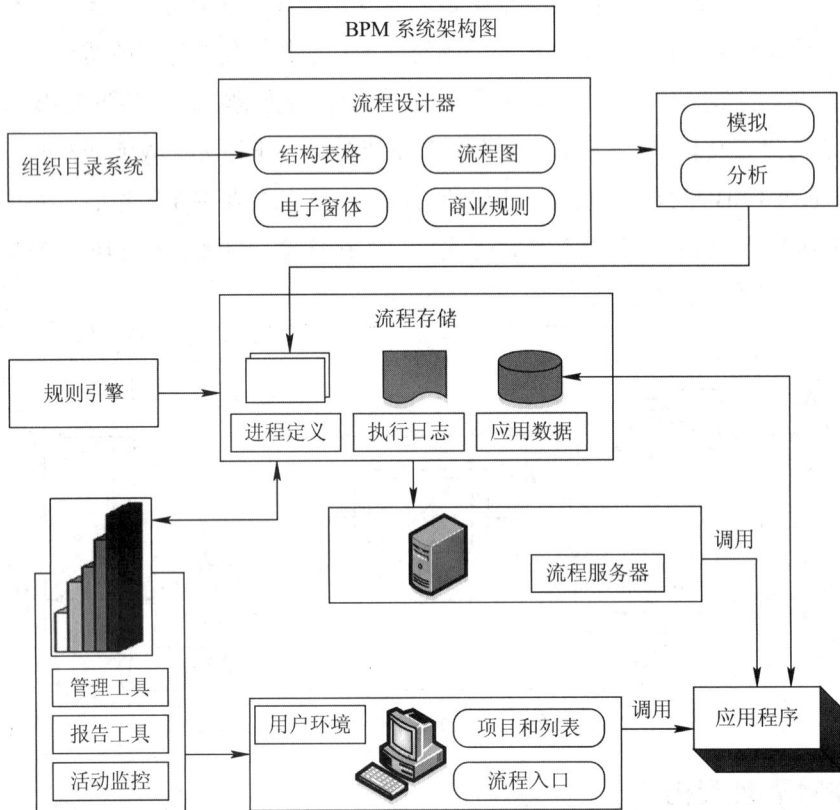

图 5-17　BPM 系统架构图

(1) 组织目录系统：系统流程模板及定义流程等内容要素的目录发布。

(2) 流程设计器：提供可视化流程编辑模板的工具，能够直观地编辑流程模板，自动
生成业务逻辑代码，构建业务流规则模型。

(3) 规则引擎：业务流程重组的设计、开发、管理与运行的底层支持环境，可支持工
作流设计、业务流程编排、流程运行支撑等。

(4) 流程存储：用以存放流程流转所需要的信息，包括进程定义规则、应用数据、执

行日志等。

(5) 流程测试：提供编排整合好的业务流程的调用测试与分析优化。

(6) 工具支持：支撑流程管理与运维的可视化工具，包含管理工具、报告工具、活动监控等。

(7) 流程服务器：提供业务流程运行管理的系统环境。

2. BPM 系统功能

BPM 系统主要包括流程设计与建模、流程执行与监控、数据管理与分析、系统集成与扩展等功能，具体内容如下：

(1) 流程设计与建模：主要是基于可视化界面，通过拖拽和配置的方式，快速设计和优化业务流程；同时，还能将业务流程转化为计算机可执行的模型，实现流程的自动化执行。

(2) 流程执行与监控：主要是构建自动执行的业务流程，并提供实时的流程监控和控制功能。在流程执行过程中，可根据预设条件和规则，自动分派任务、通知相关人员、收集和处理数据等。同时，可以通过流程监控，实时了解流程执行情况和进度，及时发现和解决问题。

(3) 数据管理与分析：主要是自动收集和处理业务数据，提供统一的数据管理和分析功能。在流程执行过程中自动记录和更新数据，生成各种报表和分析结果，帮助了解和优化业务流程。

(4) 系统集成与扩展：主要是和其他系统进行集成，实现业务流程与数据的无缝对接；同时，支持自定义扩展，用户可根据实际需求添加新的功能和模块，满足不断变化的业务需求。

3. BPM 实现流程

BPM 生命周期从总体上划分为五个阶段，分别是业务流程发掘、业务流程设计、业务流程执行、业务流程管理维护，以及业务流程优化，如图 5-18 所示。

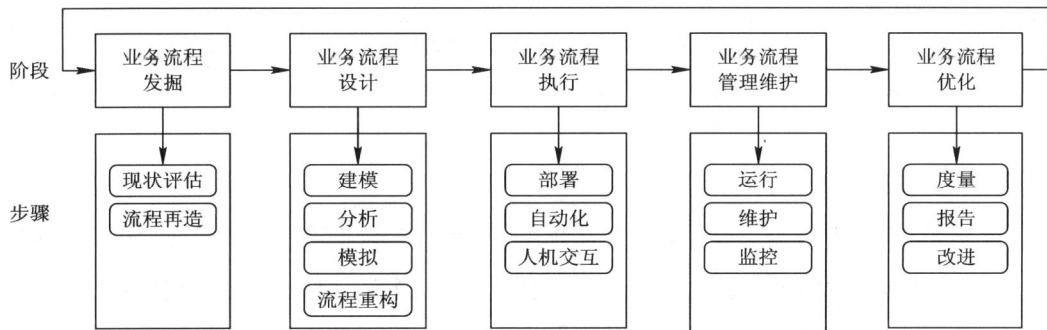

图 5-18　BPM 实现流程图

各阶段主要内容如下：

(1) 业务流程发掘：业务流程管理工作的基础，通过需求分析核心业务情况，构建信息流、工作流与事件流，并且对核心业务工作进行现状评估与流程再造。

(2) 业务流程设计：分为建模、分析、模拟和流程重构四个步骤。这四个步骤周而复始地循环，以便设计出更有价值、更准确的业务流程。

(3) 业务流程执行：包括部署、自动操作和人机交互等部分，在这个过程中所有相关单位，包括人和计算机系统共同执行该阶段制定出的流程。

(4) 业务流程管理维护：包括运行、监控和维护等工作。

(5) 业务流程分析优化：主要包括度量、分析已有业务流程执行情况，并对其改进方向提出优化建议。

4. BPM 应用场景

BPM 应用场景主要有业务流程嵌入式改造、非标准流程开发和统一流程中心构建等，具体内容如下。

1) 业务流程嵌入式改造

部分业务系统在先期规划时缺少流程审批功能，部分具备流程审批功能的系统也随着时间增长、复杂性增高，流程调整优化难度越来越高，而上述系统受限于时间与费用成本难以重新开发。引入 BPM 系统可以利用开放的接口开发模式将流程引擎集成到现有的业务系统中，以较小的开发调用成本实现对原有系统流程功能的激活，如图 5-19 所示。

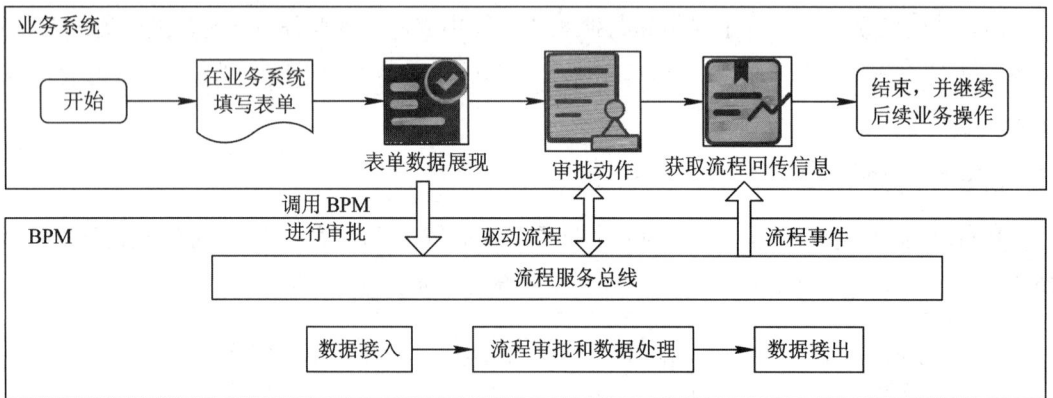

图 5-19　业务流程嵌入式改造示意图

2) 非标准流程开发

对于面向复杂业务流程处理的新开发业务系统时，经常会随着时间的要求进行需求调整，传统的代码开发模式无法适应这种高速迭代模式。因此，引入 BPM 系统使用户可以通过托拉拽配置的方式快速完成对非标准流程的开发，提升业务流程的开发使用效率，如图 5-20 所示。

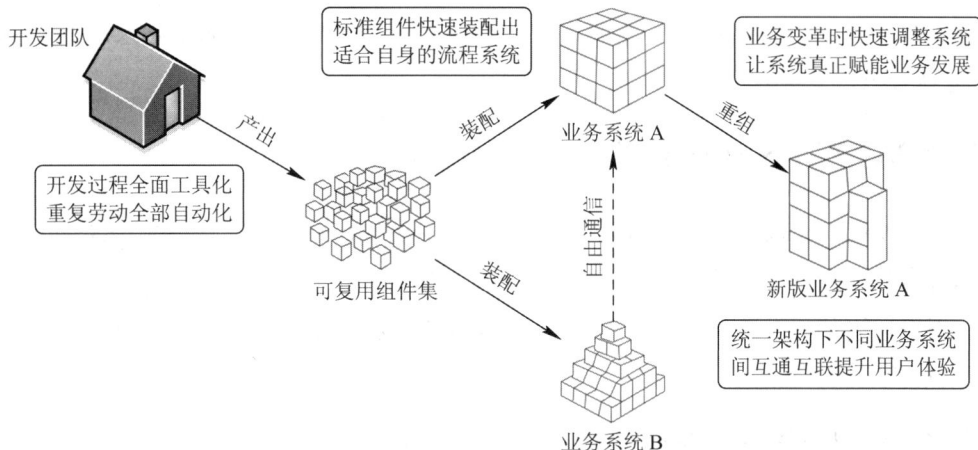

图 5-20　非标准流程开发示意图

3) 统一流程中心构建

对于一个组织来说，前期规划设计的局限性可能会造成业务流程审批不便捷、管理低效无序、维护难度较大等问题。引入 BPM 系统构建统一流程管理中心，使核心功能的管理流程可视化、可配置和可管理，提供业务流程的综合管理能力，如图 5-21 所示。

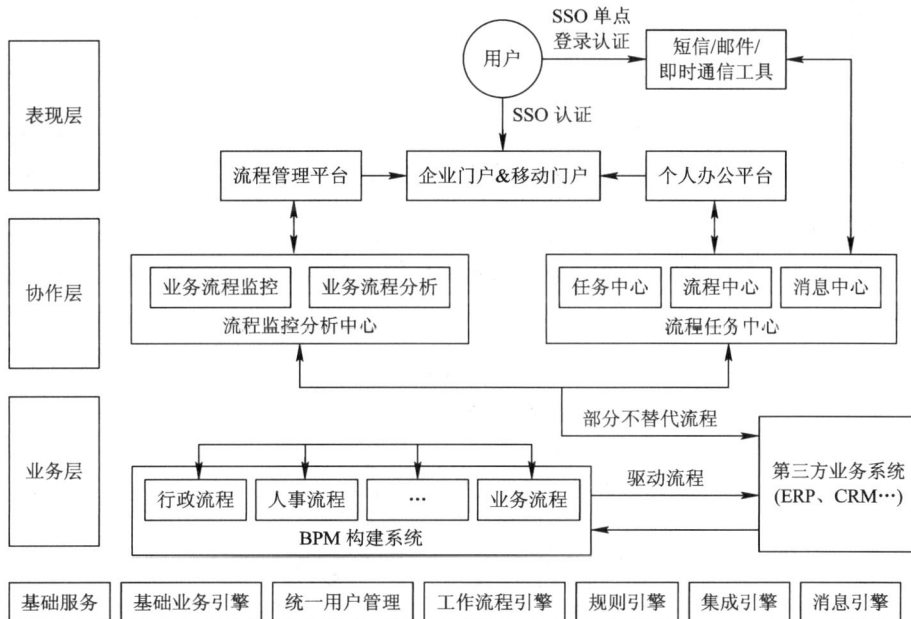

图 5-21　统一流程中心构建示意图

5.3　Web 服务技术

SOA 是概念层级的架构模型，需要使用具体技术来实现 SOA 模型中服务资源的访问与调用，其中最常用的就是 Web 服务技术，主要包括 SOAP Web Service 技术、REST Web Service 技术等。

5.3.1 SOAP Web Service 技术

SOAP Web Service 是一种跨编程语言和操作系统平台的远程调用技术。它是建立可操作的分布式应用程序(服务)的平台，是一套定义了应用程序如何在 Web 上实现互操作性的标准，对开发者的标准语言不作限制要求，都可通过 SOAP Web Service 标准对服务进行查询和访问。

1. SOAP Web Service 技术原理

一个完整的 SOAP Web Service 包括服务提供者、服务请求者和服务注册中心三个逻辑组件，如图 5-22 所示。这些角色在面向服务的体系架构中遵循"查找、绑定和调用"模式。其中，服务请求者执行动态服务定位，方法是查询服务注册中心来查找与其标准匹配的服务。如果服务存在，服务注册中心就给服务请求者提供接口契约和服务的端点地址。各角色具体内容如下：

(1) 服务请求者：它是一个应用程序、软件模块或服务，由它发起对服务注册中心中服务的查询，通过传输绑定服务，并且执行服务功能。

(2) 服务提供者：服务提供者是一个可通过网络寻址的实体，可以接收和执行来自服务请求者的请求。它将自己的服务和接口契约发布到服务注册中心，以便服务请求者可以发现和访问该服务。

(3) 服务注册中心：服务注册中心是服务发现的支持者，包含一个可用服务的存储库，并允许感兴趣的服务请求者查找服务提供者接口。

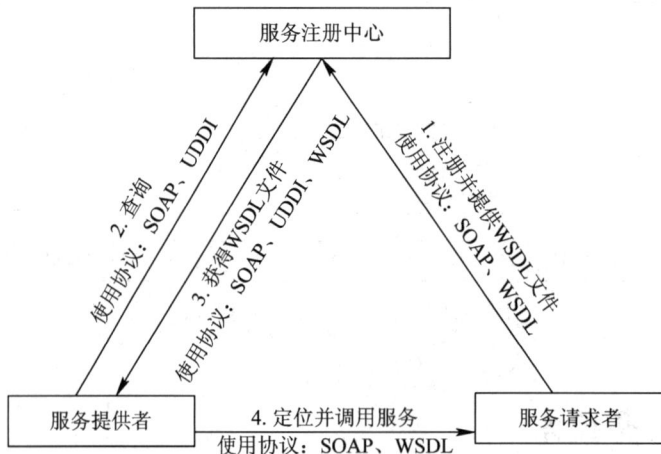

图 5-22　SOAP Web Service 技术原理示意图

这些角色之间使用了以下操作：

(1) 发布操作：为了使服务可访问，需要发布服务描述以使服务请求者可以发现它；

(2) 查找操作：服务请求者通过查询服务注册中心来找到满足其标准的服务，以定位服务；

(3) 绑定操作：在检索到服务描述之后，服务请求者继续根据服务描述中的信息来调用服务。

2. SOAP Web Service 服务栈

在 SOA 架构中，为了让服务协议能跨各种系统进行互操作，且能适应各种应用程序，需要构建标准化的 Web 服务接口，需要在消息传输、服务描述、服务编排等各个方面进行规范约束。因此，IBM、Microsoft 等公司及 W3C(万维网联盟)、OASIS(结构化信息标准促进组织)和 WS-I(Web 服务互操作组织)等标准组织发布了 SOAP Web Service 服务栈，如图 5-23 所示。

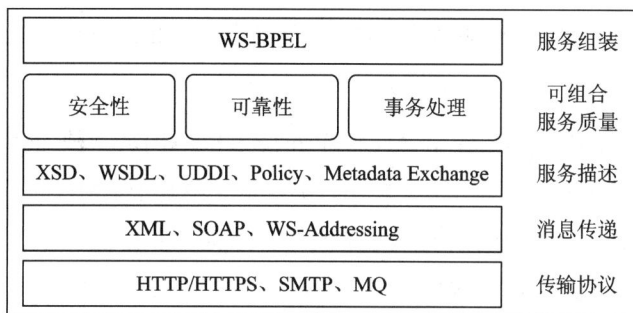

图 5-23　SOAP Web Service 服务栈示意图

一般将 Web 服务规范分为基本 Web 服务规范与扩展 Web 服务规范两类，其中基本 Web 服务规范包含 SOAP、WSDL 与 UDDI 等，扩展 Web 服务规范包含十余种 WS-*规范。

3. 基本 Web 服务规范

基本 Web 服务规范包含 SOAP、WSDL 与 UDDI 等。从技术上来看，基本 Web 服务规范是由一个内容、应用代码、过程逻辑等所构成的 XML 对象，如图 5-24 所示。

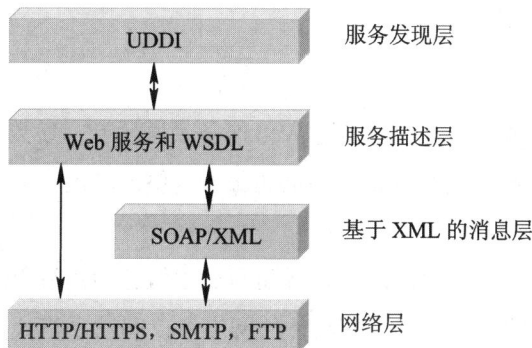

图 5-24　基本 Web 服务规范示意图

图 5-24 中，一个服务通过 TCP/IP 进行网络访问，在网络中使用 SOAP 标准进行服务消费者和服务提供者之间的消息传递，使用 WSDL 标准进行自描述，使用 UDDI 标准在服务目录中注册和发现，从而形成了发现和调用 Web 服务所提供的标准机制基础，如图 5-25 所示。

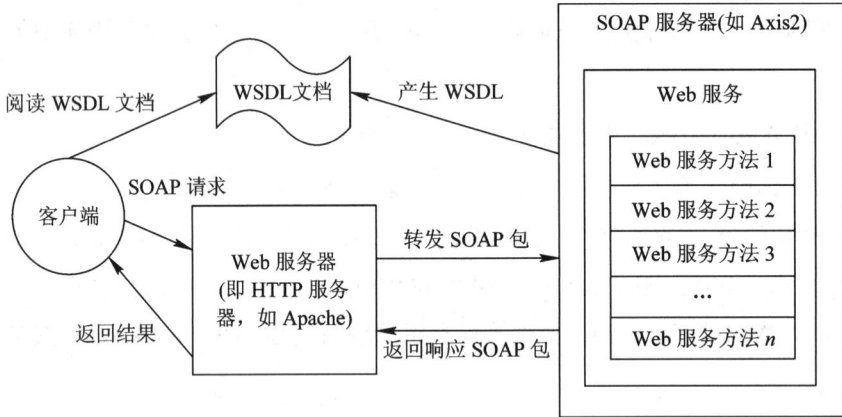

图 5-25   SOAP Web Service 服务调用和响应过程

1) SOAP

简单对象访问协议(Simple Object Access Protocol，SOAP)是一种为信息交换设计的轻量协议，用于在网络应用程序之间交换结构化数据，是一种基于 XML 的机制。SOAP 主要是在分布式环境中提供了一个跨网络调用服务的框架结构，并提供了独立于编程语言和分布式对象底层基础结构的跨平台集成机制。

SOAP 是一个远程过程调用(Remote Procedure Call, RPC)协议，使用标准的 Internet 协议进行传输，包括同步调用时的 HTTP 或异步调用时的 SMTP。SOAP 消息基本上是从发送端到接收端的单向传输，但常常结合起来执行类似于请求/应答的模式。SOAP 定义了一个模块化的包装模型，并在模块内定义了数据编码机制。一条 SOAP 消息就是包含 SOAP 的封装包、可选的 SOAP 标头和必需的 SOAP 体块的 XML 文档。SOAP 可以和现存的许多因特网协议和格式结合使用，包括超文本传输协议 HTTP、简单邮件传输协议 SMTP、多用途网际邮件扩充协议(Multipurpose Internet Mail Extensions, MIME)。它还支持从消息系统到远程过程调用等大量的应用程序。

2) WSDL

Web 服务描述语言 WSDL，用于描述 Web 服务及其函数、参数和返回值，提供了应用访问指定的 Web 服务所必需的全部信息，描述服务提供的功能内容、服务位置以及服务调用方法。

WSDL 将服务描述为在包含面向过程或面向文档信息的消息上进行操作的一组端点。操作和消息是抽象描述的，然后绑定到具体的网络协议和消息格式以定义一个端点。相关的具体端点被组合成为抽象端点即服务。因为 WSDL 基于 XML，所以它既是机器可阅读的，又是人可阅读的。WSDL 目前已经被广泛支持，一些最新的开发工具既能根据 Web Service 生成 WSDL 文档，又能导入 WSDL 文档，生成调用相应 Web Service 的代码。

3) UDDI

UDDI 提供了一个机制，以一种有效的方式来浏览、发现、调用 Web 服务。UDDI 是一套 Web 服务信息注册中心的实现标准规范，同时包含一组使企业能将自身提供的 Web 服务注册以使别的企业能够发现的访问协议的实现标准。

UDDI 规范包含了对基于 Web 的 UDDI 信息注册中心可实施的整套共享操作。UDDI 的核心是服务注册，它用一个 XML 文档来描述 Web 服务。UDDI 信息注册中心是一个基于 SOAP 的 Web 服务，企业通过信息注册中心来获得 Web 服务的位置及其技术信息，并且可将其服务发布到信息注册中心的服务接口，注册中心是分布式的，彼此之间不断进行复制操作。

4. 扩展 Web 服务规范

扩展 Web 服务规范一般指 WS-*规范，是 Web 服务堆栈，从消息传递、服务描述、获取服务等多个方面定义了 Web 服务相关要素，具体内容见表 5-4。

表 5-4　扩展 Web 服务规范方法内容

所属领域	规范名称	约 束 内 容
消息传递	WS-Addressing	定义了一套 SOAP 消息的寻址机制，用于指定消息的发送方与接收方的位置信息
服务描述	WS-Policy	服务策略表达式的基本模型，定义了需要服务提供者提供的关键信息内容及服务接口格式要求
	WS-Policy Schema	定义了需要服务提供者提供信息的安全性、事务处理、可靠消息传递和其他规范
	WS-Policy Attachment	定义了策略组与 XML 消息和 WSDL 元素(操作和 portTypes)的关联方法
	WS-PolicyAssertions	定义了一组基础的通用策略语句，用于实现互操作
获取描述	WS-MetadataExchange	定义了服务本身信息(WSDL、WS-Policy 和 XSD)的描述方法
	WS-Discovery	定义了在本地网络上定位服务方法
安全性	WS-Security	是安全 Web 服务的基本构建基块,定义了在 Web 服务消息上保证完整性和机密性的规约
	WS-Trust	定义了安全性扩展相关内容，如 Token 发布与验证
	WS-SecureConversation	定义了请求者消息内容、请求消息认证服务、安全性上下文等相互认证方法
	WS-Federation	定义了虚拟安全性区域建立方法，包括用于代理标识、属性检索发现、联合身份验证和授权声明等隐私机制

所属领域	规范名称	约束内容
可靠性	WS-ReliableMessaging	定义了 Web 服务在不可靠通信网络的传递消息方法
事务处理	WS-Coordination	定义了多方、多消息 Web 服务任务结果的通用机制
	WS-AtomicTransaction	定义了两阶段认证需求、可互操作的事务处理协议
	WS-BusinessActivity	定义了在事务提交之前并不锁定资源，而是基于补偿操作的方法
服务组装	WS-BPEL	定义了多开发人员共同实现一个业务流程的 Web 服务定义结构与行为方法

5.3.2 REST Web Service 技术

对于 SOA 实现方式，SOAP Web Service 技术占据了很重要的地位，因此通常提到的 Web 服务就是基于"XML-SOAP-WSDL-UDDI"的 SOAP Web Service 服务栈。近几年，随着 REST 思想逐渐被接受，Google、Facebook、Twitter、阿里、百度、腾讯等各大厂商不断开发 REST API 接口给开发者，REST Web Services 技术也逐渐成为一种潮流。

表述性状态转移 REST 是一种用于构建分布式系统的架构风格，它是一种针对网络应用的设计和开发方式，可以降低开发的复杂性，提高系统的可伸缩性。而符合 REST 风格的 Web Services，就是 REST Web Service。

1. REST Web Service 技术原理

REST Web Service 与 REST 技术理念相同，都是基于"客户端—服务器"模式，客户端与服务器之间的交互都是无状态的，使用面向资源方法进行 URI(Uniform Resource Identifier，通用资源标志等)接口设计，为不同资源赋予不同 URI，其交互消息可以用 HTML、XML、Text、JSON 等多种形式表述，通过 HTTP 协议的 Get、Post、Put、Delete 方法完成对资源的查询、创建、修改以及删除，以达到统一接口的目的，如图 5-26 所示。

图 5-26 REST Web Service 技术原理

2. REST Web Service 设计思想

REST 的思想有如下几个关键点:

1) 面向资源的接口设计

在 REST 中的核心是"资源",整个 Web 服务系统可以看成是服务资源的集合。在 REST 中所有的接口都是针对资源来设计的,Web 服务使用 URI 去定位一个特定资源,一个 URI 唯一确定了一个资源,保证了资源的可寻址性。

URI 是 REST 架构最简单、最核心的元素。URI 通常包含协议名、域名(IP 和端口号)、项目部署名、资源地址、标识字段五个部分。

2) 使用 HTTP 方法统一接口风格

在 REST 中 HTTP 的请求和响应过程就相当于 Web 服务的请求响应过程,通过 HTTP 协议的动词方法(GET、PUT、POST、DELETE)来区分对服务资源的获取方式(读取、更新、创建、删除),HTTP 的响应状态码作为 REST 请求响应码。HEAD 与 OPTIONS 是 HTTP 中的两个辅助操作,HEAD 用于获取资源的元数据,OPTIONS 用于查看资源支持的具体 HTTP 方法,如表 5-5 所示。

表 5-5　HTTP 风格接口调用方法

HTTP 动词	URI 名称	含　　义
GET	http://localhost:8080/project/:ID	获取项目资源信息
PUT	http://localhost:8080/project/:ID	更新项目资源信息
POST	http://localhost:8080/project/:ID	创建项目资源信息
DELETE	http://localhost:8080/project/:ID	删除项目资源信息
HEAD	http://localhost:8080/project	获取项目资源元数据
OPTIONS	http://localhost:8080/project	查看资源支持的 HTTP 方法

3) 资源表述的多样性

在 REST 中资源的表述可以随资源状态进行变化,对给定资源可以使用不同的表述方式,包含 XML、JSON、Atom、SVG 等多种格式。其服务端可根据客户的需求提供不同格式的数据资源,如表 5-6 所示。

表 5-6　资源表述格式

使 用 场 景	资 源 格 式
表达结构化数据内容	XML、JSON
使用标签表达语义	Atom 格式
表达搜索结果列表	OpenSearch
表达图形图像	SVG
客户端提交 HTML 表述	关键字 — 值

4) 所有交互的无状态性

在 REST 中对服务端的请求是无状态的。在无状态应用中，服务端不依赖于请求上下文或状态，独立处理各个客户端请求，这就要求客户端请求里需要包括服务端实现该请求所需的全部信息。因此，无状态性使得服务端无须保证请求间的应用状态，使得并行处理无须理解交互语义，降低了物力资源消耗。

5.3.3 两种服务技术的比较

SOAP Web Service 技术与 REST Web Service 技术作为 SOA 的两项主要实现技术，两者的设计思路理念不同：REST 的设计思路是将 HTTP 作为其唯一的传输协议，最大化地利用 HTTP 交互规则调用服务，而 SOAP 的设计思路是独立构建一套面向服务的数据交互标准方法，以补充 HTTP 协议中缺少的服务发现、交互会话等功能。两者由于设计思路不同，因而在服务调用、服务描述、传输效率与开发方式上存在一定差异性。

1. 服务调用差异性

在服务调用中，由于 SOAP Web Service 是基于 SOAP 协议的，其调用与返回信息都包含在 SOAP 协议中，而 REST Web Service 是基于 HTTP 协议的，其调用与返回信息都基于 HTTP 协议产生，因而二者在服务调用方法、服务请求内容与处理状态信息上都存在一定差异。

在服务调用方法上，SOAP Web Service 一般采用 HTTP 的 POST 方法，其对服务资源的具体操作一般包含在 SOAP 协议中，方法名称没有通用性；REST Web Service 可以直接通过 HTTP(GET、PUT、POST、DELETE)统一方法来操作服务资源内容。在服务请求内容上，SOAP Web Service 的请求内容包含在 SOAP 协议中；REST Web Service 的请求内容一般包含在 URI 地址上。在处理状态信息上，SOAP Web Service 的处理状态信息一般包含在服务响应内容的 SOAP 协议中；而 REST Web Service 的处理状态信息使用 HTTP 响应状态代码完成。

2. 服务描述差异性

在服务描述上，SOAP Web Service 是基于 WSDL 进行标准化描述的，而 REST Web Service 由于缺少相关约束，是自解释的，因而导致了两者存在一定差异性。

SOAP Web Service 是基于 WSDL 完成的，因此其自身具备一套完整的服务发现与注册机制，使用户可以较为便捷地发现理解服务目录，并且其标准化的协议描述方便了用户的标准开发引用。但是其很多服务功能的描述需要依赖扩展 SOAP Web Service 服务规范(WS-*)，由于目前各大厂商与开发组织没有制定统一的规范来说明该规范集的关系，其相关内容的开发仍然需要耗费一定精力与时间。REST Web Service 由于缺少服务描述的策略，为了使用户可以进行发现与调用服务，需要构建单独的服务描述机制。服务描述机制有两种，一是通过 REST Web Service 所对应的 API 文档，因为各个集成服务商的文档生成方式不一致，缺少约束性，所以出现了一定的沟通障碍；二是使用 XSD(XML Schema Definition，可扩展标记语言架构)、WADL(Web Application Description Language，Web 应用程序描述语言)进行 REST 等标准化的接口定义方法，其核心与 WSDL 的模式基本相同，并没有减少 SOAP Web Service 模式在服务描述上的工作量。

3. 传输效率差异性

在传输效率上，REST Web Service 的请求和响应时间相比 SOAP Web Service 都存在一定优势，一是 SOAP XML 增加了一定的服务描述信息，如服务调用方法、请求内容、响应内容、服务会话与事务内容等，致使其数据传输量增大；二是 SOAP Web Service 具备会话和事务机制，建立会话会消耗一定的服务器内存，事务功能会造成系统对某些资源锁定，影响并发速度。

4. 开发方式差异性

在开发方式上，由于 SOAP Web Service 采用了 SOAP 与 WSDL 协议，具备很强的标准化程度，手工构建 SOAP 包装器和解析器难度非常大，需要借助开发厂商的 SDK(Software Development Kit，软件开发工具包)支持；REST Web Service 可以通过手工编辑代码实现，并且可以通过开发组件开发实现。

5. 安全防护差异性

在安全策略上，SOAP Web Service 已经有一套较为成熟的安全控制方案，如 WS-Security、WS-Trust、WS-SecureConversation 等；REST Web Service 在安全防护上没有可以依赖的部件，需要用户借助第三方安全方案进行独立的安全设计。

综上所述，REST 在轻量级开发上具备非常明显的优势，因而在移动互联网中越来越受到青睐，但是在安全性和成熟度上 SOAP Web Service 具备更强的优势。

5.4　中间件集成技术

随着信息系统逐渐开始采用多层分布式架构，在该架构中服务器和客户机之间都是通过网络连接起来的，在设计和开发时不仅要关心业务逻辑，还必须要处理分布环境中复杂的通信和异构系统问题，如数据传输、数据访问、应用调度、系统构建和系统集成、流程管理等问题。中间件技术的出现有效解决了该类问题，使开发人员能集中力量开发业务相关内容，简化开发工作。

5.4.1 中间件的应用与分类

按照国际数据公司(International Data Corporation，IDC)的分类方法，中间件按照服务内容可分为五类，分别是数据库中间件(Database Middleware，DM)、远程过程调用中间件(Remote Procedure Call，RPC)、消息中间件(Message-Oriented Middleware，MOM)、面向对象中间件(Obiect Oriented Middleware，OOM)、事务处理中间件(Transaction Processing Middleware，TPM)。具体内容如下：

(1) 数据库中间件。数据库中间件适用于应用程序与数据源之间的互操作，客户端使用中间件提供的面向数据库的 API，以请求直接访问和更新基于服务器的数据源。典型的数据库中间件有 ODBC、JDBC、OLE DB 和 ADO 等。

(2) 远程过程调用中间件。远程过程调用中间件适用于网络通信下多台计算机之间进程的相互调用。远程调用机制是首先使用远程过程调用中间件的接口定义语言(Interface Definition Language，IDL)定义调用顺序，然后用 IDL 编译器对此定义进行编译，生成支持客户端和服务器进行通信的管道，提供数据转换与通信服务，从而屏蔽不同操作系统和网络协议的影响。典型的远程过程调用中间件有 Dubbo、Thrift、gRPC 等。

(3) 消息中间件。消息中间件适用于多台计算机及业务系统之间的消息传递，基于中间件提供的消息传递和排队模型，在分布式环境下扩展进程间进行通信，并支持多通信协议、语言、应用程序与软件平台。常见的消息中间件有 Active MQ、Rabbit MQ、Rocket MQ、Kafka 等，涉及的协议有 JMS、AMQP(Advanced Message Queuing Protocol，高级消息队列协议)等。

(4) 面向对象中间件。面向对象中间件适用于不同业务系统间的业务功能互操作，基于对象请求代理模式，拦截请求调用的请求对象、传送参数、调用方法与返回结果等，实现其在不同地址空间、编程语言、操作系统、对象接口的适配性。常见的面向对象中间件有 COM、RMI、CORBA 等。

(5) 事务处理中间件。事务处理中间件适用于分布式计算中的大规模事务处理业务，基于中间件提供网络通信、访问控制、事务控制、资源管理和其他必要服务，主要提供进程管理、事务管理与通信管理等功能。常见的事务处理中间件有 Seata、TCC-transaction、ByteTCC 等。

5.4.2 远程过程调用中间件

远程过程调用中间件技术是一种通过网络从远程计算机程序上请求服务，而不需要了解底层网络技术的进程间通信方式。

RPC 允许本地程序通过网络调用另一台服务器上的函数或者方法，具体调用过程一般由 RPC 中间件实现，不用编码实现，即无论是调用本地函数还是调用远程函数，编写的调用代码在本质上基本相同。

1. RPC 的工作原理

RPC 采用客户机/服务器模式。RPC 框架包含客户端(Client)、客户端句柄(Client Stub)、服务端(Server)、服务端句柄(Server Stub)等，具体内容见表 5-7。

表 5-7　RPC 框架组成部分

组　　成	功　能　描　述
客户端	服务调用方
客户端句柄	存放服务端的地址消息，将客户端的请求参数打包成网络消息，然后通过网络远程发送给服务方
服务端	服务提供方
服务端句柄	接收客户端发送过来的消息，将消息解包，并调用本地的方法

RPC 的工作过程为：首先，客户端调用进程发送一个有进程参数的调用信息到服务进程，然后等待应答信息。在服务端，进程保持睡眠状态直到调用信息到达为止。当一个调用信息到达，服务端获得进程参数、计算结果、发送答复信息，然后等待下一个调用信息。最后，客户端调用进程接收答复信息，获得进程结果，然后调用执行继续进行，如图 5-27 所示。

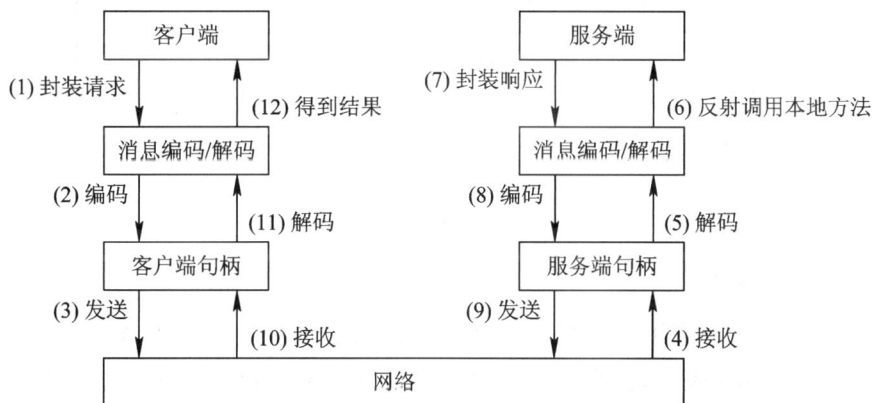

图 5-27　RPC 工作原理示意图

2. RPC 调用流程

RPC 调用流程如图 5-28 所示，具体介绍如下：

(1) 客户端通过调用本地接口的方式去调用服务；

(2) 客户端句柄接收到请求数据后，负责将方法、参数等组装成能够进行网络传输的消息体(将消息体对象序列化为二进制)；

(3) 客户端通过 Socket 将消息发送到服务端；

(4) 服务端句柄收到消息后进行解码(将消息对象反序列化)；

(5) 服务端句柄根据解码结果调用本地的服务；

(6) 服务端根据被调用内容开启业务逻辑处理；

(7) 本地服务执行并将结果返回给服务端句柄；

(8) 服务端句柄将返回结果编码打包成消息(将结果消息对象序列化)；

(9) 服务端通过 Socket 将消息发送到客户端；

(10) 客户端句柄接收到结果消息，并进行解码(将结果消息对象反序列化)；

(11) 客户端得到最终结果。

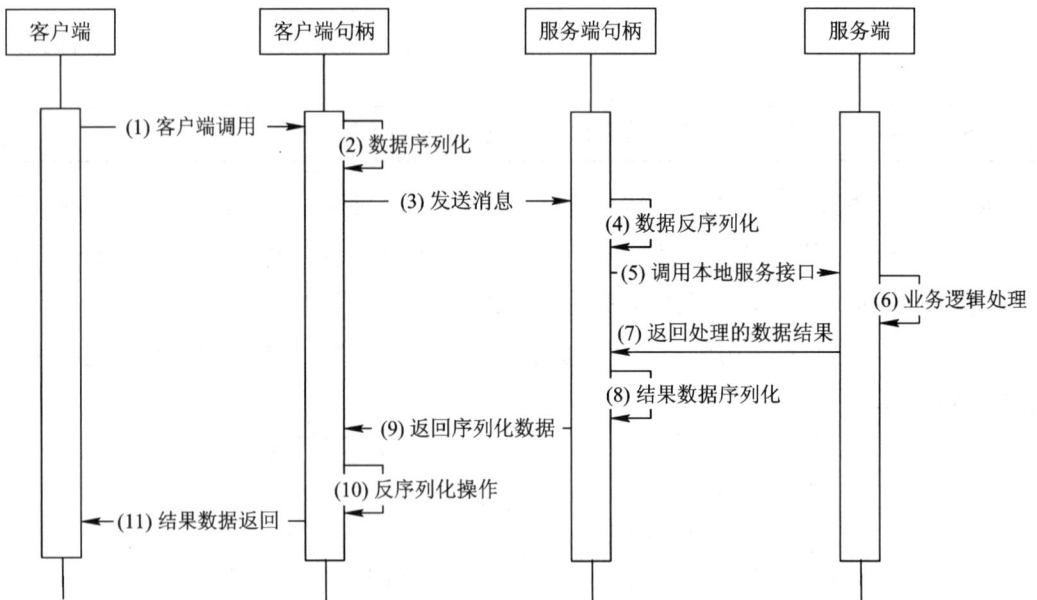

图 5-28　RPC 调用流程示意图

3. RPC 技术重点

RPC 技术重点为序列化/反序列化、RPC 调用方式和服务治理，具体内容如下：

(1) 序列化/反序列化。序列化就是将数据结构或对象转换成二进制的过程，序列化后数据才方便进行网络传输；反序列化就是将序列化的二进制数据转换成数据结构或者对象的过程，反序列化后业务才能方便地进行后续的逻辑处理。

(2) RPC 调用方式。RPC 的调用方式包括同步 RPC、异步 RPC、并行 RPC 等。其中，同步 RPC 是最常用的服务调用方式，发起调用请求后同步等待结果，符合开发者一贯的认知和习惯；异步 RPC 是客户端发起服务调用之后，不同步等待响应，而是注册监听器或者回调函数，待接收到响应之后发起异步回调，驱动业务流程继续执行，其实现相对复杂，一般在高并发场景下性能更好；并行 RPC 是并行服务调用，一次 I/O 操作，可以发起批量调用，这个并行的批量请求一般通过协程来实现，然后同步等待响应。

(3) 服务治理。RPC 协议只定义了客户端与服务端之间的点对点调用流程。但是在实际应用中，远程过程调用的时候还需要考虑服务的路由、负载均衡、高可用等问题，而保障服务之间的调用就需要进行服务治理。服务治理主要包含服务注册和发现、限流、降级、熔断、重试、失败处理、负载均衡等各种服务治理策略，在 RPC 中间件中也需要包含该部分内容。

4. 中间件产品介绍

当前市场上的主流远程过程调用中间件有 Dubbo、Montan、RPCX、gRPC、Thrift 等。

(1) Dubbo。Dubbo 是一个由阿里巴巴公司开发的分布式服务框架以及 SOA 治理方案。其具备高性能 NIO(Non-blocking IO，非阻塞 IO)通信及多协议集成、服务动态寻址与路由、软负载均衡与容错、依赖分析与降级等特点。

(2) Montan。Montan 是一个由新浪微博开发的轻量级 RPC 框架。其具备简单易用的特点，兼顾服务发现、高可用策略、负载均衡、SPI(Serial Peripheral Interface，串行外设接口)扩展、调用统计、访问日志等功能。

(3) RPCX。RPCX 是一个基于 GO 语言开发的开源 RPC 服务框架。其具备基于 Net/RPC 的底层实现、插件式设计、支持多种编解码协议、高可用策略等特点。

(4) gRPC。gRPC 是一个由谷歌公司开发的开源 RPC 框架，主要面向移动应用开发且基于 HTTP2 协议标准而设计。其具备跨语言使用、消息头压缩、TCP 多路复用、服务端推送等特点。

(5) Thrift。Thrift 是一个由 Apache 公司提供的跨语言高性能服务框架。其具备服务端框架自动生成、IDL(接口描述语言)支持等特性，并且广泛应用于各移动互联网厂商。

上述五种中间件的对比分析如表 5-8 所示。

表 5-8　主流远程过程调用中间件产品对比分析表

项　　目	Dubbo	Montan	RPCX	gRPC	Thrift
开发语言	Java	Java	Go	跨语言	跨语言
分布式(服务治理)	支持	支持	支持	不支持	不支持
多序列化框架支持	支持	支持 Hessian2、JSON 等，可扩展	支持	不支持(protobuf 格式)	不支持(Thrift 格式)
多种注册中心	支持	支持	支持	不支持	不支持
管理中心	支持	支持	支持	不支持	不支持
跨编程语言	不支持	不支持(支持 php client 和 C server)	不支持	支持	支持

5.4.3　消息中间件

消息中间件技术是利用高效可靠的消息传递机制进行与平台无关的数据交流，并基于数据通信来进行分布式系统的集成。消息中间件主要提供应用集成所必需的数据的递送、收集、翻译、过滤、映射和路由等功能，提供应用到应用之间高效、便捷的通信能力。

消息中间件适用于需要可靠的数据传送的分布式环境。各业务系统基于消息中间件传递消息来激活对方的事件，完成相应的互操作。消息中间件能在不同平台之间通信，屏蔽底层异构操作系统、网络平台、通信协议、消息格式的差异，为应用提供一致的通信标准。

1. 消息中间件技术原理

消息中间件技术原理是基于消息队列的存储转发机制和特有的异步传输机制，通过消息传输和异步事务处理实现应用整合与数据交换。消息中间件在 TCP/IP 网络体系结构中处于应用层，网络应用程序建立在消息中间件之上，实现各种分布式应用服务。

消息中间件使业务系统之间无须直接对话，通过消息传递与队列模型，消息发送者把消息放在消息通道(主题或队列)中，消息接收者订阅或监听该消息通道，一条信息可能最终转发给一个或多个消息接收者，这些接收者都无须对消息发送者作出同步回应，整个过程都是异步的。消息的接收者在需要消息的时候才会从消息队列读取需要的消息，这样大大降低了程序间的耦合度，如图 5-29 所示。

图 5-29　消息中间件技术原理示意图

消息中间件应用主要利用其存储转发机制和特有的异步传输机制，主要功能包括异步通信、应用解耦、流量控制与日志处理等，具体内容如下：

(1) 异步通信。通过消息中间件，不同的服务之间可以进行异步通信，提高系统的吞吐量和并发性能，避免因为同步调用而导致的阻塞和性能瓶颈。

(2) 应用解耦。消息中间件可以将消息发送方和接收方解耦，使得它们可以独立地进行开发和部署，不需要依赖对方的实现细节。

(3) 流量控制。消息中间件可以设置流量控制，当消息流量过大时可以暂停消息的发送，等到流量下降时再继续发送，从而平滑地处理流量峰值。

(4) 日志处理。消息中间件需要对关键信息进行日志记录和处理，以便监控和追踪系统运行情况，发现潜在问题，优化系统性能。

2. 消息传递系统

消息传递系统是基于消息中间件技术形成的在分布式应用环境中进行消息交换的解决方案，主要包括消息通道、消息、消息路由、消息转换器、消息服务器、消息端点等模块。

(1) 消息通道。消息通道是消息传递系统中的逻辑地址，对于应用间的不同连接，传递系统中有不同的通道且每一个通道有唯一的标识。业务系统发送消息时，将消息添加到不同的通道中，接收方根据消息信息的首部标识或访问特定通道的方式，以获得数据，如图 5-30 所示。

图 5-30　消息通道示意图

(2) 消息。消息是业务系统进程间传递交换的信息，是由位和字节组成的字符串，它也是数据交换的基本单位。消息通常由两部分组成：一部分为业务系统发送方提供的应用数据，另一部分为消息描述信息，用于指定消息属性，包含消息目的地址、传递方式、消息类型等要素。消息中间件中的消息类型分为数据报、请求、应答以及报告等，业务系统使用数据报、请求和应答这三种类型的消息进行相互的信息传送，报告用于应用程序和队列管理器报告事件信息。

(3) 消息路由。消息路由是针对不同类型消息定制化选择通信策略的机制。为了使接收者知道如何处理不同类型的消息，可以为每一种消息类型创建单独的消息通道，并将这些通道与所需的处理步骤连接起来。但是，采用这种方法会导致消息通道个数的激增，会消耗 CPU 和内存。因此，需要构建消息路由机制，根据路由规则选择不同的消息队列，如图 5-31 所示。

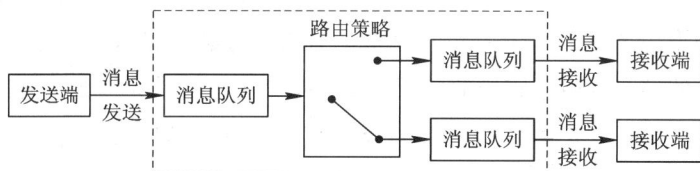

图 5-31　消息路出示意图

(4) 消息转换器。消息转换器是实现不同业务系统之间数据在语法与语义等多个层面的转换。一般消息传递系统包含封装器、内容扩充器、内容过滤器等多种类型的消息转换器。

(5) 消息服务器。消息服务器是消息传递的管理者，提供一套完整的 API 机制，使应用系统与消息传递系统连接起来，从而实现消息传递。

(6) 消息端点。消息端点是消息传递的客户及消息的使用者，通过业务系统提供的接口调用程序，并且端点也能监听业务系统的事件并调用消息传递系统对这些事件作出响应。

3. 消息通信模型

消息中间件既可以支持同步通信，又可以支持异步通信，但实际上它是一种点到点的传输机制。消息中间件一般提供点对点、发布/订阅和消息队列等通信模式。

1) 点对点模型

点对点传输模型是一种程序到程序的直接通信模式。它一般建立在消息队列的基础上，每个接收节点对应一个消息接收队列，发送者把消息发送到接收者的消息接收队列，接收者从自己的接收消息队列读取消息。

点对点的传输模型允许多个发送者同时向一个接收者发送消息，但一条消息只能发给一个接收者。因为消息是发送到接收者的接收消息队列，而不是直接发给接收者，所以允许接收者不必处于运行状态，而且接收者在需要消息的时候才会从接收队列读取消息，如图 5-32 所示。

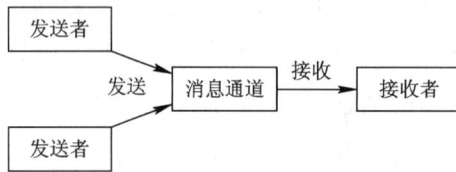

图 5-32　点对点模型示意图

2) 发布/订阅模型

发布/订阅模型是一种匿名的通信方式。发布者通过发布消息的客户端将消息传递给消息代理，由消息代理实现消息的动态路由，负责将消息发给相应订阅消息的客户端。发布/订阅模型允许一个或多个发送者同时向多个接收者发送消息，发送者和接收者之间的消息传递通常交给发布服务器处理，因此发布者和订阅者在多维空间上是松耦合的。

发布/订阅模型主要分为基于主题的发布/订阅和基于内容的发布/订阅。基于主题的发布/订阅模型发布的消息都属于特定的主题，而且每个主题就是先前定义好的名字。订阅者在订阅消息之前需要了解主题的名字，然后根据名字进行订阅。发布者发布主题消息时，系统会根据消息的主题和订阅消息把消息转发给每一个订阅者。基于内容的发布/订阅模型是根据订阅者所设定的过滤规则对发布的消息进行过滤，符合要求的就把消息转发给订阅者，订阅者就可以获得内容符合自己要求的消息，如图 5-33 所示。

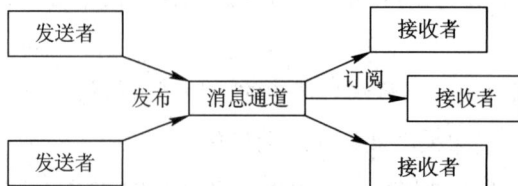

图 5-33　发布/订阅模型示意图

3) 消息队列模型

消息队列模型是一种程序之间的非直接的通信模式，通过队列管理器负责处理消息队列。队列管理器将它接收到的消息放入正确的队列中，并保证消息传送到存在于本机或者网络中某个位置的目的地。消息队列模型允许程序通过消息队列进行通信，它通常意味着无连接模式，并不强制要求对方程序一定可用。消息放入队列直接或者按顺序传送，这种方式允许程序按照不同的速度独立运行，而不需要在双方之间建立一条逻辑连接。

队列可以存在于本地系统中(称为本地队列)或者其他的队列管理器中(称为远程队列)。使用一个队列之前，必须打开该队列，指定想要进行的操作，如浏览消息、接收消息、向队列中放置消息以及查询队列属性、设置队列属性等，如图 5-34 所示。

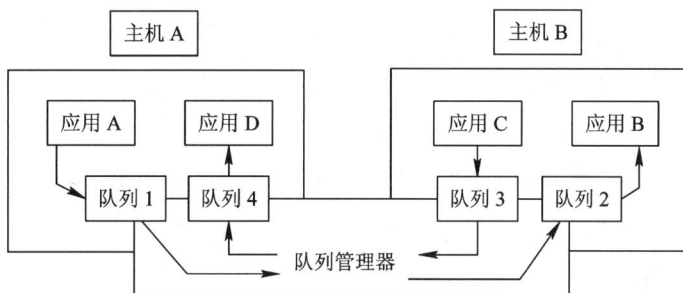

图 5-34　消息队列模型示意图

4. 中间件产品介绍

当前市场上的主流消息中间件包括 RabbitMQ、ActiveMQ、Kafka、RocketMQ 等。

(1) RabbitMQ。RabbitMQ 是一个由 Erlang 语言开发的基于高级消息队列协议 (Advanced Message Queuing Protocol，AMQP)标准的开源消息代理软件。该中间件主要用于在分布式系统中存储转发消息。其优点主要是提供了持久性机制、投递确认、发布者证实、高可用性机制等可靠性机制，具备多种灵活的路由模式，提供消息服务集群模式及镜像备份方案，并提供了丰富的插件扩展功能。其缺点主要是 Erlang 语言不利于二次开发维护，主从代理架构增加了消息延迟，接口协议较为复杂。

(2) ActiveMQ。ActiveMQ 是一个完全基于 JMS 规范的消息中间件。该中间件完全支持多种语言的客户端和协议，可较为容易地嵌入到企业的应用环境中。其优点主要是支持 Java、.Net、PHP、Ruby、Python、Ruby 等多种客户的开发语言，具备良好的跨平台性能，可运行到 JVM 平台上，支持 HTTP、IP、SSL、TCP、UDP 等多种通信协议，提供了多种持久化与安全插件。其缺点主要是不适用于上千个队列的应用场景，有一定概率丢失消息，对老版本产品的维护较少。

(3) RocketMQ。RocketMQ 是一个由阿里巴巴集团开发的开源产品，在设计时参考了 Kafka，并作出了自己的一些改进，消息可靠性上比 Kafka 更好。RocketMQ 在阿里巴巴集团内部被广泛应用在订单、交易、充值、流计算、消息推送、日志流式处理等场景。其优点主要是基于消息队列模型，具备高性能、高可靠、高实时、分布式等特点，各个环节均采用分布式扩展设计，单机支持 1 万个以上持久化队列，支持集群消费、广播消费等多种消费模式。其缺点主要是目前仅支持 Java 及 C++ 等两种客户端开发语言，没有 Web 管理界面，仅支持命令行工具维护，没有实现 JMS 接口。

(4) Kafka。Kafka 是一个由 LinkedIn 公司开发的分布式消息发布/订阅系统，现在是 Apache 软件基金会的顶级开源项目之一。Kafka 广泛应用于大数据领域的实时数据流处理、日志聚合、监控、指标和日志收集、消息队列等多种场景。其优点主要是支持 Java、.Net、PHP、Ruby、Python、Go 等多种客户端开发语言，单台服务器可达到十万消息数/秒(messages per second，mps)的吞吐速率，各个环节均采用分布式扩展设计，自动实现负载均衡，具备完善的 Web 管理界面。其缺点主要是当单服务器超过一定数量的队列/分区时，读取时长明显飙升，仅支持简单 MQ(Messaging Queuing，消息队列)功能，消息失败不支持重发。

上述四种中间件的对比分析如表 5-9 所示。

表 5-9　主流消息中间件产品对比分析表

项　　目	RabbitMQ	ActiveMQ	RocketMQ	Kafka
所属公司	Rabbit	Apache	阿里巴巴	Apache
开发语言	Erlang	Java	Java	Scala 和 Java
底层架构	主从架构	主从架构	分布式架构	分布式架构
协议	AMQP	OpenWire、STOMP、MQTT	自定义	自定义
API 完备性	高	高	高	高
多语言支持	语言无关	支持，Java 优先	只支持 Java	支持，Java 优先
吞吐量	万级	万级	十万级	十万级
时效性	微秒级	毫秒级	毫秒级	毫秒级
可用性	高	高	非常高	非常高
可靠性	基本不丢失	较低概率丢失	通过参数化配置，可以做到零丢失	通过参数化配置，可以做到零丢失
发布订阅	支持	支持	支持	支持
轮训分发	支持	支持	—	支持
公平分发	支持	—	—	支持
重发	支持	支持	支持	—
消息拉取	支持	—	支持	支持
功能支持	并发能力前、性能好、延迟低	功能完善	功能完善、扩展性好	支持简单 MQ 功能，大数据领域大规模应用

注：STOMP—Streaming Text Orientated Message Protocol，流文本定向消息协议；MQTT—Message Queuing Telemetry Transport，消息队列遥测传输。

5.4.4　面向对象中间件

面向对象中间件 OOM 技术主要用于在分布式异构环境下建立应用系统框架和对象组件。在此框架的支撑下开发者可以将软件功能包装为更易管理和使用的对象，这些对象可以跨越不同的软硬件平台进行互操作。

面向对象中间件技术将分布在网络上的全部资源都按照对象的概念来组织，每个对象都有明晰的访问接口，即可通过该方法进行访问调用。面向对象中间件技术的实质性进步在于，使面向对象技术能够在异构的网络环境中得以全面、彻底和方便地实施，从而能够有效地控制系统的开发、管理和维护的复杂性。

1. 面向对象中间件技术原理

面向对象中间件技术的主要思想是在分布式系统中引入一种分布的可互操作的对象机制，并且把分布于网络上可用的所有资源看成公共可存取的对象集合，使得不同的对象可以集合在一起。此外，一个客户能够通过定义在分布对象模型上的接口来访问分布系统的可用对象，如图 5-35 所示。

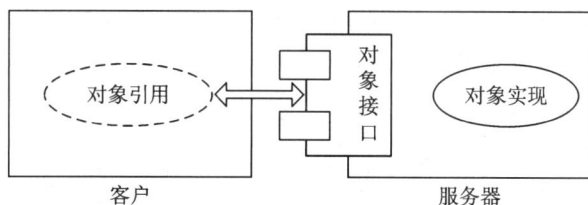

图 5-35　面向对象中间件技术原理示意图

对象实现是指对象功能的具体实现，它将数据接口和施加在数据上的操作捆绑在一起，封装在对象中，客户所能看到的只是对象的接口。因此，对象实现的改变不会对客户程序产生任何影响。客户调用对象的操作，首先要找到目标对象，也就是要得到该对象的句柄。

面向对象中间件实现分布式系统互操作的核心是分布式调用，其调用机制包括远程过程调用、对象请求代理和分布式虚拟存储器等，适用于不同的应用场景。具体内容如下：

(1) 远程过程调用。远程过程调用把本地过程调用的语义扩展到分布式环境，它利用底层的消息传输设施来为远程构造本地进程的抽象，通过消息传递，使应用像调用本地进程一样来调用远程过程。

(2) 对象请求代理。对象请求代理的作用是把客户发出的请求传给目标对象，并把目标对象的执行结果返回给发出请求的客户。

(3) 分布式虚拟存储器。分布式虚拟存储器是在分布式系统中建立跨越多个节点的虚拟地址空间，当访问一个对象时，首先确定该对象所在的位置，然后把它装入本地的地址空间，这样便可以使用标准的过程调用来处理分布式调用。

上述几种分布式调用的机制适用于不同的情况。当单个客户端不断地访问某个特定对象时，则分布式虚拟存储器比较合适；当一个对象被众多的其他对象所共享时，则 RPC 方法更合适。与这两种方法相比，对象请求代理的灵活性更高，因为其可以根据具体环境对对象作出创建、激活等管理决策。

2. COM/DCOM

(1) COM。组件对象模型 COM 是 Microsoft 公司于 1993 年提出的组件式软件平台，用于进程间通信(Inter-Process Communication，IPC)以及作为组件式软件开发的平台。Microsoft 的许多技术，如 ActiveX、DirectX 以及 OLE 等都是基于 COM 而建立起来的。Microsoft 的开发人员也大量使用 COM 组件来定制他们的应用程序及操作系统。在 COM 技术的体现与结构中，组件和接口是核心概念。其中，组件是具有一定逻辑功能的可执行代码，而接口实现了对组件各种技术细节的封装与隔离，对外界提供了透明的功能支持。组件实际上是二进制可执行程序，可以给应用程序、操作系统以及其他组件提供服务。多个 COM 对象可以连接起来形成应用程序或组件系统，并且组件可以在运行时刻在不被重新链接或编译应用程序的情况下被卸下或替换掉。接口实现了对组件各种技术细节的封装与隔离，其定义了一组成员函数。这组成员函数是组件对象暴露出来的所有信息，客户程序利用这些函数获得组件对象的服务。客户程序用一个指向接口数据接口的指针来调用接口成员函数，如图 5-36 所示。

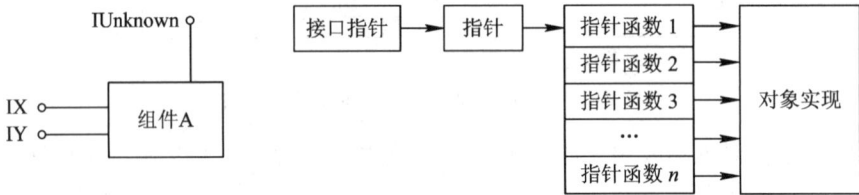

图 5-36　COM 组件接口示意图

(2) DCOM。分布式 COM(Distributed COM，DCOM)扩展了 COM 技术，支持不同的两台机器上的组件间的通信，使其能够支持在局域网、广域网甚至 Internet 上不同计算机的对象之间的通信。在操作系统中，各个进程之间是相互屏蔽的。当一个客户进程需要和另一个进程中的组件通信时，它不能直接调用该进程，而需要遵循操作系统对进程间通信所做的规定。因而，为了使不同计算机的进程可以交互通信，DCOM 在 DCE(Distributed Computing Environment，分布式计算环境)RPC 协议的基础上构建了对象 RPC(Object Remote Procedure Call，ORPC)网络协议。通过该协议可以截取从客户进程来的调用并将其传送给另一进程的组件，隐藏底层网络传输的细节，使 COM 运行库向客户和组件提供远程过程调用、位置透明性、可扩展性、安全机制等面向对象的服务，将 COM 技术从桌面扩展到了分布式环境，如图 5-37 所示。

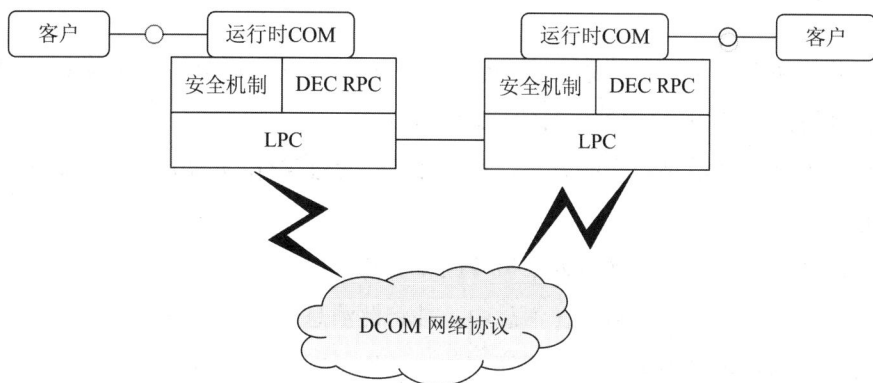

图 5-37　DCOM（不同机器上的 COM 组件通信）

3. RMI

远程方法调用(Remote Method Invocation，RMI)是 Java 的 RPC 机制，支持 Java 的分布式对象之间的方法调用。RMI 旨在为 Java 应用之间提供一个可适用于分布式对象系统的通信机制。任意两台计算机之间的通信完全由 RMI 负责，按照 RMI 规则设计程序，可忽略 TCP、Socket 等网络协议细节，使得远程方法的调用在经过最初的初始化过程后就和调用本地的方法完全一样。

RMI 应用程序通常包括服务端程序和客户端程序。首先，客户端程序从服务器中得到服务端程序远程对象的引用，然后调用服务端程序远程对象的方法，如图 5-38 所示。

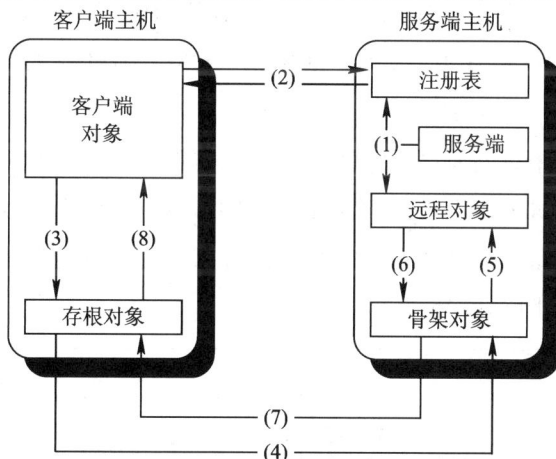

图 5-38　RMI 应用程序示意图

具体工作流程如下：

(1) 服务端程序创建一个远程对象并将其注册到注册表中；

(2) 客户端程序可以获取服务注册表中存储的对象的引用；

(3) 当客户端调用远程对象的方法时，会在与客户端对象配套的存根对象(Stub)上调用该方法；

(4) 存根对象会创建一条消息，其中包含方法的名称以及其参数(称为封装)，并将消息发送到位于服务端程序的相关骨架对象(Skeleton)；

(5) 骨架对象会从消息中提取方法名和参数(称为解封装)，并调用与其关联的远程对象上的适当方法；

(6) 远程对象执行该方法并将返回值传回骨架对象；

(7) 骨架对象再将返回值封装在消息中，并将此消息发送到存根对象；

(8) 存根对象从消息中解封装返回值，并将该值返回给客户端对象。

4. CORBA

公共对象请求代理体系结构(Common Object Request Broker Architecture，CORBA)是由对象管理组织(Object Management Group，OMG)提出的组件模型的体系结构和组件接口标准，是为解决分布式处理环境中硬件和软件系统的互连而提出的一种解决方案。

CORBA 可以称为通信中间件，定义了接口定义语言 IDL、应用编程接口 API、通信协议、物理/服务信息模型，从而通过实现对象请求代理(Object Request Broker，ORB)来激活客户机/服务器的交互，以支持异构分布式应用程序间的操作性及独立于平台和编程语言的对象重用。其中，对象请求代理基于对象模型的软件总线，主要解决对象引用的请求和建立应用对象之间的连接，通过标准接口，使这种连接独立于所使用的硬件和软件的平台。IDL 是一种中性语言，是本地语言(C#、C++、Java)到 ORB 的"桥梁"，规范了接口信息中发出请求和接收响应的模式方法，使客户对象完全独立于具体对象实现所在的位置与使用的编程语言。

CORBA 通过对象系统为客户提供服务，对象间的交互通过 ORB 传递。客户通过构造一个请求(Request)来要求得到服务，与请求相关的信息包括操作、目标对象、零或多个参数以及请求上下文。对象实现依据 ORB 接口描述，将请求交付给目标对象，并将响应返回给发出请求的客户，如图 5-39 所示。

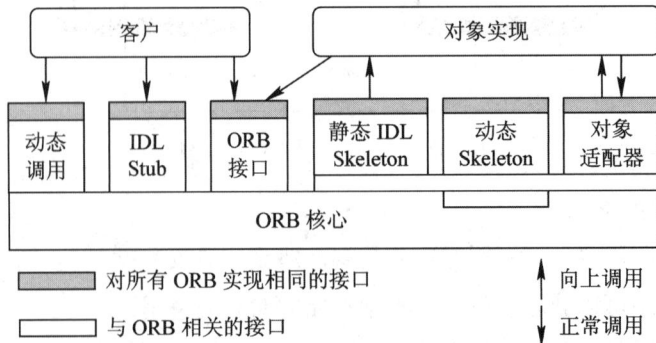

图 5-39 CORBA 应用示意图

5.4.5　事务处理中间件

事务处理中间件 TPM 技术是针对分布式环境下面向事务处理而设计的系统级解决方案，提供事务处理所需要的通信、并发访问控制、事务控制、恢复、资源管理和其他必要的服务，其核心作用是保证分布式计算环境中各节点完成事务处理的一致性，减少处理响应时间，使整体系统达到高吞吐率与高稳定性。

事务处理中间件较多应用在交易处理中，主要面向分布式交易处理的全局交易、异构环境的交易，提供了丰富的开发工具，实现广泛的互联和互操作，保证各种类型交易的完整性以及在不同网络介质甚至在不同数据库之间所进行交易的完整性。

1. 事务与分布式事务

事务(Transaction)是并发控制的基本单位。所谓事务，是一个操作序列，这些操作要么都执行，要么都不执行，是一个不可分割的工作单位。一个事务是一组完整的工作，包含许多计算任务(用户接口的交互、数据的存取，以及通信等)。事务的完成可以是提交，也可以是回滚，任何一种动作都将保证数据的一致性。任何分布式系统中的各部分必须在交易中的任何时候接收到回滚命令时，取消在这以前做的所有动作。当系统发现可以完成一个事务而不会发生任何失败时，就会提交这个事务，即对共享资源的修改变成最终有效。

事务有如下特性：

(1) 原子性：在事务内的所有操作要么一起成功，要么一起失败。

(2) 一致性：当事务失败退出时，所有在本事务中被修改的数据会被恢复到事务开始时的状态。

(3) 独立性：在事务执行过程中，已被修改但未被提交的数据，对于其他事务是不可见的。

(4) 永久性：已被提交的数据是永久的，不可再恢复的。

分布式事务是指事务的参与者、支持事务的资源服务器、服务器以及事务管理器分别位于分布式系统的不同节点之上。分布式事务通常会将整个事务(或称全局事务)分解为若干个子事务，并将这些子事务分配到不同节点去执行。分布式事务需要保证这些子事务要么全部成功，要么全部失败，其本质就是保证不同数据库的数据一致性。

2. 分布式事务处理模型

分布式事务涉及操作系统、数据库和计算机网络等不同计算机组件。这些组件来自不同的厂商，不同厂商的产品有不同的特性，因此各组件之间存在差异性，进而增加了分布式事务处理的难度。为解决参与者的差异性问题，国际开发系统组织(X/Open)定义了分布式事务处理模型，即 DTP 模型(Distributed Transaction Processing Reference Model)。

DTP 模型是一个基础软件架构，明确了事务参与者职责和相互之间的交互标准，定义了多个应用程序协作工作于一个全局事务的模式，提出了两阶段提交协议，定义了 XA(资源管理器与事务管理器的接口标准)规范，为实现分布式事务处理奠定了基础。并且在该模型基础上发展出了三阶段提交协议与 TCC(Try-Confirm-Cancel，尝试-提交-回滚)事务模型，该模型现已被大多数信息系统公司、用户机构与软件厂商所接受。

DTP 模型包含应用程序(Application Program，AP)、资源管理器(Resource Manager，RM)、事务管理器(Transaction Manager，TM)、通信资源管理器(Communication Resource Manager，CRM)、通信协议(Communication Protocol，CP)等 5 个基本功能组件，如图 5-40 所示。

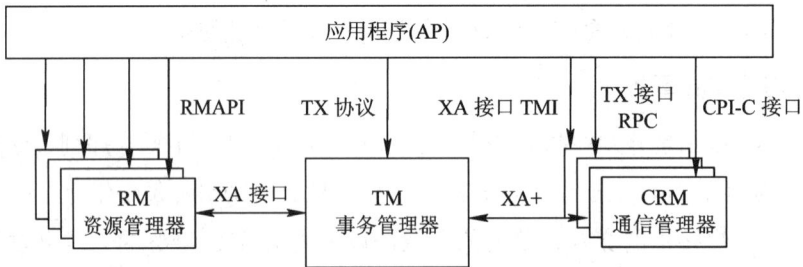

图 5-40　DTP 模型示意图

在 DTP 模型中，一个全局事务是在不同节点上进行数据处理，通过不同节点的资源管理器处理全局事务中属于自己部分的子事务。应用程序负责定义分布式事务中的操作(通常是数据库操作)以及分布式事务的起始开关，并向事务管理器发起分布式事务管理请求；事务管理器面向全局事务，接受应用程序发起的分布式事务起始请求，为分布式事务分配事务 ID，并根据各资源管理器返回的操作状态结果进行事务决策(Commit/Rollback)，将决策结果反馈给各资源管理器；资源管理器则接受应用程序的数据库操作请求，进行相关数据库操作，并向事务管理器反馈事务执行结果。

DTP 模型中各功能组件的具体内容如下：

(1) 应用程序。应用程序主要是指定义事务边界以及那些组成事务的特定于应用程序的操作。用户终端通过应用程序使用事务，发起开始、回滚和提交事务。应用程序是应用开发者用于实现事务的程序，每个应用程序都表示一系列对资源的操作，一个应用程序定义了全局交易的开始和结束。

(2) 资源管理器。资源管理器主要管理各节点共享资源的自治域，提供数据资源的标准接口，由数据库或文件系统构成。资源管理器负责单个原子事务，并且资源管理器配合事务管理器完成全局事务。

(3) 事务管理器。事务管理器主要管理全局事务，协调各节点间资源管理器的提交或回滚，协调故障恢复，确保分布式事务处理的完整性与原子性，并且完成对事务的分解、转发、优先级调度和监控，保证系统的负载平衡。

(4) 通信资源管理器。通信资源管理器主要提供可靠的通信服务，管理分布式应用程序之间的通信。通信资源管理器支持多种类型的通信方式，在一个事务管理器中可以使用不同的通信资源管理器来支持不同的通信方式。

(5) 通信协议。通信协议主要为分布式事务中的组件和节点提供底层的通信协议。

3. 中间件产品介绍

当前市场上主流的事务处理中间件包括 Seata、TCC-Transaction、ByteTCC、Easy Transaction 等。

(1) Seata。Seata 是一个由阿里巴巴集团开发的分布式事务中间件，主要解决微服务场景下面临的分布式事务问题。它具有微服务框架支持、多数据库类型支持、配置和服务注册发现、事务消息管理、分布式高可用方案等特点。

(2) TCC-Transaction。TCC-Transaction 是一个比较成熟的分布式事务解决方案，可用于解决跨库操作的数据一致性问题。它具有微服务框架支持、embedded 模式支持、多 RPC 框架支持、支持事件和任务的可视化操作等特点。

(3) ByteTCC。ByteTCC 是一个由美团公司开发的分布式事务框架。其具有 Spring 容器的声明式事务管理支持、普通事务/TCC 事务/业务补偿型事务等事务机制支持、多数据源/跨应用/跨服务器等分布式事务场景支持、长事务支持、Dubbo 服务框架支持等特点。

(4) EasyTransaction。EasyTransaction 是一个分布式 SOA 的分布式事务解决方案，具有高性能、IO 优化、框架幂支持、多种事务形态混合使用等特点。

上述四种中间件的对比分析如表 5-10 所示。

表 5-10　四种中间件对比分析

项　　目	Seata	TCC-Transaction	ByteTCC	EasyTransaction
幂等性	不支持	不支持	不支持	支持
嵌套调用	不支持	不支持	不支持	支持
RPC 框架支持	Dubbo	不耦合 RPC 框架	Dubbo/SpringCloud	Dubbo/SpringCloud/Ribbon
事务日志	file/DB/Redis	file/DB/Redis/ZK	file	DB/Redis

第6章 平台集成技术

6.1 平台集成概述

6.1.1 需求分析

当前，IT 平台基础架构正朝资源共享方向快速发展。为了能充分利用既有信息资源、减少资源重复建设、融合不同系统平台的优势，众多企业正在或已经考虑对 IT 平台基础架构进行整合及虚拟化。如何进一步提高平台资源利用效率、降低架构管理和运行成本，如何实现软件、应用、数据和硬件资源的共享成为新的挑战。

目前，企业内信息化建设有如下问题：

(1) 硬件管理复杂。企业内信息化涉及数据库服务器、Web 服务器、基础架构服务器等，服务器数量多、种类多、管理复杂，出现故障时得不到及时解决。

(2) 系统平台多样。各类型业务系统在 Windows、UNIX、Linux 等不同的操作系统上运行，其软件库版本控制与安全策略都不相同，导致其运维管理与开发存在一定困难。

(3) 系统性能瓶颈。业务高峰时，数据库系统负荷增加，出现性能瓶颈，不能及时响应用户请求，导致用户满意度下降。

(4) 采购模式变化。以往根据项目需求采购设备的方法，即当有新的业务系统需要建设时，需要针对性地采购所需的硬件平台的方法，不能满足业务经常变化的要求。

针对这些问题，目前主要从两个方面进行拓展优化，一是基于硬件平台与通用应用服务的云计算建设；二是基于系统版本控制、系统安全与国产化自主可控需求，对原有业务系统做跨操作系统的集成与迁移。

6.1.2　相关概念

1. 云计算的相关概念

云计算本质是通过分布式计算技术和虚拟化技术的融合形成的综合性软硬件服务解决方案。从狭义上讲，云计算是一种提供资源的网络，使用者可以随时获取"云"上的资源，按需求量使用；从广义上讲，云计算是与信息技术、软件、互联网相关的一种服务，它把许多计算资源集合起来，通过软件实现自动化管理。

在分布式计算技术方面，云计算将一个大型的计算任务分解为若干个小型的计算任务，再通过网络交由底层的分布式系统程序进行计算，最后再将处理结果汇总回传给用户，从而实现了云平台系统架构层面的弹性扩展；在虚拟化技术方面，云计算通过虚拟化技术，完成了对计算、存储、网络等资源的部署和再分配，以求达到 IT 资源利用效率的最大化。它主要提供了两个方面的服务：一是提供了等同于 PC/服务器与操作系统等层次的基础设施服务；二是建立在基础设施之上的平台软件服务。

2. 跨平台的相关概念

跨平台是软件开发中一个重要的概念，即程序语言、软件或硬件设备可以在多种操作系统或不同硬件架构的计算机上运作。广义而言，一般的计算机语言都可做到跨平台，开发商只需要提供各种平台下的运行库(Runtime)/中间件环境即可。严格而言，跨平台是指用某种计算机语言编制的程序只需要做小量的修改，经编译之后即可在另外一种平台下运行，此时并不提供 Runtime/中间件环境。例如，Java 是一种提供 Runtime 环境的跨平台解决方案，而 C 是一种标准且严格的跨平台语言。

6.2　云计算集成平台技术

6.2.1　云计算技术体系结构

云计算能将各种各样的基础设施资源、应用系统和软件平台等以服务的方式交付给用户，这些服务包括种类繁多的设施服务、网络服务、硬件服务、系统服务、中间件服务、应用服务等。云计算通过虚拟化和服务化的方法将资源进行标准化整合，其架构分为基础设施层、平台层和应用层三个层次。该架构每一层提供的功能都以标准服务化形式进行封装，利用网络提供给用户，不同的层次提供不同的云服务。云计算技术体系结构如图 6-1 所示。

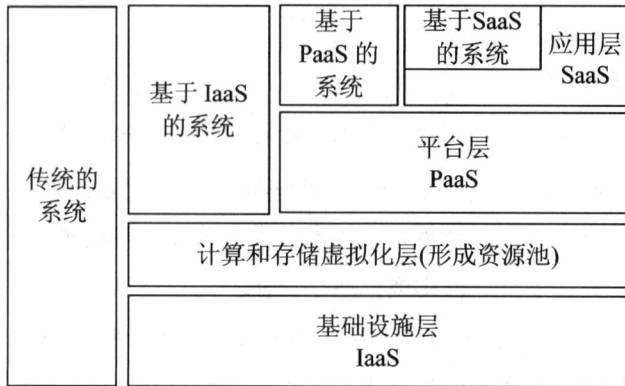

图 6-1　云计算技术体系结构

云计算技术体系中三个层次的具体内容如下：

(1) 基础设施层。基础设施层主要提供硬件资源的虚拟化服务，将以服务器为主的计算资源、存储设施资源以及网络设施资源等硬件资源，通过虚拟化封装技术进行抽象化封装与资源池化，从而实现资源的按需分配和快速部署，形成共享资源池，供上层或终端用户使用。基础设施层的服务资源一般可分为计算资源、数据存储和通信，可提供如虚拟化计算集群、逻辑文件系统和数据库等服务。

(2) 平台层。平台层在基础设施层提供的资源的基础上，通过集成操作系统、特殊工具以及中间件等提供平台服务，提供应用程序运行和维护所需的平台资源。平台层主要是为应用程序提供应用部署环境，可以提供如并行程序设计和开发环境、结构化海量数据的分布式存储管理系统、海量数据分布式文件系统以及实现云计算的其他系统管理工具等服务环境，使用户无须下载、安装应用程序所需的部署环境，即可建立和运行自己定义的应用程序。

(3) 应用层。应用层直接面向客户需求，向企业客户提供 CRM、ERP、OA 等应用软件。这些软件以服务的方式进行提供：一是可以为用户提供可视化界面；二是可将某些特定的应用软件功能封装成服务，以 API 的方式发布出来。这样使得客户只需要进行应用软件的核心业务管理，不需要管理或控制底层网络、服务器、操作系统、存储等基础设施。

6.2.2　云计算架构服务

云计算的服务模式一直在不断进化，目前其按照服务模式来进行划分，大致可分为基础设施即服务(Infrastructure as a Service，IaaS)、平台即服务(Platform as a Service，PaaS)和软件即服务(Software as a Service，SaaS)三大类，如图 6-2 所示。

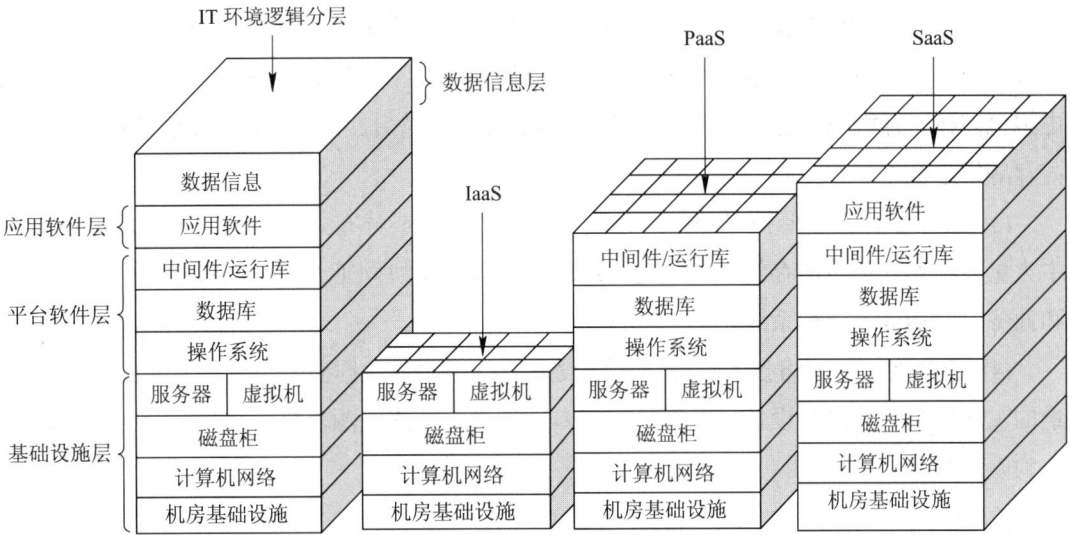

图 6-2　云计算服务模式示意图

1. 基础设施即服务

基础设施即服务 IaaS 是向用户提供硬件服务器、虚拟主机、存储、网络设备等基础设施的服务以及负载均衡器、防火墙、公网 IP 地址和 DNS 等基础应用的服务。

1) 服务内容

云服务商维护管理计算机网络、磁盘柜、服务器和虚拟机等硬件设施，云服务用户自己安装和管理操作系统、数据库、中间件、应用软件和数据信息。

2) 主要优势

与传统的企业数据中心相比，IaaS 在很多方面都存在一定的优势，主要包括：

(1) 免维护。主要的维护工作都由云服务商负责。

(2) 低成本。免去了用户前期的硬件购置成本。由于 IaaS 大都采用虚拟化技术，其应用和服务器的整合率普遍在 10 倍以上，有效降低了使用成本。

(3) 开放标准。通过开放虚拟化格式(Open Virtualization Format，OVF)，IaaS 应用能在多个云平台上灵活地被迁移，而不会被固定在某个企业数据中心内。

(4) 支持应用广泛。IaaS 主要是提供虚拟机，可支持多种操作系统。

(5) 伸缩性强。IaaS 只需几分钟就可提供一个新的计算资源，且计算资源可根据用户需求来调整变化。

3) 关键技术

(1) 虚拟化技术。虚拟化技术是指在一个物理服务器上生成多个虚拟机，并且能在这些虚拟机之间实现全面隔离的技术。它不仅能降低服务器的购置成本，而且还能降低服务器的运维成本。

(2) 云计算管理技术。通过云计算管理技术，可完成计算资源调度、资源评估、设备弹性拓展等，并且管理虚拟机实例的整个生命周期，根据用户需求来提供虚拟服务，实现虚拟机创建、开机、关机、挂起、暂停、调整、迁移、重启、销毁等操作，以及配置 CPU、内存等信息规格。

(3) 云存储。云存储技术是指通过集群应用、网络或分布式文件系统等技术，将网络中大量各种不同类型的存储设备通过应用软件集合起来协同工作，共同对外提供数据存储和业务访问功能的一种系统。

(4) 云网络。云网络技术通过将网络设备的控制面与数据面分离开来，实现了网络流量的灵活控制，使网络设备功能不再依赖专用硬件，网络资源可以充分灵活共享，使网络作为管道变得更加智能。

2. 平台即服务

平台即服务 PaaS 是向用户提供一种软件运行维护平台服务，通过云服务模式，为用户自定义软件提供开发、测试、部署、运行的平台环境。

1) 服务内容

云服务商提供操作系统、数据库、中间件等运行管理环境，云服务用户安装和管理应用软件。

2) 主要优势

与现有的基于本地的开发和部署环境相比，PaaS 主要有以下优势：

(1) 友好的开发运行环境。它为用户提供多粒度、可定制化的开发与测试环境，并支持用户对数据与应用的远程部署。

(2) 丰富的服务。PaaS 服务会以 API 的形式将各类型服务提供给上层应用。

(3) 精细的管理和监控。PaaS 能够提供针对应用层的管理和监控，能够观察应用运行的情况和具体数值来更好地衡量应用的运行状态。

(4) 多用户机制。PaaS 服务都自带多用户机制，可支撑庞大的用户规模，而且能提供可定制性用户管理策略以满足用户的特殊需求。

3) 关键技术

(1) API 网关。通过 API 网关技术，可完成 PaaS 服务访问的授权、身份验证、限流、负载均衡、缓存和安全措施等。

(2) 容器技术。通过容器技术，可为用户提供一致的开发测试和生产环境，简化了部署和扩展的过程。

(3) 并行处理。通过并行处理技术，可综合利用庞大的服务器集群进行规模巨大的并行处理计算。

3. 软件即服务

软件即服务 SaaS 是通过云服务模式向用户提供一种软件服务，用户只需要通过浏览器或者软件客户端就可以使用在云端运行的应用。

1) 服务内容

云服务商提供定制化的客户服务软件，并提供该软件所需的维护管理环境，用户负责软件使用与数据信息维护。

2) 主要优势

与传统的应用软件相比，SaaS 主要有以下优势：

(1) 可重复使用。SaaS 解决方案实施起来速度更快、成本更低，且可重复使用，降低了一定的工作量。

(2) 降低企业成本。SaaS 不需要额外的硬件和中间件，降低了安装和实施成本，企业在很大程度上不需要额外的人力和财力来维持其核心业务，缓解了对软硬件运行环境的运维压力。

(3) 缩减部署时间。与传统软件部署相比，SaaS 应用程序的软硬件运行环境安装和配置过程简单方便，缩短了部署时间。

(4) 可扩展性和集成性。SaaS 可基于云环境动态调整部署硬件服务资源，灵活地扩展 SaaS 的计算与网络条件，以满足不断增长的数据或事务需求。

3) 关键技术

(1) 多租户技术。通过多租户技术，能够让一个单独的应用实例为多个用户服务，而且能保持良好的隔离性和安全性。

(2) 负载均衡器。通过负载均衡器技术，可以将用户请求分配给多个应用程序云服务器，可以通过监测服务器的使用情况、负载和可用性等因素分配请求。

(3) 消息队列。消息队列是处理异步任务和并发请求的重要组件，其允许请求被异步处理和返回，从而提高系统的可扩展性和可用性。

6.2.3　云计算部署模式

根据用户来源及服务管理对象，将云计算部署模式分为公有云、私有云、社区云及混合云。其中，公有云为出租给公众的大型的基础设施的云；私有云为企业利用自有或租用的基础设施资源自建的云；社区云为特定社区或行业所构建的共享基础设施的云；混合云为由两种或两种以上部署模式组成的云。

1. 公有云

公有云是由云服务厂商面对公众开发的云服务，一般可通过 Internet 提供各种 IT 资源，可以支持大量用户的并发请求。公有云的所有权、日常管理和操作的主体可以是商业组织、学术结构、政府部门等，公有云通常在远离客户建筑物的地方托管，而且可提供灵活部署与扩展的基础设施，可有效降低客户风险和成本。云端可能部署在本地，也可能部署于其他地方，如图 6-3 所示。

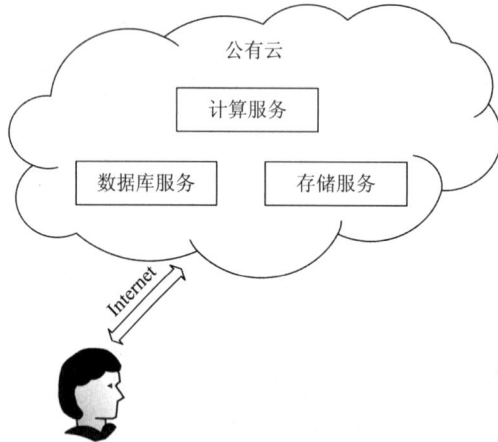

图 6-3　公有云服务示意图

公有云的优势为用户所使用的程序及相关数据都存放在公有云的平台上，无需前期的投量投资和漫长建设过程；具有规模优势，其运营成本比较低；用户只需为其所使用的服务付费，可节省使用成本。其劣势为：使用公有云时存在一定的数据安全和隐私等风险。

2. 私有云

私有云是为某个特定用户/机构单独使用而构建的云服务，只能实现小范围内的资源优化，提供对数据、安全性和服务质量的有效控制。该用户拥有私有云的基础设施，并可以控制在此基础设施上部署应用程序的方式。这种云计算模式可产生非常广泛的正面效益，为所有者提供具备充分优势和功能的服务。私有云可部署在企业数据中心的防火墙内，也可以部署在一个安全的主机托管场所。私有云的核心属性是专有资源，如图 6-4 所示。

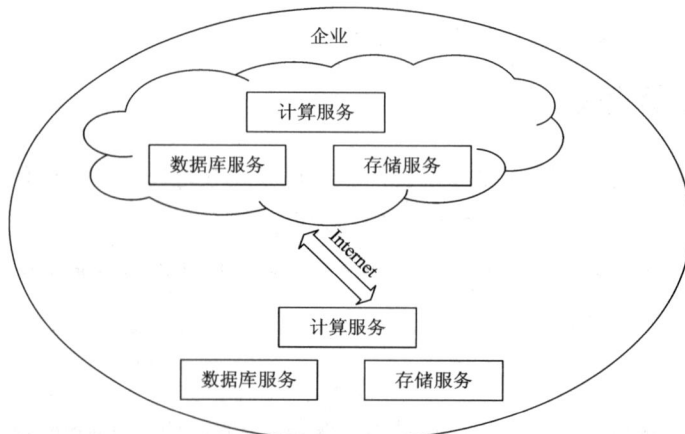

图 6-4　私有云服务示意图

私有云部署在用户/机构内部网络，可以支持动态灵活的基础设施，降低 IT 架构的复杂度，降低企业 IT 运营成本；私有云一般部署在防火墙后，对于数据服务而言非常安全；私有云不受网络不稳定的影响，服务质量稳定。但私有云的劣势是企业需要进行大量的前期投资，需要采用传统的商业模型；私有云的规模相对于公有云要小得多，无法充分发挥规模效应。

3. 社区云

社区云是介于公有云与私有云之间的一种部署模式，拥有由几个用户组织共享的云端基础设施，服务对象是特定范围的群体。这种模式中多个特定用户共享一套基础设施，因此所产生的成本由其共同承担。社区云的所有权、日常管理和操作的主体可能是本社区内的一个或多个用户，也可能是社区外的第三方机构，还可能是二者的联合，如图 6-5 所示。

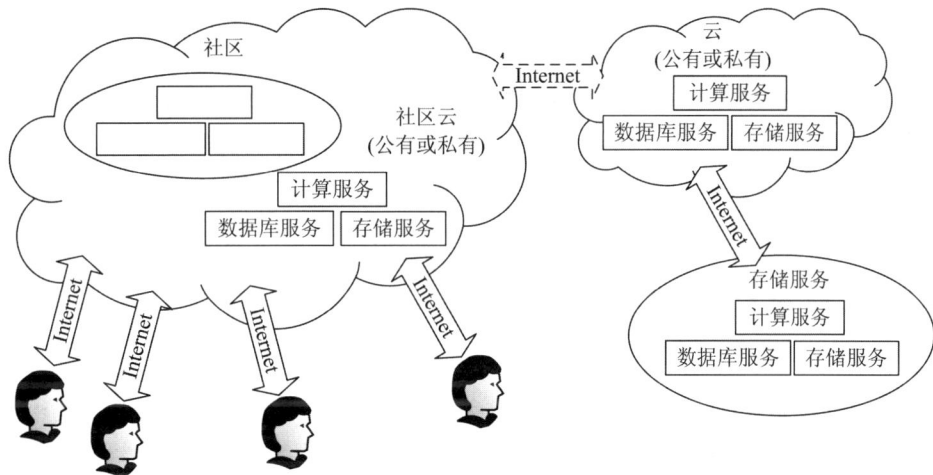

图 6-5 社区云服务示意图

社区云的优势为：社区云集合了拥有共同目标的用户一起使用云资源，其投资成本相对于单一用户更加低廉，维护运营更加简单；本身是数据应用者，同时也可能是数据管理者，因此数据较为安全。其劣势为：社区群体作为一组绑定群体，后期目标调整较为困难，需要多家协商进行；能够发挥的规模效应较为有限。

4. 混合云

混合云是由两个或两个以上不同类型的云(公有云、私有云、社区云)组成的，它们各自独立。混合云采用标准的或专有的技术将不同类型的云组合起来，如将公有云和私有云进行混合和匹配，可以兼顾应用公有云的计算资源及私有云的核心数据存储安全性等优点，并且可实现云之间数据和应用程序的平滑流转，可以发挥所混合的多种云计算模型各自的优势，如图 6-6 所示。

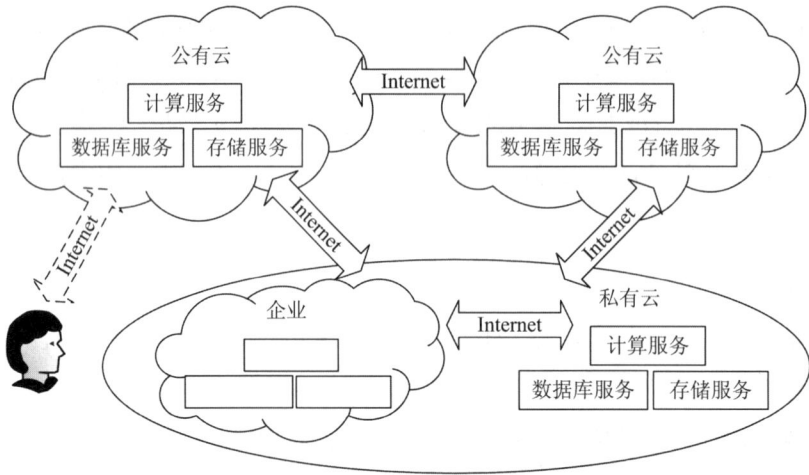

图 6-6   混合云服务示意图

混合云的优势为：在混合云部署模式下，公有云和私有云相互独立，但在云的内部又相互结合，可以发挥所混合的多种云计算模型各自的优势；通过混合云，企业可以在私有云的秘密性和公有云的低廉性之间做一定的权衡。其劣势为混合云的部署方式对提供者的要求较高。

6.3 跨平台系统集成

6.3.1 跨平台程序开发

1. 跨平台编程语言

从绝对意义上说，大部分计算机语言都是跨平台的，因为它们都是以高级的、人类可读的方式来对 CPU 发送指令，也就没必要依赖任何操作系统。但应用开发时一般需要使用软件厂商所提供的开发平台解决方案，其解决方案中往往会使用操作系统的相关函数来完成一些复杂功能，因而一般的功能性软件尤其是桌面软件很难满足跨平台需求。例如在 Microsoft 提供的 Visual Studio 开发平台中，其针对 C++语言提供的 MFC 桌面开发解决方案封装了大量的 Windows 句柄类和很多 Windows 内建的控件和组件封装类，因此该解决方案与 Windows 操作系统紧相关，无法满足跨平台需求。

针对此类情况，一般需要使用软件厂商提供的针对性跨平台方案，如针对 Windows、Linux、iOS、Android、macOS 等不同的电脑/移动平台的方案，以使用其特定系统的 API 函数/类库。例如针对不同平台的文件存取功能，跨平台解决方案会集成各自平台下文件存取的库，会根据要运行在指定系统的使用需求，在应用程序编译生成时选择不同的库，从而达到在不同系统间跨平台运行的效果。

在这里需要说明的是，跨平台开发涉及软件开发的多个层次。一是针对服务端应用的跨平台开发，现在主流的软件厂商都提供了整合多应用场景的服务端应用开发方案，其中较为流行的是 SOAP Web Service 与 REST Web Service 等技术方案的整合，如 Java 提供的 Spring MVC、Visual Studio 提供的 .NET Core Web API、RAD Studio 提供的 Web Server Application 等，这些开发方案通过外部标准协议接口模式统一桌面应用、手机应用与 Web 应用等在各不同系统平台间的数据传输交互。二是针对 Web 应用程序的跨平台开发，这种方式可依托浏览器完成跨平台访问，并且通过 Tomcat 等 Web 服务器满足跨平台服务部署需求，此外也可通过 Docker 等虚拟化技术满足不同操作系统的跨平台部署需求。三是针对桌面端应用程序的跨平台开发，主要依托各软件厂商提供的桌面应用开发方案，如针对 C# 语言提供的 Mono 及 Xamarin 方案，针对 C++/Python 语言提供的 QT 桌面方案，针对 Delphi 语言提供的 FireMonkey 方案。四是针对轻应用平台程序开发，主要采用 React Native 技术，满足对微信、支付宝、百度小程序等轻量级应用的一站式开发。跨平台开发程序对比如表 6-1 所示。

表 6-1　跨平台开发程序对比

程序类型	语　言	解　决　方　案	支持的操作系统
服务端应用 程序	C#	.NET Core Web API	Windows、Linux
	Java	Spring MVC、Axis2、Apche CXF	Windows、Linux
	Delphi	Web Server Application	Windows、Linux
	JavaScript	Node.js	Windows、Linux
Web 应用 程序	C#	ASP .NET Web /ASP .NET Core Web	桌面浏览器、手机浏览器
	Java	Spring Boot、Struts、Wicket	桌面浏览器、手机浏览器
	Delphi	uniGUI	桌面浏览器、手机浏览器
桌面端应用 程序	C++	QT	Windows、Linux
	Python	QT	Windows、Linux
	Java	AWT、Swing、android SDK	Windows、Linux、Android
	C#	Mono、Xamarin	Windows、Linux、iOS、Android、macOS
	Delphi	FireMonkey	Windows、iOS、Android、macOS
	JavaScript	React Native、Flutter、Ionic	Android、iOS
轻应用平台 程序	JavaScript	FinClip、mPaaS	微信、支付宝、百度小程序

2. 服务端应用程序

服务端应用程序需要访问数据库,并提供内容服务及相关基础应用服务,其跨平台的核心是通过 Web 服务技术规范其业务映射与服务内容等控制策略,并将其以标准的 JSON、XML 等数据形式提供给不同类型的业务系统。

软件厂商给出的服务端应用程序开发策略一般都支持 Windows、Linux 等不同服务器,相关开发技术也较为成熟,开发难度较低。其跨平台集成的关键是提取手机应用、桌面应用与 Web 应用等不同类型、不同操作系统的应用程序的业务,并将其用统一的模式发布出来,以满足不同场景的业务服务需求。

图 6-7 为电子商城系统服务端应用程序架构图。对于电子商城系统,需要配置手机端电子商城 APP(iOS、Android)、电子商城网站(手机 Web 程序、桌面 Web 程序)与电子商城运维管理软件(Windows 桌面程序)。通过微服务的形式将该系统分为身份管理、产品目录管理、订单管理、购物车管理、位置管理、支付管理等应用模块,并将其发布,以供不同类型的应用软件进行交互调用,通过不同的数据库访问组件对相应类型的数据库进行管理与操作。

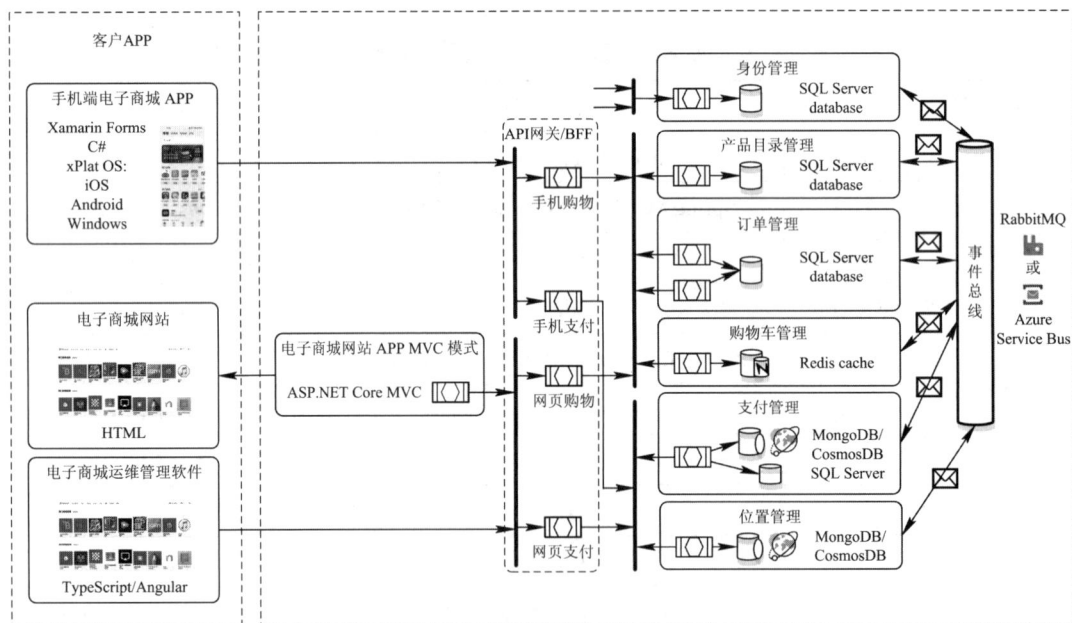

图 6-7   电子商城系统服务端应用程序架构图

3. Web 应用程序

Web 应用程序是一种可以通过 Web 访问的应用程序,这种应用程序的最大好处是方便用户访问,用户只需要浏览器即可,不需要再安装其他软件。其开发策略与部署模式都较为成熟,对各类型系统的跨平台支持也较好。Web 应用程序的跨平台应用主要取决于前端浏览支持与服务环境支撑等两个方面。前端浏览支持主要是针对浏览器的跨平台性能约束而提供支持，如 IE、Microsoft Edge、Internet Explorer 等浏览器不支持 Linux 操作系统，但 Google Chrome、Firefox 等浏览器均可支持 Windows、Linux 等多种操作系统，这里需要说明的是针对手机浏览器的 Web 应用程序，一般需要在桌面浏览器的 Web 程序的基础上进行一定的前端优化。

服务环境支撑主要是指基于 Web 容器的跨平台支持，如 Tomcat、WebSphere、WebLogic、.NET Core 等 Web 容器具备跨平台支持能力，也可采用通过 Docker 等虚拟化技术构建所需要的映射操作系统环境进行定制化部署，以满足跨平台需求。

4．桌面端应用程序

桌面端应用程序是面向特定计算机操作系统(Windows、Linux)完成某项或多项特定工作，并采用图形化界面方式和用户进行交互的计算机程序。由于受到操作系统 API 的版本限制，其跨平台开发策略非常复杂，各软件厂商提供的跨平台开发方案很难支持各种繁杂的应用需求，并且对操作系统的版本限制较高。一般来说，其跨平台开发方案能较好地支持较为简单的业务需求场景，不适合复杂业务系统的开发。

需要注意的是，虽然各软件厂商给出了配套的跨平台开发方案，但是对于不同的操作系统如没有采用原生、成熟的开发方案，在面对硬件集成、接口调用、算法开发等场景时，跨平台开发方案可能会缺乏很好的工具组件支持，这将会造成一定的开发负担。例如针对 C#语言提供的 Xamarin 方案在 Android 开发中对于新硬件传感器的支持，需要完成对 Java 接口类的交互开发，其开发与调试难度均比原生的 Android Studio 方案复杂。为了满足多操作系统的应用需求，各厂商的跨平台开发方案均存在一定功能性的裁剪，导致其功能性较专用的原生开发工具存在一定差距。并且，由于桌面端与移动端的尺寸比例问题，其前端 GUI 设计通常需要进行优化或者功能裁剪，会导致工作量增加、代码冗余等系列问题。

5．轻应用平台程序

随着移动网络的成熟与广泛应用，及手机浏览器、微信、支付宝、百度等程序的应用，对于不同轻应用平台程序的融合开发逐渐成为系统集成的一个重要需求。这样一方面能够缩减开发人数，节省开发成木，另一方面代码统一，避免了不同平台版本分支导致的用户体验差异。

为了对各类型的移动程序采用统一的集成开发，出现了将 React Native 跨平台移动应用开发框架与小程序容器技术相结合的开发策略，如 FinClip 小程序容器技术、mPaaS 蚂蚁移动开发平台，可以在同一个代码库中同时构建适用于 iOS、Android 和小程序平台的应用程序，可根据不同的需求进行定制化部署。这里需要注意的是，该项技术目前对跨平台开发方案的依赖非常高，由于各类型小程序的应用版本迭代较快，其部署运维都会存在一定问题。

6.3.2 跨平台桌面共享

1. 需求分析

桌面共享是指两台或者多台电脑之间可以相互观看并控制彼此的桌面。该技术可以让用户在不同地方无缝地使用和更新同一台计算机,无论是从远程还是从本地,用户都可以非常方便地操作系统环境与应用软件,非常安全和可靠,而且易于管理。

一般企业的终端操作系统有 Windows、Mac OS、Linux 等。为了让各类型终端可以相互访问与操作,需要采用一定的技术手段在本地电脑上截取屏幕内容,并将其传输给远程电脑。这里技术手段主要分为三个层次,一是桌面共享,通过操作系统提供的 API,将屏幕内容直接截取并压缩成图像或视频流,然后通过网络传输给远程用户;二是应用程序共享,只共享某个应用程序的窗口或标签页的内容,而不是整个屏幕;三是浏览器插件共享,即使用浏览器插件来捕捉屏幕内容并传输给远程用户。

常用的跨平台桌面共享技术主要包括两类:一是通过命令行程序,即远程登录异地需要管理的终端,通过工作命令行的方式管理驱动异地终端,如 Telnet 协议、SSH(Secure Shell,安全外壳协议)等;二是通过屏幕画面分享及远程操作等方式,即通过网络传送键盘、鼠标动作与即时屏幕画面等方式管理驱动异地终端,如 VNC(Virtual Network Console,虚拟网络控制台)、远程桌面等。

2. Telnet

Telnet 协议是 TCP/IP 协议族中的一员,是远程登录服务的标准协议和主要方式,为用户提供了在本地计算机上完成登录远程主机工作的能力。在终端使用者的电脑上使用 Telnet 程序,用于连接服务器。当使用 Telnet 登录进入远程计算机系统时,启动了两个程序:一个是 Telnet 客户程序,运行在终端使用者的电脑上;另一个是 Telnet 服务器程序,运行在要登录的远程计算机上。终端使用者可以在 Telnet 程序中输入命令,这些命令会在服务器上运行,就像直接在服务器的控制台上输入一样,因而可以用本地终端直接操纵远程计算机,享受与远程计算机本地终端同样的操作权限。

Telnet 是常用的远程控制 Web 服务器的方法,可以支持 Windows、Linux 等操作系统。其具备使用简单、传输数据量小、占用带宽少等优点,但由于用户登录信息与命令行信息都以明文方式传送而没有采取任何安全措施,在网络上非常容易被嗅探到,从而受到“中间人”方式的网络攻击。因此,Telnet 基本上被 SSH 所取代。

3. SSH

SSH 协议是由国际互联网工程任务组(the Internet Engineering Task Force,IETF)制定的,是建立在应用层基础上的安全协议。SSH 协议是专为远程登录会话和其他网络服务提供安全性的协议,可以让用户在不安全的网络中安全地连接到远程主机。

与 Telnet 相比，SSH 使用加密技术来保护数据传输，在传输层协议中提供了服务器认证、保密性及完整性验证，在用户认证协议中实现了服务器与客户端之间的身份认证，在连接协议中将多个加密隧道分成逻辑通道用于提供交互式登录话路与远程命令执行。并且 SSH 提供基于口令与基于密钥两种级别的安全验证方式。

因此，利用 SSH 协议可以有效防止远程管理过程中的信息泄露问题，防止采用"中间人"这种攻击方式进行 DNS 欺骗和 IP 欺骗。并且 SSH 将传输的数据进行压缩，可加快传输的速度。当前市场上有多款 SSH 客户端工具软件，如 OpenSSH、Termius、PuTTY、Xshell 等软件，已经适用于多种平台，包括 Windows、Linux、iOS、Android 等。

4. VNC

虚拟网络控制台 VNC 是一种使用 RFB(Remote Frame Buffer，远程帧缓冲)协议的屏幕画面分享及远程控制工具软件。RFB 是一个远程图形用户的简单协议，其工作在帧缓存级别，可应用于所有窗口系统，如 Windows、Linux、iOS、Android 等。VNC 的实现原理就是将被控制计算机的屏幕截图传输到控制计算机上，然后将控制计算机的鼠标和键盘事件发送给被控制的计算机。另外，服务器端还内建了 Java Web 接口，即使目前操作的主控端计算机没有安装客户端应用程序，也可以通过一般的网页浏览器来控制被控端，只要该浏览器支持 Java 即可。

VNC 基本上是由客户端的应用程序(VNC Viewer)与服务器端的应用程序(VNC Server)组成的。其中，VNC Server 是在被控制的计算机上运行的程序，负责管理屏幕截图和鼠标键盘事件的处理，每 200～300 ms 截取一次远程桌面图像，并将其编码为 RFB 协议格式的数据包通过网络传输到 VNC Viewer 上，而 VNC Viewer 则是在控制计算机上运行的程序，接收来自 VNC Server 的数据包解码并显示至桌面图像，并将本地的鼠标键盘事件发送给 VNC Server，完成远程控制。

5. 远程桌面

远程桌面是服务器管理员对服务器进行基于图形界面的远程管理，其核心协议是远程桌面协议(Remote Desktop Protocol，RDP)。远程桌面协议是一个多通道的协议，让使用者的计算机(用户端)连上提供远程终端机服务的计算机(服务端)。远程桌面协议最初是仅支持 Windows 的协议，为了使远程桌面访问更加方便，微软公司为 Linux、MacOS、iOS 和 Android 开发了不同的客户端应用程序。

6.3.3　跨平台文件共享

1. 需求分析

跨平台文件共享就是通过使用合适的网络设备和操作系统工具，实现跨平台的系统之间共享文件。为了让 Windows、Mac OS、Linux 等不同操作系统的终端可以相互共享传输文件，一般通过两类技术完成，一是通过规范的文件传输协议，采用客户机/服务器模式完成文件的双向传输，如 FTP/SFTP 等技术；二是通过文件共享服务，允许远程客户端以与本地文件系统类似的方式，通过网络来访问获取文件，如 Samba/NFS 网络文件系统等技术。

2. FTP/SFTP

1) FTP

文件传输协议 FTP 用于文件的双向传输。该协议是互联网文件传送的基础，由一系列规格说明文档组成。FTP 的目标是提高文件的共享性，提供非直接使用远程计算机，使存储介质对用户透明并可靠、高效地传送数据。

与大多数网络服务一样，FTP 使用 TCP/IP 协议，采用客户机/服务器模式。FTP 允许用户以文件操作的方式与另一主机相互通信，用户不需要真正登录到计算机上完成文件存取。它通过支持 FTP 协议的客户机程序连接到在远程主机上的 FTP 服务器程序，向服务器程序发出命令，服务器程序执行用户所发出的命令，将执行的结果返回到客户机。

不同的操作系统有不同的 FTP 应用程序，而所有这些应用程序都遵守同一种协议以传输文件。在 FTP 的使用中，存在"下载"(Download)和"上传"(Upload)两种状态。下载文件就是从远程主机拷贝文件至自己的计算机上；上传文件就是将文件从自己的计算机中拷贝至远程主机上。用户可通过客户机程序对远程计算机执行上传(下载)文件操作。FTP 在两台通信的主机之间使用了两条 TCP 连接，一条是数据连接，用于数据传送；另一条是控制连接，用于传送控制信息(命令和响应)，这种将命令和数据分开传送的模式提高了 FTP 的效率，如图 6-8 所示。

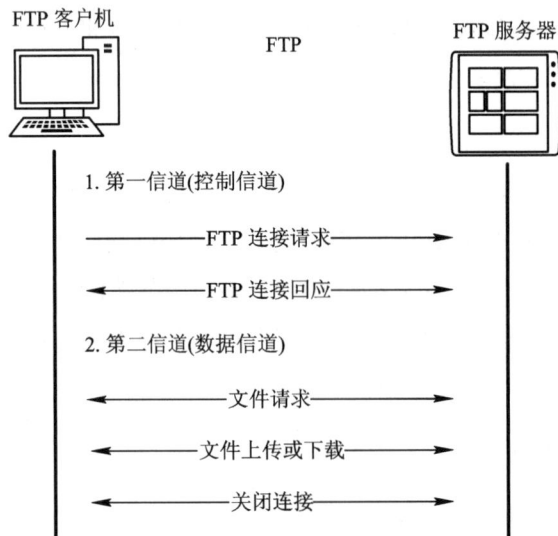

图 6-8   FTP 传输模式显示

2) SFTP

SFTP(SSH File Transfer Protocol)是一种基于安全外壳 SSH 的安全的文件传输协议。使用 SFTP 协议可以在文件传输过程中提供一种安全的网络加密算法，保证数据的安全传输。

SFTP 在语法和功能上与 FTP 几乎一致。由于 SFTP 作为 SSH 的一个组件存在，数据传输必须通过 SSH 安全通道进行。相对于 FTP，使用 SFTP 传输会更加安全可靠。但是，由于采用了加密/解密技术，其传输效率比 FTP 要低。当用户对网络安全性要求更高时，可以使用 SFTP 代替 FTP，如图 6-9 所示。

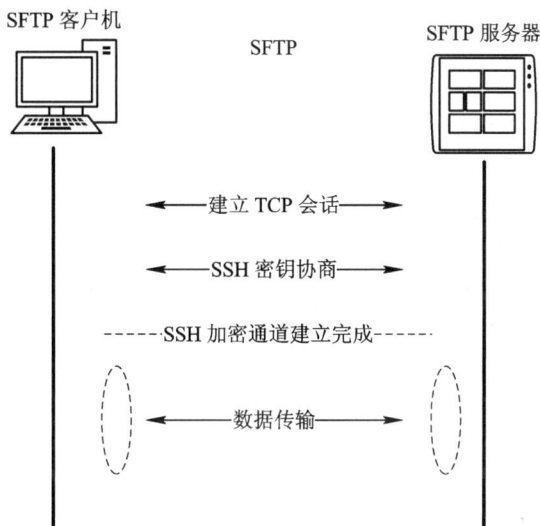

图 6-9　SFTP 传输模式显示

3. Samba

Samba 是在 Linux 与 Windows 操作系统上实现 SMB(Server Message Block，服务消息块)/CIFS(Common Internet File System，通用互联网文件系统)协定的软件，为局域网内的不同计算机之间提供文件及打印机等资源的共享服务。SMB 协议用于 Web 连接和客户端与服务器之间的信息沟通。CIFS 协议是 SMB 的另一种实现，使程序可以访问远程 Internet 计算机的文件并要求此计算机提供服务。Samba 采用的是客户机/服务器模式，客户机通过该协议可访问服务器上的共享文件系统、打印机及其他资源。

Samba 服务器提供 smbd、nmbd 两个服务进程。smbd 的主要功能就是用来管理 Samba 服务器上的共享目录、打印机等，主要是针对网络上的共享资源进行管理的服务。当要访问服务器查找共享文件时，依靠 smbd 这个进程来管理数据传输。nmbd 的主要功能是进行协议解析，并提供浏览服务以显示网络上的共享资源列表。

当客户端访问服务器时，信息通过 SMB/CIFS 协议进行传输，其工作过程可以分成协议协商、建立连接、访问共享资源、断开连接等步骤，如图 6-10 所示。具体步骤如下：

(1) 协议协商：客户端访问服务器时，发送 negprot 请求；服务器发送 negprot 响应客户端请求。

(2) 建立连接：客户端发送 Session setup 指令数据包，提交账号和密码，请求与服务器建立连接；服务器对 Session setup 请求作出回应，并为客户分配唯一的 UID(用户标识)，在客户端与其通信时使用。

(3) 访问共享资源：客户端访问服务器的共享资源时，发送 Tree connect 指令数据包；服务器响应该报文，并为每个客户端与共享资源的连接分配 TID(线程标识符)，客户端即可访问需要的共享资源。

(4) 断开连接：客户端发送 Tree disconnect 请求；服务器对该请求作出回应，断开连接。

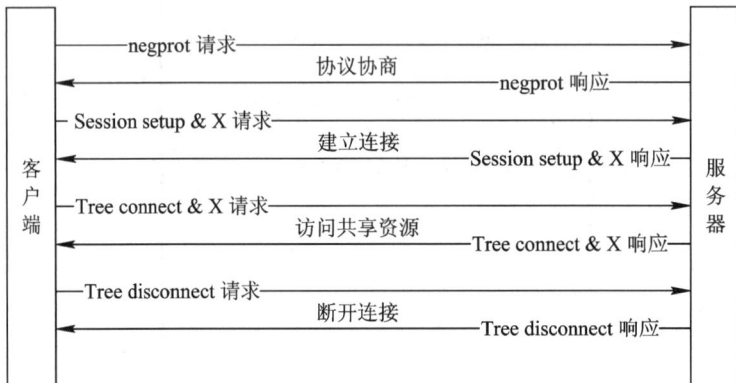

图 6-10　Samba 工作原理示意图

4. NFS 网络共享

网络文件系统(Network File System，NFS)是通过网络让不同操作系统与计算机之间共享文件或目录，是 Samba 之外各种操作系统之间共享文件的另一种常用方法。NFS 服务是基于远程过程调用 RPC 机制来实现的共享文件系统，其提供了一组与机器、操作系统以及底层传送协议无关的存取远程文件的操作，使得不同操作系统之间共享文件变得非常便利。

NFS 客户端可以通过挂载的方式将 NFS 服务器端共享的数据目录挂载到 NFS 客户端本地系统中。从客户端本地看，NFS 服务器端共享的目录就好像是客户端自己的磁盘分区或者目录一样，而实际上却是远端的 NFS 服务器目录。

NFS 的工作原理是使用客户端/服务器架构，由客户端程序和服务器程序组成，服务器程序向其他计算机提供对文件系统的访问，NFS 客户端程序对共享文件系统进行访问时，NFS 服务器将所需文件以 8 KB 为单位提供输出。其工作原理如图 6-11 所示。

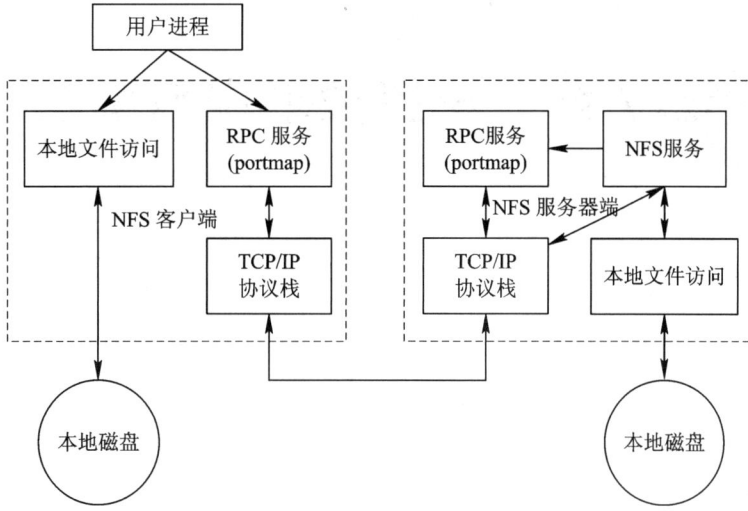

图 6-11　NFS 工作原理示意图

第 7 章　典型技术应用实例

7.1　校园网络系统集成

7.1.1　建设需求分析

校园网络是建设在学校区域内为学校教育教学提供资源共享、信息交流和协同工作的计算机网络信息系统。校园网络具有以下特点：

(1) 用户扩展速度快。随着计算机与便携式终端的普及，网络接入用户数量增长很快。

(2) 安全正遭受严峻挑战。病毒、外部入侵、拒绝服务攻击、内部的误用和滥用，以及各种灾难事故的发生，时刻威胁着网络的业务运转和信息安全。

(3) 网络使用情况多。校园网内主要使用网络进行 FTP 文件传输、科研工作、教学工作、公文传输、VOD(Video On Demand)视频点播、课件点播、在线音乐、在线影视、网络游戏等网络应用，导致网络流量巨大。

(4) 不易管理。网络中经常发生 IP 地址盗用、IP 地址冲突、设置代理服务器等问题。

(5) IPv6 需求。校园网络信息点数量多，IPv4 地址无法满足这样的需求，而且校园内部大量使用内部地址，给网上组播、加密传输等应用带来困难，因此校园网络设备应考虑能够支持 IPv6，为校园网络过渡到 IPv6 提供硬件基础。

1. 基本需求

校园网是一种为学校学习活动、教学活动、科研活动和管理活动服务的校园内局域网，且构建在多媒体技术和现代网络技术之上并与因特网连接。校园网的运作模式带来了大量动态的应用数据传输，相当一部分应用的主服务器有高速接入网络的需求，这就要求网络有足够的主干带宽和扩展能力。同时，一些新的应用类型，如网络教学、视频直播广播等，也对网络提出了支持多点广播和宽带高速接入的要求。除上述考虑外，由于逻辑上业务网和管理网必须分开，校园网建成后应能提供多个网段的划分和隔离，并能做到灵活改变配置，以适应教学办公环境的调整和变化，以及实现移动教学办公的要求。基于上述需求，数据信息点的接入采用交换 10/100 Mb/s 自适应以太网端口接入为主，以供带宽需求较高的用户或应用使用。

2. 功能需求

如图 7-1 所示，校园网络建设功能需求如下：

(1) 满足计算机教学科研、行政办公需要，提供各种教学、办公工具和支撑平台，并提供丰富的计算机软硬件系统资源。

(2) 具有完善的办公事务处理能力，包括电子公文传递、电子公文管理、电子邮件、邮件收发等无纸办公自动化功能。

(3) 满足信息情报交流的需要，方便学校各级领导和教学科研人员对各种信息资料、科技情报的检索和查阅，包括 Web 查询、电子公告、电子新闻等。

(4) 具有远程通信能力，借助电话网等通信手段，以最低的通信成本方便地实现远程互联，跨越地域限制，满足学校要求，加强各单位之间的业务联系和信息资源共享。

(5) 具有收集、处理、查询、统计各类信息资源的能力，充分利用原有数据资源，为学校领导提供准确、快捷的数字信息，实现数据化管理和智能化决策。

(6) 确保整个计算机网络系统的可靠性、安全性，容错能力强，确保信息处理安全保密。

(7) 要保证实用和技术先进，便于非计算机专业人员使用，并能不断满足学校未来业务发展的需要，具备一定的扩展性与冗余能力。

(8) 系统设计必须开放灵活，采用开放的技术标准，避免出现系统互联障碍。

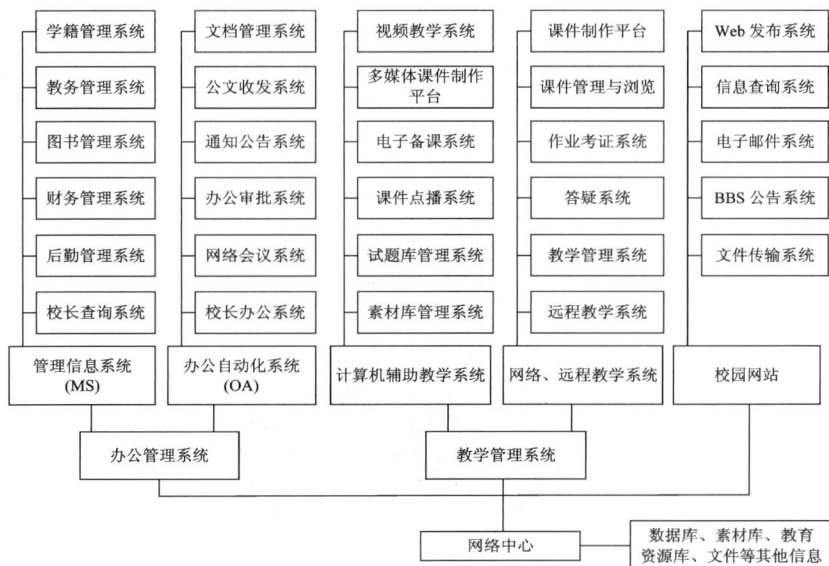

图 7-1　校园网络建设功能需求示意图

7.1.2 网络建设内容

校园网络建设主要包含网络通信平台、网络路由实施、网络管理平台、网络安全平台等内容。校园网络采用千兆以太网技术，网络结构分为核心层、汇聚层和接入层三层。核心层采用双核心架构，可实现链路冗余备份与流量负载均衡。内网采用 OSPF 动态路由协议，出口路由器采用静态路由协议，以满足设备兼容性与分层网络拓扑结构要求。采用开放式网络管理软件，满足多种远程设备管理方式与第三方网络硬件设备的兼容。配备网络配置防火墙、入侵检测系统、反垃圾邮件网关与杀毒软件等，加强网络安全性。

7.1.3 网络通信平台

1. 网络结构

为了满足校园网络系统的用户规模与访问流量要求，对整个网络划分层次，一般采用三层模型，即接入层、汇聚层和核心层。各层具体功能如下：

(1) 接入层：负责连接计算机与移动终端，作为网络接入安全控制和 QoS(Ouality of Service，服务质量)策略实现的边缘点，可以实现接入用户认证。

(2) 汇聚层：汇聚接入层设备的流量，高速无阻塞地转发给核心层设备；提供负载平衡、快速收敛和扩展性；完成路由选择。

(3) 核心层：连接各汇聚设备；提供负载平衡、快速收敛和扩展性；完成数据流的高速转发。

在三层网络结构下，网络根据核心层、汇聚层的不同设计有单核心网络结构、双核心网络结构和交换区块网络结构等形式。考虑到校园网络系统的信息点比较多且集中，为了方便将来的管理、升级与扩展，同时考虑建设成本，采用双核心的三层网络架构设计，如图 7-2 所示。其优势主要体现在数据转发的稳定性、物理链路的冗余备份、降低核心路由交换压力、抑制广播风暴等。

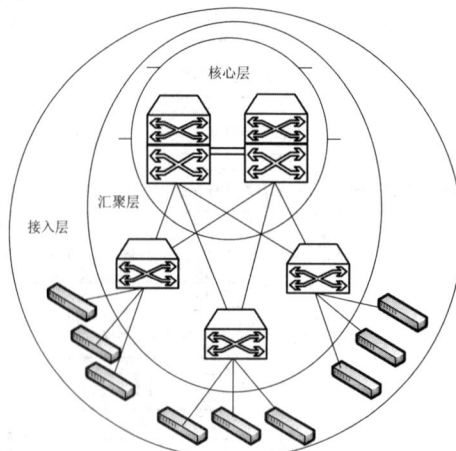

图 7-2　校园网络结构示意图

2. 网络 VLAN

由于校园网络系统需要支撑大量的广播信息，将会带来一定的带宽消耗和网络延迟，并且局域网网络内所有的用户都处于同一个广播域中，这对各个用户的通信安全也会造成一定影响。因此，考虑采用 VLAN 技术，将互联的局域交换网络划分为逻辑上互相隔离的虚拟网络，通过建立三层路由模型，实现彼此通信。

在校园网络规划当中，VLAN 的划分是非常重要的部分。VLAN 的划分主要有基于端口、基于 MAC 地址、基于网络层、基于策略等方式。在校园网络系统中，一般采用按照"学校—学院—专业"等不同层次，按照管理人员、教学人员与学生等不同群体，基于端口划分 VLAN。

3. 网络 IP 地址规划

IP 地址的合理规划是保证网络顺利运行和网络资源有效利用的关键。校园网络 IP 地址的分配应该尽可能地利用申请到的地址空间，充分考虑地址空间的合理使用，保证实现最佳的网络内地址分配及业务流量的均匀分布。

一般来说，校园网络系统作为中国教育和科研计算机网(China Education and Research Network，CERNET)的下级网络，会分配到固定的 C 类 IP 地址。结合现实情况，一般采用真实 IP 地址与内部 IP 地址相结合的方式使用，设计原则如下：

(1) 服务器区采用真实 IP 地址，供远程访问；

(2) 与 Internet 互联的设备采用真实 IP 地址；

(3) 在校内，办公区和家属区采用真实 IP 地址；

(4) 内部互联采用内部 IP 地址。

由于学生应用设备流动性较大，一般采用内部 IP 地址，并由边缘设备(路由器)进行地址翻译，即出口路由器互连采用合法 IP 地址；对于公共服务器与教职工用户，为了保证访问的安全性，WWW/ FTP/DNS/资源服务器等均采用合法的 CERNET 地址，采用真实地址；对于学生用户，采用内部保留 IP 地址相连。这样设计，既可以方便地实现互联互通，也将较为耗费设备资源的地址翻译工作由网络边缘设备承担，提高了网络整体性能。

4. 骨干网技术选择

由于以太网具有简单、高效、性价比高、容易管理等优点，当前校园网建设都采用以太网技术，根据不同需求，选择千兆以太网或万兆以太网。目前，千兆以太网技术更加成熟，性价比更高，因此选择千兆以太网为主干，构建校园网的骨干网络，实现汇聚与核心之间的千兆互联，并有随时升级万兆的能力。

7.1.4　网络路由实施

1. 路由协议的选择

典型的路由选择方式有静态路由和动态路由两种。静态路由和动态路由有各自的特点和适用范围，在校园网络系统中通常将动态路由作为静态路由的补充使用，当一个分组在路由器中进行寻径时，路由器首先查找静态路由，如果查到则根据相应的静态路由转发分组，否则再查找动态路由。

动态路由协议分为内部网关协议和外部网关协议。自治域内部采用的路由选择协议称为内部网关协议，常用的有 RIP、OSPF、EIGRP(Enhanced IGRP，增强型内部网关路由协议)等，外部网关协议主要用于多个自治域之间的路由选择，常用的是 BGP 和 BGP-4。由于校园网络规模较大，应用场景较为复杂，OSPF 与 EIGRP 作为内部网关协议较为适用，两者的对比分析见表 7-1。由于 EIGRP 是 CISCO 的私有协议，与其他厂商的路由器提供的路由协议存在兼容性问题。在路由策略规范中，有必要选用一种开放且符合国际标准的路由协议，使其能支持不同厂商的网络产品，所以 OSPF 协议的分层模式更适合校园网拓扑结构。

表 7-1　OSPF 路由协议和 EIGRP 路由协议比较表

协议名称	EIGRP 协议	OSPF 协议
主要技术原理	高级距离矢量+链路状态型	链路状态型
是否需要层次化	否	是
度量值	复合	开销(cost)
收敛速度	最快	快
是否支持 VLSM	是	是
带宽占有	较小	中等
网络可达性	默认为 100，最大 255	理论上无限制
路径选择方法	根据复合度量值(与带宽、延迟、可靠性、负载和最大传输单元有关)来选择路由，最多 6 条	采用 cost 值作为依据，可提供多条等开销路径，最多 6 条
网络发生变动时	触发更新，更新网络拓扑改变的部分	触发更新，更新网络拓扑改变的部分
应用范围	Cisco 专用协议	国际标准协议，多厂商支持

2. OSPF 分区

OSPF 方案设计工作的核心是制定分区原则，良好的分区能够减小交换机路由链路状态数据库大小，减少网络路由协议流量，降低 CPU 负荷与内存损耗。OSPF 分区应考虑以下原则：

(1) 分派在同一区中的路由器数量不宜过多，一般在 50～60 台，但如果路由器之间的连接较为简单，则可适当放宽这一限制。

(2) 与每台路由器直接相连的路由器数量不宜超过 60 台。

(3) 尽量不使用虚拟链路 VLAN，即要求每个区均直接与骨干相连。

3. OSPF 实施

按照 OSPF 设计原则，在整个校园网上全部运行 OSPF 协议，其中汇聚层交换机通过两条冗余链路均与核心交换机连接，将两台核心交换机及汇聚交换机的上连端口定义为 Area 0，将办公区、图书馆区、学生宿舍区、教工住宅区等分别定义为 Area 1、Area 2、Area 3、Area 4，如图 7-3 所示。

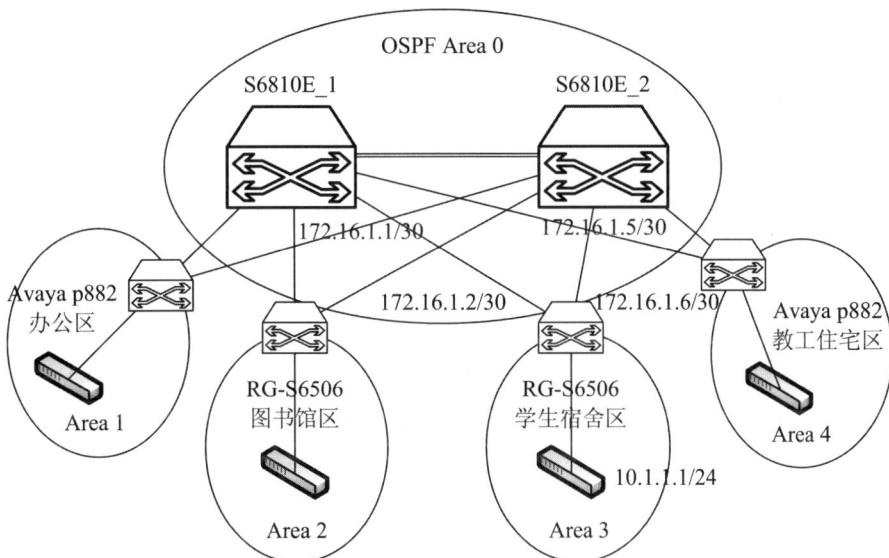

图 7-3　OSPF 路由协议实施图

在默认情况下 OSPF 不使用区域验证，通过使用消息摘要 MD5 身份验证保证网络安全，区域内所有的路由器接口使用该身份验证方法。为启用身份验证，必须在路由器接口配置模式下为区域的每个路由器接口配置口令。

7.1.5　网络管理平台

1. 网络管理功能

校园网络管理对保证网络平稳运行至关重要。校园网络的管理分为行政手段和技术手段，行政手段管理主要是制定切实可行的用户、设备、系统管理制度，采取一定的奖惩手段，保障管理的顺利开展；技术手段管理主要是依托合适的网络管理系统，管理维护内部网络的顺利运行。

2. 网络管理制度建设

根据信息安全管理体系标准，结合校园网络安全要求，建立以下安全规章制度，并在实施过程中严格遵守，提高管理人员的安全意识及技术水平。

(1) 机房安全管理制度；

(2) 数据备份及存放保管制度；

(3) 计算机病毒防治管理制度；

(4) 信息安全评估办法；

(5) 人员安全教育培训制度；

(6) 个人信息安全守则；

(7) 重要数据安全保密制度；

(8) 系统权限管理制度；

(9) 系统灾难处理、恢复预案；

(10) 应用项目研制开发安全管理制度。

3. 网络管理系统

常用的网络管理系统有 IBM Tivoli、HP OpenView、CA Unicenter 等通用网管平台软件以及 CiscoWorks、HammerView、QuidView、LinkManager 等设备厂商提供的网络管理软件。

考虑到使用的便捷性与业务功能支持，网络管理软件选择可以参考以下原则：

(1) 支持多种远程设备管理方式，能实现全方位高效的网络设备管理。

(2) 对整个网络性能进行配置、监视和控制，自动检测网络拓扑结构，可进行网络流量统计和错误统计，网络设备事件的自动收集和管理等管理和监测。

(3) 可发现和控制第三方网络厂家的设备，同时也能对网络集线器做到完好的拓扑发现。

(4) 可使用多种方式通知网络管理员关于网络的整体变化，确保出现问题时管理员能迅速获知。

(5) 能针对性地完善开发设备配置文件的管理，建立配置文件管理库。

7.1.6　网络安全平台

1. 防火墙及入侵检测系统

网络安全设计需要采用多种安全手段，最基本的是使用防火墙及入侵检测系统。内网、外网的访问都必须经过防火墙的审计，达到保护服务器的目的。防火墙的有效使用关键是制定合理的规则，其规则制定原则如下：

(1) 防火墙作为校园网络与 Internet 或其他非安全网络的唯一出入口，能够防止外部对校园网的非法访问；

(2) 防火墙应用在校园网络的内部网络，以保护重要部门的子网；

(3) 防火墙能够对校园网络的不同域进行隔离，实施不同的安全策略；

(4) 防火墙能够限制校园网络用户对不良网络资源的使用。

入侵检测系统实时对通过网络的数据包进行监听，分析网络中数据包的状况，以发现异常现象，或者与防火墙联动，动态修改防火墙的过滤规则，达到实时预防的目的。当前检测入侵的技术方法一般有特征库匹配、基于统计分析和完整性分析等。为了与网络路由策略协同使用，采用完整性分析方法，利用消息摘要检测网络攻击导致的文件或其他对象的变化。

2. 网络防病毒系统

在网络环境下，病毒传播速度很快，大量数据包经常使网络瘫痪，单机版杀病毒软件已难以清除网络病毒，需要使用网络版杀毒产品，并在网络设备上进行相应的设置，阻断病毒的传播。通过安装网络杀毒软件，远程管理控制台设置定期更新病毒库，客户端杀毒软件自动更新版本与病毒库，并且制定定时杀毒任务，服务器能汇总用户计算机出现病毒的信息，让管理人员及时了解整个网络的病毒发作情况。实施统一防病毒策略，根据网络结构、网络应用具体情况，对全网制定完善防病毒策略，在路由器等网络设备上对病毒传播进行阻断。

3. 漏洞补丁管理和发布系统

平台软件与操作系统的缺陷和漏洞对互联的计算机系统安全有较大威胁。在用户没有安装补丁程序之前，即使在杀毒后也会被病毒反复感染，用户安装补丁程序是这类问题的唯一解决方案。由于各类补丁程序数量、规模巨大，因此设置了统一的系统漏洞补丁管理和发布服务器，用于对校园内的设备实施在线更新补丁。另外，为避免补丁程序更新不及时，对于重大漏洞补丁程序，采用传统网络公告方式发布并提供链接下载，从而完成手动更新。

7.2 基于 SOA 的银行应用集成平台

7.2.1 建设需求分析

1. 基本需求

银行业的发展是以信息技术为支撑，其 IT 建设尤为复杂，涉及的现金、信托、理财、保险、融资、客服等各类型业务系统，呈现出建设标准不一、接口类型复杂、数据共享需求迫切等特点。各业务系统之间的连接方式呈网状结构，任何一个业务系统发生改变，关联系统都需要随着发生变化，且系统改造成本巨大。另外，由于系统建设时期不同，采用的开发模式与通信协议各不相同，如果一个系统需要增加新功能，则需要处理与多个异构系统间的技术转换，增加了技术实施难度。

企业应用集成是把异构数据源、遗留系统与应用系统等集成起来，实现业务功能的共享共用。针对银行业的应用集成平台是解决上述问题的通用技术方案，是应用架构的基础。用户可在这个载体上统一数据接口协议，实现基于开放标准的服务请求、响应方式，根据应用需求以及业务发展需要形成各种具体的应用，以服务治理思想将原有系统进行重构，实现统一的用户权限管理、流程管理、界面展现与平台支撑等功能，从而提供更高的业务灵活性并支持银行业务创新的快速实现。

2. 业务需求

银行业的业务需求总体上有服务功能治理、服务标准定义、系统服务集成和业务流程整合四种，分别介绍如下：

(1) 服务功能治理。首先分析银行现有的业务流程和存量系统，识别出候选服务；然后依照银行的业务线分类对候选服务进行归并，对服务的颗粒度进行分析，按照业务需要对服务进行分割或合并；最后对分析后的服务按照业务需求进行完备性检查，综合对照业务系统接口，按照业务需要提高服务的抽象程度和层次，简化服务调用的接口和逻辑，制定出银行整体的服务功能业务。

(2) 服务标准定义。制定标准存量系统接口需求采集模板，按照业务功能分类对存量系统进行改造；外围系统按照存量系统接口需求模板进行接口需求梳理；对已有服务规范进行修订或按照服务规范定义建立新的服务接口。

(3) 系统服务集成。根据采集信息模板的规定采集信息，确定存量系统集成方案。规划通信协议适配器、拆组包、性能指标、服务接口描述等内容，完成对多种异构网络、通信协议、报文格式等内容的交叉转换，可满足对不同建设时期与技术平台存量系统的接入需求，也可满足联机交易类、文件传输类等数据库级别的导入导出方式，还可满足对不同数据格式标准的转换。

(4) 业务流程整合。整合业务流程，以适应外围系统已公布服务的要求，适应重新设计、再造和改进流程的需求，适应智能的金融服务功能；能管理和公布已有的公共服务，并且公开关联系统和整个交易的链路信息，使后续的服务调用者能够更精确地掌握服务的定义和功能。

3. 功能需求

银行业的功能需求总体上有以下 5 种：

(1) 建立松耦合的 IT 应用架构。为确保 IT 对业务发展需求的快速响应能力，银行业的整体信息系统架构采用基于面向服务的架构体系，强调各业务系统的独立性及前、中、后台一体化直通式处理。在该模式下，应用集成平台将发挥前端渠道与后台应用，以及后台各应用之间的信息交互、应用集成、服务管理与组合的关键作用，形成由开发、调用、设计与服务等多个维度构成的应用服务标准体系。

(2) 建立统一的服务资产视图。通过应用集成平台开展对银行业领域相关系统的服务治理，形成统一的服务视图，为程序开发人员提供权威、可控的业务功能目录，为运维部门分析软件资产的相互依赖关系提供支持，提高 IT 架构的管理能力水平。

(3) 建立系统功能的服务体系。提供按照业务架构条线分类的服务接口，明确服务性质划分，为系统功能提供发布、管理、监控等全周期管理功能，以保证未来某类应用从现有核心中剥离、重新构建的过程中不会对其他系统造成影响。

(4) 建立系统服务的集成规范。通过建立信息对抗领域的统一服务接口规范，指导服务消费者接入的设计开发，向服务提供者提供服务发布规范。

(5) 实现系统服务的灵活编排。整合现有的业务系统提供的服务接口，对服务颗粒度进行细化、抽象及重新编排，实现服务的复用以及流程重组，为业务创新提供灵活的服务保障。

7.2.2　应用集成平台建设内容

应用集成平台的核心是对内治理业务功能资源，对外提供统一调用接口。为了实现业务资源的共享共用，有效减少软件的重复开发，降低系统的维护成本，提高需求改变的适应能力，需要将应用系统、功能服务与管理数据进行解耦。针对现有系统，定义一组适合于应用软件开发部署的标准；针对新建系统，统一业务应用开发模式，建立一套数据共享和交换的方法机制。其中应用集成平台的核心建设内容包括 ESB 服务总线与工作流引擎，主要是提供统一的业务服务环境及工作流开发管理机制,以方便业务系统的功能共享使用,形成协同工作机制。

采用 SOA 设计实现银行应用集成平台的建设,将整个银行 IT 系统架构划分为表现层、业务处理层、服务层、数据层和基础设施层,如图 7-4 所示。

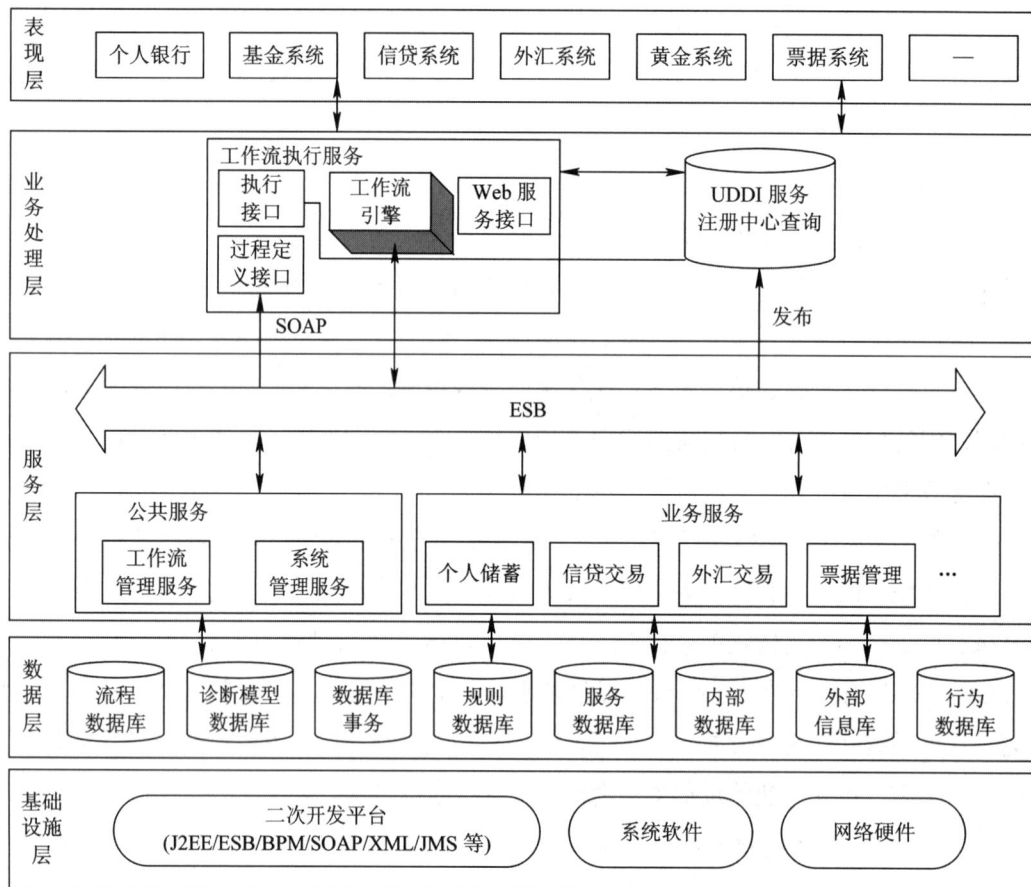

图 7-4   基于 SOA 思想的银行应用集成平台

IT 系统架构的各层内容如下:

(1) 表现层是银行业的主要业务系统,包含个人银行、基金系统、信贷系统、外汇系统、黄金系统、票据系统等。

(2) 业务处理层主要依托应用集成平台提供用户业务的工作流程编排与业务服务管理。用户通过统一交互接口向工作流执行服务发起服务请求,在工作流执行过程中通过过程定义接口,利用工作流管理组件定义业务流程。工作流引擎通过用户服务配置文件绑定集成服务层的服务以及制定事件处理规则,通过服务注册中心发现、查找服务的位置和内容,并将服务输出结果发布给用户。

(3) 服务层根据业务划分为公共服务与业务服务两类。其中公共服务主要是工作流管理服务、ESB 服务总线管理服务与统一身份认证，业务服务主要是各业务系统所对应的个人储蓄、信贷交易、外汇交易、票据管理等核心业务。

(4) 数据层主要实现统一的数据访问和接入，包括各类异构数据库、诊断模型数据库、流程数据库连接和数据库事务的管理以及方法。

(5) 基础设施层是系统工作的基础平台，包括系统二次开发平台与软硬件支撑环境。

7.2.3　应用集成平台技术视图

银行应用集成平台技术视图如图 7-5 所示，平台内部利用插入式验证技术(Pluggable Authentication Modules，PAM)完成统一身份验证；利用 ESB 服务总线完成服务的注册、管理与监控；通过 Platform Job Scheduler 以可视化的形式来提供对用户业务流程的管理，包括业务流程的定制、装配和监控等。

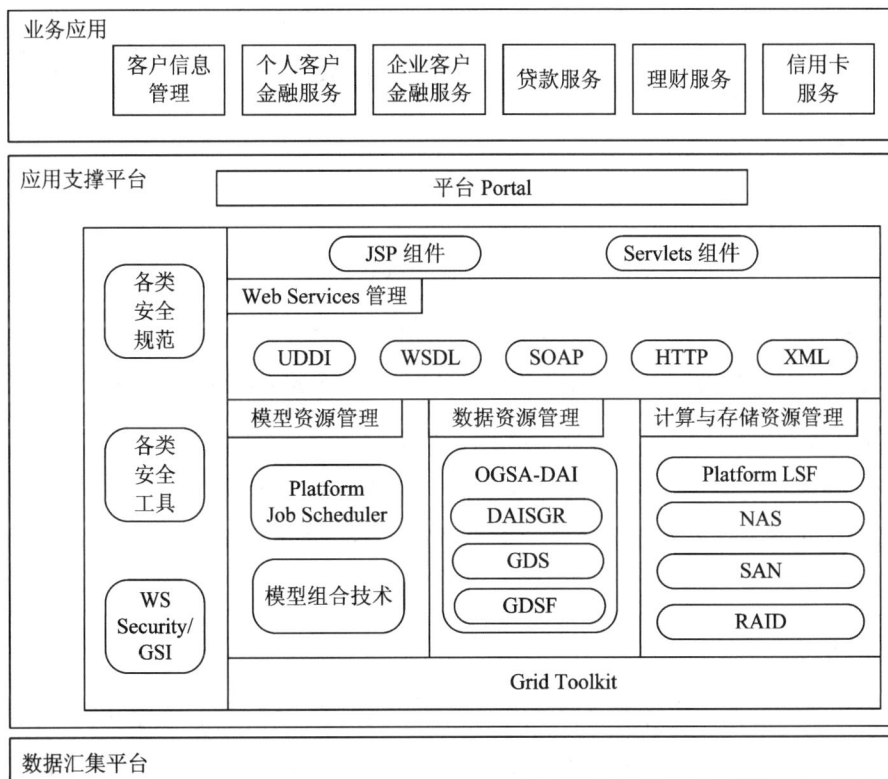

NAS— Network Attached Storage，网络附属存储；SAN—Storage Area Network，存储区域网络；
RAID—Redundant Arrays of Independent Disks，磁盘阵列；
OGSA-DAI— Open Grid Services Architecture-Data Access and Integration，开放式网络服务体系-数据访问与集成；
DAISGR—DAI Service Group Registry，服务组注册器；
GDS—Grid Data Service，网格数据服务；GDSF— Grid Data Service Factory，网格数据服务工厂。

图 7-5　银行应用集成平台技术视图

1. 统一身份认证

统一身份认证服务是为了建立统一的用户管理、身份配给和身份认证体系，实现全部应用的单点登录，实现用户身份和权限的动态同步，加强信息安全预警和审计。通过设计可插入认证模块实现管理员对认证方式的选择，实现密码、智能卡、U 盾等不同认证机制功能，对不同业务系统配置不同的认知机制等，如图 7-6 所示。

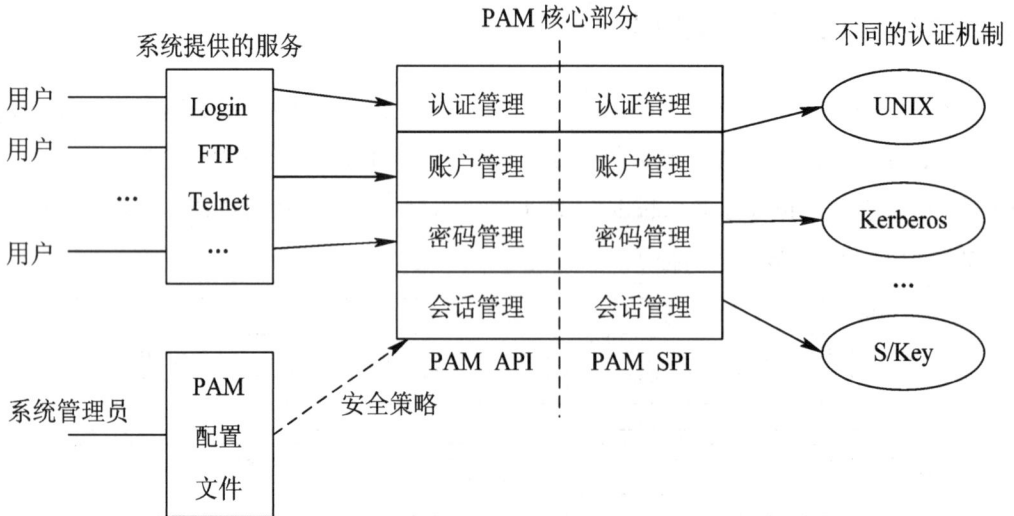

图 7-6　统一身份认证服务示意图

建设内容包括身份信息存储、身份信息管理、统一身份认证三大部分。其中：身份信息存储存的是身份、权限信息，可以使用 RDBMS(Relational Database Management System，关系数据库管理系统)、LDAP 目录、AD 域管理系统等；身份信息管理是通过工具实现对组织、用户等信息的修改维护；统一身份认证服务是向其他业务系统提供统一认证服务，接收其他业务系统传过来的用户名和密码，验证通过后再把用户认证令牌返回给业务系统。

2. ESB 服务总线

ESB 服务总线是面向服务的企业应用集成得以实现的关键，提供消息转换、消息路由、负载均衡、流量控制、加密传输、服务监控、服务编排等功能，实现各类业务交互的动态实时处理，是各服务间智能化集成管理的中介。ESB 服务总线可直接使用成熟的商用平台，也可基于开源项目独立建设。考虑到银行业务对安全性、稳定性、负载量的特殊要求，一般采用独立开发的建设思路。ESB 服务总线模式示意图如图 7-7 所示。

系统集成服务平台

总线控制分系统

配置管理

服务配置

服务部署

配置管理

服务注册　服务审批
发布管理　服务检索
服务维护　服务管理
扩展管理　分类管理
服务分类、名称、代码

接口开发分系统

服务调度
调度管理
资源扩展

路由管理
路由服务
路由规则

数据交换
消息交换
文件交换
流交换
断点续传
重发处理
优先级

服务调用
鉴权管理
资源查询
访问控制
服务编排
缓存管理
流控管理

管理监控分系统

节点控制
启动管理　停止管理
异常管理

服务监控
接口日志　启动停止
异常管理

服务审计　质量管理
传输监控　统计及上报
元数据　服务视图

系统安全

标准规范

组织机构管理　　用户管理　　数据基础服务　　角色管理　　日志管理

图 7-7　ESB 服务总线模式示意图

建设内容包括接口开发、总线控制、管理监控等分系统。其中：接口开发分系统主要是规范外部系统服务接口，提供开发工具完成标准服务配置与服务文件生成；总线控制分系统主要是构建 ESB 服务总线模式，满足业务系统间服务的相互调用；管理监控分系统主要是按照领域设计思想对服务进行分类管理，并提供服务监控与异常处理机制。

3. 工作流管理

工作流管理是支持企业经营过程的高效执行并监控其执行过程的计算机软件系统，提供用户业务流程的设计、管理、发布、监控等功能。基于 ESB 服务总线机制，为了更好地适应不同类型 Web 服务的数据接口格式，采用成熟商用的 BPS(Business Process Simulation，业务流程模拟)工具完成对工作流管理的支持，具有以下功能：

(1) BPEL(Business Process Execution Language，业务流程执行语言)流程建模工具：通过采用该工具进行可视化流程建模，自动生成 BPEL 文件。

(2) BPEL 流程的管理监控工具，主要包括日志管理工具和流程监控工具。日志管理工具就是记录流程实例及活动的运行状态及相关信息，在流程监控工具改变活动执行状态时可以根据日志来恢复或导航到相应的活动和相应的状态。流程监控工具能够修改所有流程实例以及工作列表的各种状态。

(3) BPEL 流程执行引擎，提供工作流执行服务，可创建新的实例并基于过程定义生成工作项，支持活动执行以及记录工作流状态等。

(4) BPEL 流程信息库：存储流程模板以便于流程管理，主要包括用来描述各流程运作规则的流程编码表与存储流程中任务项信息的任务列表。

(5) BPEL 流程实例信息库：存储流实例描述，其主要数据表有流程实例表及工作项列表，用来描述流程实例运行状况的相关信息。

7.2.4　应用集成平台集成使用

针对已有系统存在的 B/S、C/S 开发模式不同及新建系统集成的融合使用等问题，应用集成平台集成使用时要注意以下问题：

(1) 现有系统外部接口改造。由于现有部分业务系统外部接口缺少或不满足 ESB 服务总线定义的调用规范，需要将其外部交互接口进行针对性改造，形成符合接口调用规范的 Web 服务接口。

(2) 现有系统的功能改造。由于现有部分业务系统存在部分功能冗余及管理数据重复等问题，需要对整个银行业务进行重新梳理规划，去重及规范现有系统的管理业务，并利用应用集成平台的工作流程管理服务对业务进行重新编排。

(3) 新系统开发模式统一。针对新建业务系统，其开发需要遵守接口规范与工作流程开发规范，以满足业务服务接口与工作流编排的调用模式。

7.3　银行客户分析数据仓库

7.3.1　建设需求分析

金融业竞争优势的来源是金融机构实现客户关系的管理，重点是以客户为中心的客户利润分析、客户与银行之间的关系优化、银行分销渠道管理和资金风险控制与管理，主要应用在银行的各个业务部门。银行客户分析数据仓库的建设核心是整合主流业务数据，搭建统一的数据平台，建立业务数据与客户所有相关信息的联系，保护、开发和利用这些有效的信息。

1. 业务需求

业务需求通常有以下 3 种：

(1) 数据入仓需求。需要整合与银行客户信息相关的现有系统数据，以多维模型进行数据整合和标准化处理，最终对银行各种应用系统进行数据支持。各业务系统数据入仓需求如表 7-2 所示。

表 7-2　各业务系统数据入仓需求

序号	系　　统	功　　能	相　关　数　据
1	客户信息 CRM 系统	银行客户信息的统一管理	客户基本信息、客户经理、跟踪访问、办理业务等数据
2	柜台业务操作系统	提供个人客户和企业客户的各种金融服务	存款业务、转账业务、交易结算、储蓄卡等数据
3	信贷管理系统	个人贷款管理与对公贷款	贷款受理、贷前调查、贷款信息、贷款发放、客户还款、贷后管理等数据
4	综合理财系统	理财产品、代销产品等销售管理	行内理财产品、基金代销、券商、保险、信托等数据
5	信用卡系统	信用卡业务整理处理和管理	信用卡录入、审批、发卡、交易授权、产品迁移、合同维护、财务调整等数据

(2) 查询分析应用。业务系统可根据数据仓库提供的查询和分析功能进行自主数据分析，达到充分了解本部门相关业务情况的目标，为支持各业务产品的拓展和营销提供依据。

(3) 营销支撑应用。利用整合后的客户信息、产品信息和交易信息，识别目标客户群体，制定配套的营销规则，提供定向产品推荐。

2. 功能需求

功能需求有以下 4 种：

(1) 建立统一规范、可用度高的数据模型，整合各类型业务数据，建设统一的数据交换及处理平台，支持数据分析类应用在数据仓库基础上的统一部署。

(2) 建立全行一体化的数据服务机制，实现数据服务的提供、管理、发布和使用功能，支持技术扩展和业务应用的快速判断。

(3) 统一实施应用共性的数据加工活动，减少基础设施应用的重复开发，提高整体实施效率，降低整体并发成本，减少业务应用的重复开发，形成完善的数据服务机制。

(4) 基于数据仓库统一数据平台，建设面向业务分析的数据集市及相关应用，为业务人员提供各种类型的数据分析功能。

7.3.2　系统建设内容

1. 系统架构设计

银行客户分析数据仓库主要包括数据资源层、数据交换层、数据架构层、应用服务层、数据访问层、ETL 管理与数据管控，如图 7-8 所示。

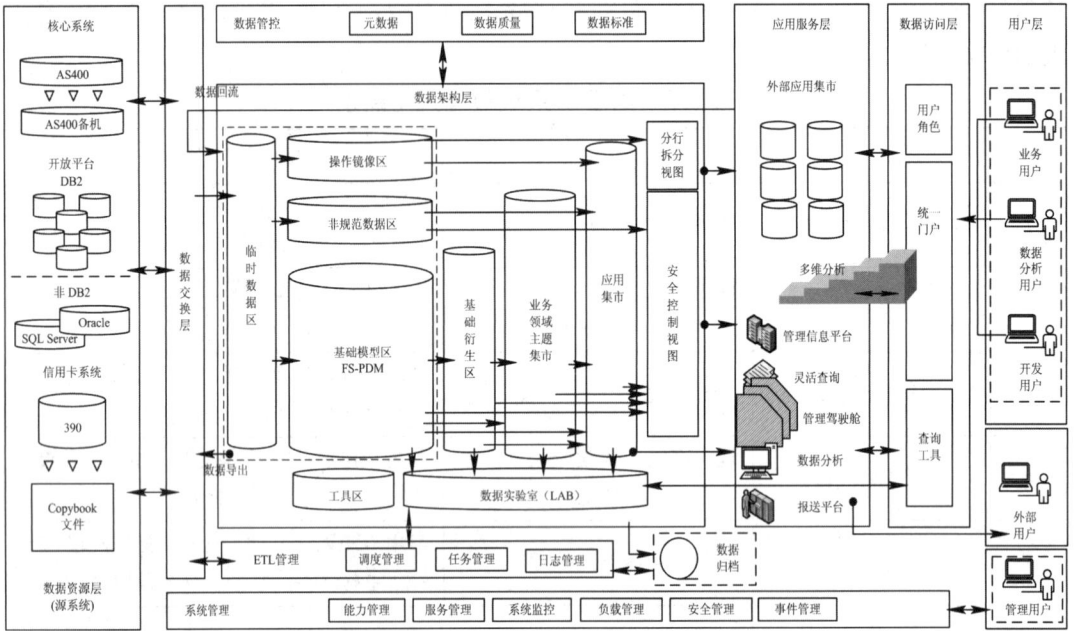

图 7-8   系统架构设计示意图

各层的功能如下：

(1) 数据资源层。数据资源层是指现有系统的数据源，这些数据会经过 ETL 过程整合为数据仓库的数据。数据源分为内部数据源与外部数据源，其中内部数据源是指银行在运营及开展业务的过程中长期积淀下来的数据，如业务数据、客户数据、账户数据、交易数据、企业员工等；外部数据源是指那些非本企业内部自身生成的数据，是通过第三方系统如交易平台、电子商城与金融机构等方面获取到的数据。

(2) 数据交换层。数据交换层是指数据仓库与源系统之间的聚合与交换，以数据交换平台的形式，完成数据文件的获取、加载、备份和系统管理。

(3) 数据架构层。数据架构层负责对源系统数据进行整合、加工、计算，形成主题数据集及数据集市，以灵活、高效、稳定的形式进行存储，并提供给用户进行访问。

(4) 应用服务层。应用服务层是对数据架构层数据进行适当的提炼、汇总，向用户提供多维分析、联机查询、静态报表等服务。

(5) 数据访问层。数据访问层主要包括应用访问、查询工具访问与数据交换。应用访问是指利用嵌入到数据仓库分析型门户的应用进行访问；查询工具访问是指利用各种查询和数据分析工具进行访问；数据交换是指利用数据交换平台向数据仓库外的应用或业务系统提供数据接口。

(6) ETL 管理。ETL 模块将数据源加载到数据仓库的各个数据层中，并通过数据接口提供给相关的应用系统。

(7) 数据管控。数据管控主要完成数据标准、数据质量、元数据、数据安全与隐私、数据归档等内容的管理。

2. 数据架构设计

银行客户分析数据仓库的数据架构如图 7-9 所示，一般可划分为 9 个主要的数据区，分别是临时数据区、操作镜像区、非规范数据区、基础模型区、基础衍生区、业务领域主题集市区、应用集市区、数据实验室和工具区。其中核心部分是基础模型区，它是存储数据仓库逻辑数据模型的区域。

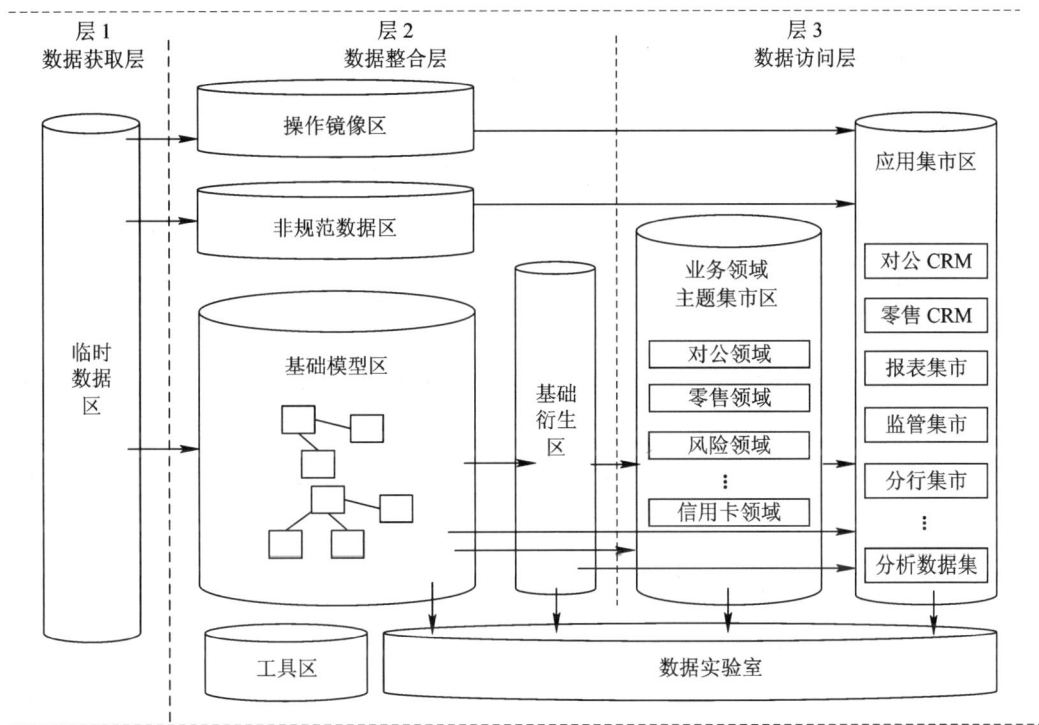

图 7-9　银行客户分析数据仓库的数据架构示意图

各主要数据区的功能如下：

(1) 临时数据区。临时数据区用来缓存从现有系统加载进来的数据，为后续向基础模型区、操作镜像区和非规范数据区的加载做准备。临时数据区设置定时清除机制，超过保留时间的数据将被删除，不保留历史数据，因此该区的容量不会有大的变化。

(2) 操作镜像区。操作镜像区是用来保存当前源系统部分数据接口的全量数据的区域，可以快速地向外部系统提供数据。在基础模型区因时效性原因不能满足要求的前提下，对时效性要求较高的系统可以从操作镜像区提取数据，其他情况下依然以访问基础模型区为主。

(3) 非规范数据区。非规范数据区是用于存放整合成本较高，不适合整合到基础模型的数据，本区域可以作为这类数据的临时存放区域。此区域的使用必须严格控制，后续如果这个区域中的数据有应用需求或原来的个性化系统被推广到全行或更多机构，则应该把这些数据整合到基础模型中，以更规范的方式使用数据，同时尽快把非规范数据区的原有数据下线。

(4) 基础模型区。基础模型区主要存放数据模型对应的数据，数据模型是数据仓库的核心内容，因此基础模型区也是数据架构层的核心区域。基础模型区的建设一般会参考行业成熟的逻辑数据模型产品，如商业银行的数据模型包括 Teradata 公司的 FS-LDM、IBM 的 BDWM 等，这些模型都是专为银行、保险等金融机构设计的，满足第三范式的数据仓库逻辑数据模型。

(5) 基础衍生区。基础衍生区是通过提取具有共性、可被多个主题集市所使用的基础数据，并且为性能优化对基础数据进行预计算、预连接、预聚合处理的区域。该区是面向多个应用提供共享数据服务的一个公共数据层，包括基础数据中间汇总、轻粒度汇总、指标中间汇总。

(6) 业务领域主题集市区。业务领域主题集市是从业务领域视角出发，基于业务领域模型、在访问层实现业务领域的信息统一。在核心基础层补充业务领域有共性、有业务价值的衍生信息，对这类信息统一进行集中组织和管理，确保最小的数据冗余与统一的业务口径。

(7) 应用集市区。应用集市区是面向前端分析应用，基于业务领域主题集市区建设的区域，是数据仓库对外提供服务的最主要区域，提供包括对公客户分析、零售客户分析、海外客户分析、事件式营销策略、私人银行客户管理、报表与监管集市、分析数据集等客户主题集市。

(8) 数据实验室。数据实验室主要应用在基于业务需求的应用上，完成数据挖掘及模型搭建、测试与验证。通过在数据仓库内建设数据实验室，形成统一的资源分配机制，允许用户快速访问自服务，并提供敏捷开发与分析等功能。

(9) 工具区。工具区主要用于集中存放与管理数据仓库相关辅助子系统的配置和日志数据。工具区的数据主要面向系统管理、运维监控及开发配置人员，系统管理和运维监控人员主要访问其中的日志数据，而开发配置人员主要关注其中的配置元数据。此区域中的表没有固定的命名规范，可采用各个子系统原有内部原则命名。数据生命周期默认为长期保留，对于较大日志数据考虑定期备份清理。

7.3.3　数据仓库建模

数据仓库的数据模型分为基础数据模型与应用领域数据模型两类。其中，基础数据模型为基础模型层的逻辑数据模型，应用领域数据模型为业务领域主题集市区的逻辑数据模型，两种数据模型在模型设计策略上是不同的。针对基础数据模型，采用主题模型设计思路，按照数据库范式进行逻辑数据模型设计，在物理表设计上，主要通过拉链表来保存重要信息的历史数据；针对应用领域数据模型，采用星形模型对基础数据层的客户信息进行整合加工，在物理表设计上，存在事实表、维度表等形态。

1．基础数据模型

在数据仓库的基础数据模型中，有客户、产品、协议、机构用户、事件、渠道、财务、资源项 8 个主题，以及主题之间的关系，模型概貌如图 7-10 所示。

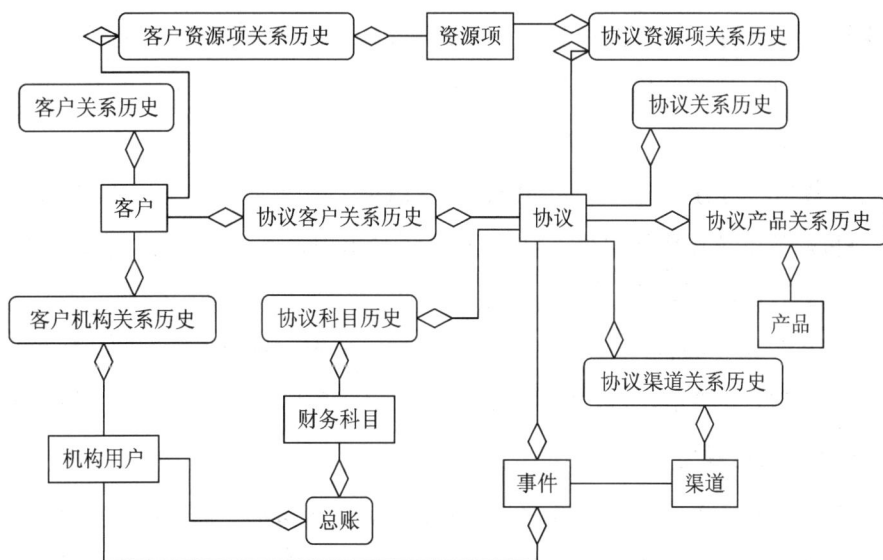

图 7-10　基础数据模型概貌示意图

模型中涉及的数据具体内容如下：

(1) 客户数据。客户指银行作为一个金融机构所服务的任意对象和因感兴趣进行分析的各种对象，如个人或对公客户、同业客户、合作伙伴等。一个客户可以同时有多种角色，例如本行一名员工(分拆到内部机构主题)同时是本行的个人客户。通过客户主题的建立可以实现基于客户基本信息的分析，是实现以客户为中心的各种分析应用的重要基础。

(2) 产品数据。产品数据指为拓展市场占有率，满足客户更广泛需求而制定的可营销的交易品种的集合，产品是金融机构向用户销售的或提供给客户所使用的服务。

(3) 协议数据。协议数据是客户之间针对某种特定产品或服务而建立的契约关系，它可以是多样化的，如账户、客户和银行签订的合同等。当金融机构与客户之间针对某种产品或服务的条款和条件达成协议时，一个协议就会被建立，因此协议是客户和银行业务往来的重要载体。

(4) 机构用户数据。内部机构是指金融机构的内部组织和业务单元，如分行、支行、储蓄所、部门、销售团队等。内部机构主题更多地反映其作为内部组织机构的职能等特征。

(5) 事件数据。事件数据是一个广义的概念，可以记录各种与银行相关的活动的详细情况。它既可以与资金相关，也可以与资金无关；既可以有客户参与，也可以没有客户参与；既可以与账户相关，也可以与账户无关；既可以由客户发起，也可以由银行发起。总之，可以记录的范围非常广泛，可以记录各种与银行相关的活动的详细情况，包括交易数据，如存款、提款、付款、收取信用卡年费、计算利息和费用、投诉、查询产品、查询地址、查询余额、网上交易等。

(6) 渠道数据。用户既可通过渠道获得金融机构的产品信息，也可通过渠道使用金融产品。金融机构通过渠道向用户销售产品或提供服务。渠道与当事人、产品、协议等其他实体存在各种关系。

(7) 财务数据。财务数据主要包括银行总账信息，用于描述科目组织、控制、内部核算等核心科目账务以及预算管理有关内容。该主题抽象地描述了银行内部账务的组织模式，能够适应不同科目的组织体系。

(8) 资源项数据。资源项是指银行拥有、管理、使用，或银行关心的其他当事人拥有的，有形或无形的有价值的东西，如客户的非本行资源项、金融工具、本行的办公设备等。

2. 业务领域数据模型

业务领域数据模型是围绕个人客户与企业客户，通过数据仓库系统来整理并应用的客户信息，最主要的业务价值在于为业务分析、客户营销及行内考核提供完整的、准确的、一致的客户信息，通过建立全行单一客户视图，支持客户分析、营销应用，提升客户关系管理的业务价值。它主要包括属性信息、持有产品、客户评价、客户管理等逻辑数据模型。

1) 客户信息模型架构

客户信息模型架构采用九宫格架构，如图 7-11 所示。以客户财务信息为核心，关联客户属性信息、银行管理信息、营销信息、关联信息、风险信息、评价信息、产品持有信息与往来信息，各信息对应的具体业务如表 7-3 所示。

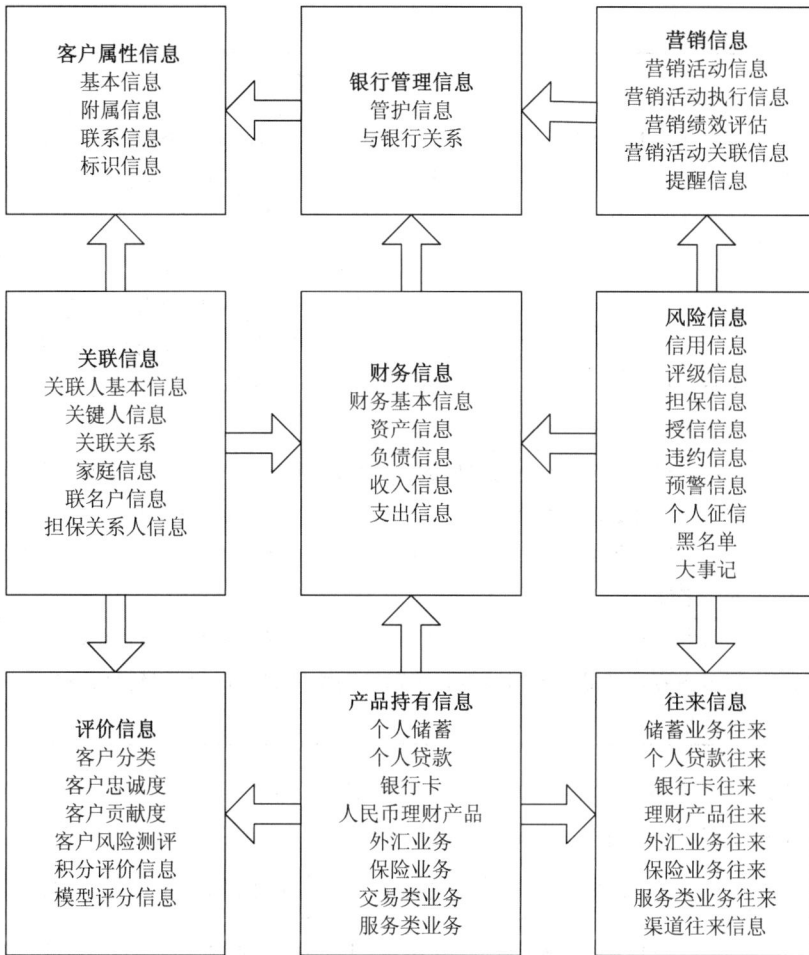

图 7-11　客户信息模型架构

表 7-3　客户基础信息业务说明

信息分类	业 务 说 明
客户属性信息	客户的属性信息，包括基本属性、人口特征、联系方式
银行管理信息	银行与客户之间的管理关系信息，如客户所属机构、人员的管辖分配、客户与银行建立关系的过程信息等
客户关联信息	与客户有关联的关系人信息，关联关系人指客户的家庭成员以及和客户有任务往来的关联人，如家庭成员、关联企业、保证人、联名户等
客户风险信息	客户当前或潜在的信用风险信息，包括信用评级、客户授信情况以及其他渠道获取的可能导致客户信用风险的信息，如评级信息、授信额度情况、不良信用记录、贷款担保信息以及个人征信等
客户财务信息	个人和家庭的财务收支和资产负债情况，收支包括个人和家庭的所有经济收入和所有支出；资产包括客户所有的金融资产(银行和他行)、房产资产、汽车资产和其他资产；负债包括现有负债和或有负债信息

续表

信息分类	业务说明
客户评价信息	银行从不同维度对客户进行评价的信息，主要包括对客户进行细分、客户的利润贡献度评估、客户的忠诚度评价、根据客户问卷测评的风险偏好、积分评价体系以及通过挖掘模型得出的客户获取、客户挽留和交叉销售等模型评分
产品持有信息	某一时点客户持有的所有银行产品信息(含银行和他行的所有产品，主要是银行产品持有情况，他行产品持有信息需有可靠的渠道来源)，包括持有的产品类型、产品数量、产品余额、平均余额等信息。产品持有信息涵盖银行所有产品，主要分为八大类产品：个人储蓄、个人贷款、银行卡、理财产品、外汇业务产品、保险产品、交易类产品和服务类产品
客户往来信息	某一时间段客户与银行之间的业务交易及其他往来信息，包括交易时间、交易金额、交易渠道、交易频率等，包括八大类产品(个人储蓄、个人贷款、银行卡、理财产品、外汇业务产品、保险产品、交易类产品和服务类产品)的交易往来信息和渠道的往来情况
客户营销信息	银行对客户进行营销所涉及的各环节的所有过程和结果信息，包括营销活动的基本内容、产品、营销线索、营销活动执行的过程和反馈信息以及营销绩效评估等信息

九宫格划分办法一般作为客户信息的参考框架。在商业银行的具体模型物理化过程中，将根据应用管理领域扩展进行完善，在上述九大分类之下进一步细分二级分类、三级分类，分类主题间按照数据关系进行组织，形成整体的客户基础信息数据模型，如图 7-12 所示。

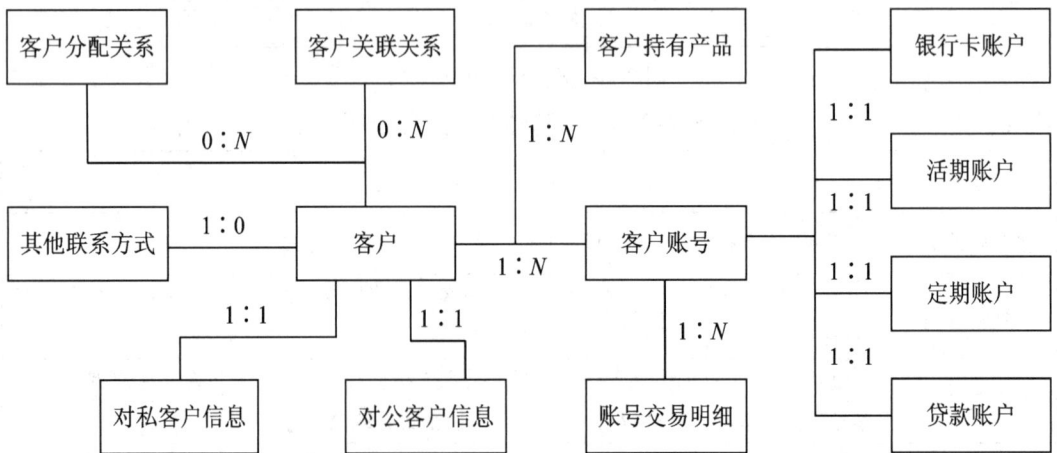

图 7-12　客户基础信息数据模型示意图

2) 客户属性信息模型

客户属性信息模型负责对客户的身份背景信息进行描述，包括基本资料、教育背景、职业身份、联系方式、客户爱好、家庭背景等信息。在进行客户信息模型建模时，最主要是进行客户信息的整合，即将分散在多个业务系统的客户信息进行分析，按规则将同一个客户的信息归并在统一客户编号下。其中，个人客户一般按照各系统的客户编号、客户姓名、证件号码等关键字段作为依据进行整合；公司客户按照各系统中的客户编号、客户姓名、组织机构代码、营业执照号等关键字段作为依据进行整合。图 7-13 为个人客户属性信息模型示意图，个人客户编号为数据仓库统一编号，并与各系统的客户信息进行关联，包括核心个人客户、信用卡客户、个人客户等。

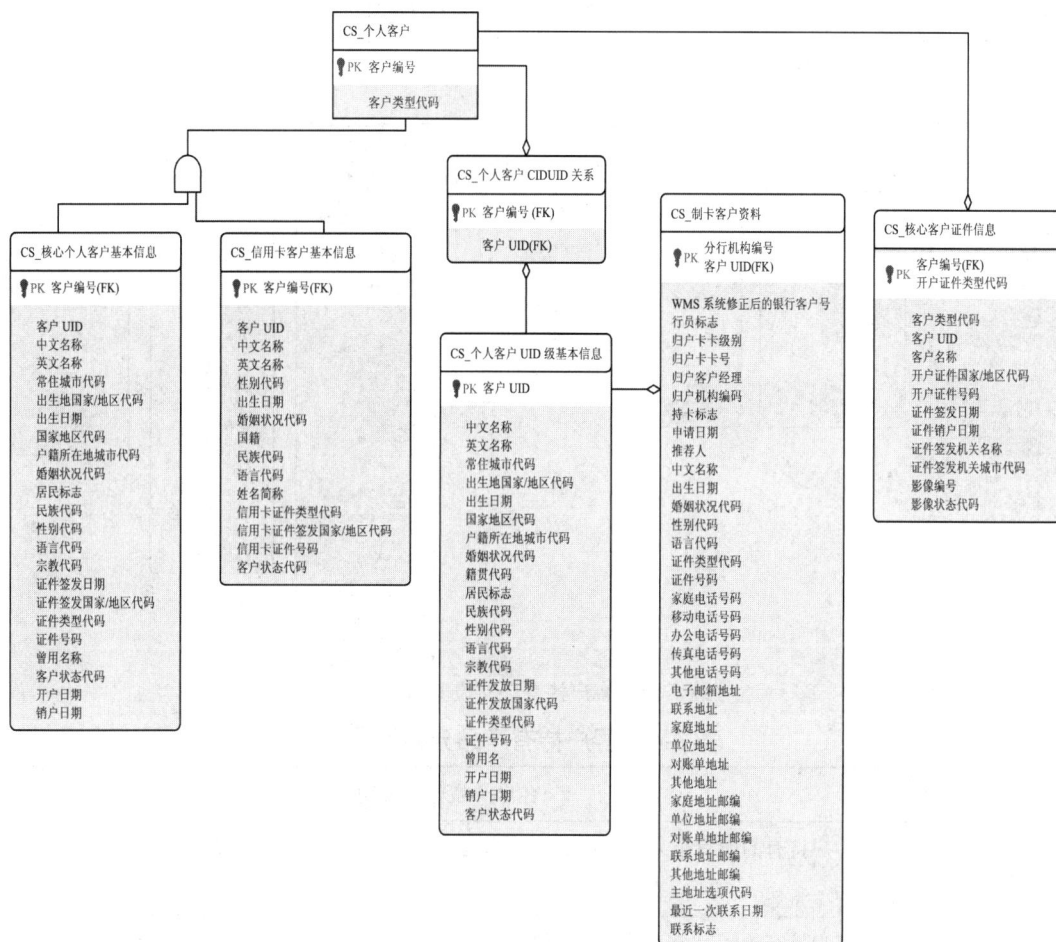

图 7-13　个人客户属性信息模型示意图

3) 客户持有产品模型

客户持有产品模型涵盖银行所有产品，主要分为八大类产品：个人储蓄、个人贷款、银行卡、理财产品、外汇业务、保险业务、交易类业务和服务类业务，如图 7-14 所示。模型的主要信息包括客户编号、合约编号、产品编号、开户日期、合约状态等，以及各产品特有的产品特征，各产品分类说明如表 7-4 所示。

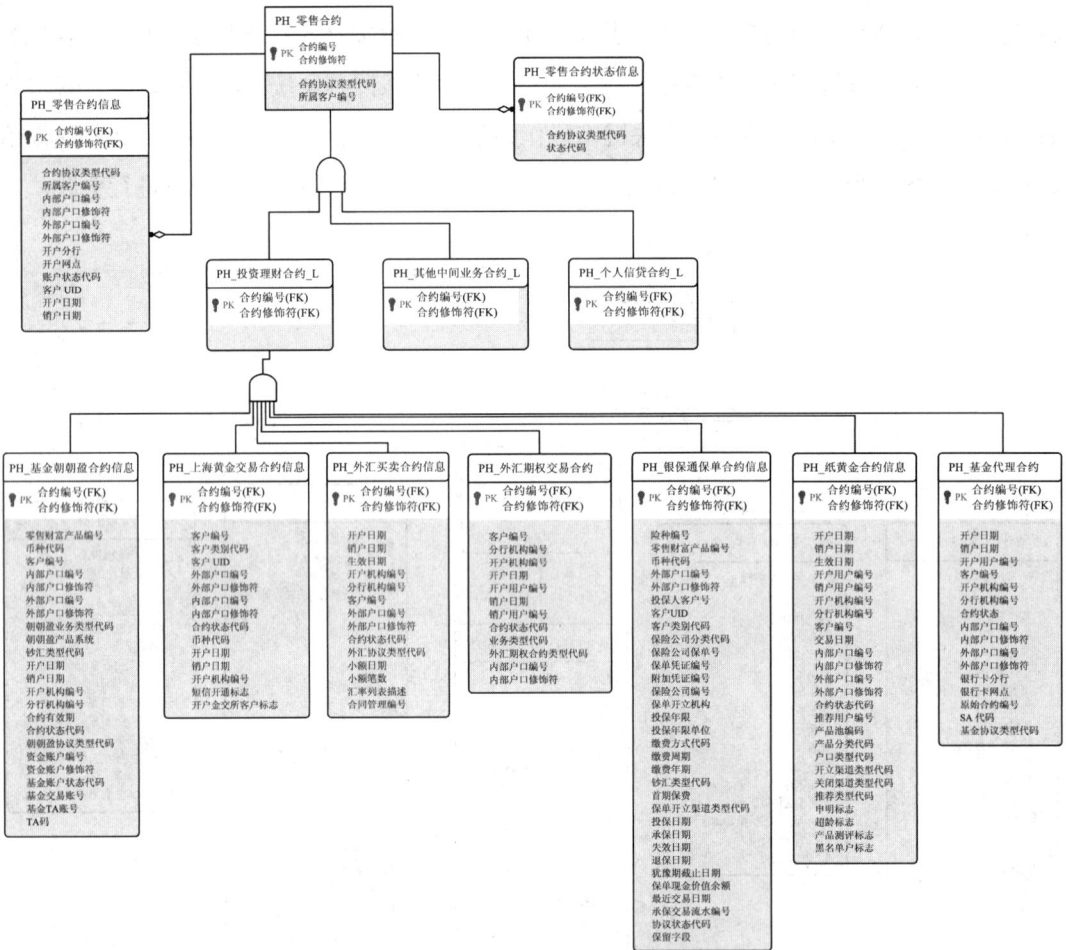

PH_零售合约

PK 合约编号
合约修饰符

合约协议类型代码
所属客户编号

PH_零售合约状态信息

PK 合约编号(FK)
合约修饰符(FK)

合约协议类型代码
状态代码

PH_零售合约信息

PK 合约编号(FK)
合约修饰符(FK)

合约协议类型代码
所属客户代码
内部户口编号
内部户口修饰符
外部户口编号
外部户口修饰符
开户分行
开户网点
账户状态代码
客户UID
开户日期
销户日期

PH_投资理财合约_L

PK 合约编号(FK)
合约修饰符(FK)

PH_其他中间业务合约_L

PK 合约编号(FK)
合约修饰符(FK)

PH_个人信贷合约_L

PK 合约编号(FK)
合约修饰符(FK)

PH_基金朝朝盈合约信息

PK 合约编号(FK)
合约修饰符(FK)

零售财富产品编号
币种代码
客户编号
内部户口编号
内部户口修饰符
外部户口编号
外部户口修饰符
朝朝盈业务类型代码
朝朝盈产品系统
钞汇类型代码
开户日期
销户日期
开户机构编号
分行机构编号
合约有效期
合约状态代码
朝朝盈协议类型代码
资金账户号
资金账户修饰符
基金交易账号
基金TA账号
TA码

PH_上海黄金交易合约信息

PK 合约编号(FK)
合约修饰符(FK)

客户类别代码
客户UID
外部户口编号
外部户口修饰符
内部户口编号
内部户口修饰符
币种代码
开户日期
销户日期
开户机构编号
合约状态代码
外汇协议类型代码
小额日期
短信开通标志
自率列表路通
合同管理编号
开户金交所客户标志

PH_外汇买卖合约信息

PK 合约编号(FK)
合约修饰符(FK)

客户编号
分行机构编号
开户日期
分行机构编号
开户用户编号
销户日期
合约状态代码
外汇协议类型代码
外汇期权合约类型代码
内部户口编号
内部户口修饰符

PH_外汇期权交易合约

PK 合约编号(FK)
合约修饰符(FK)

PH_银保通保单合约信息

PK 合约编号(FK)
合约修饰符(FK)

险种编号
零售财富产品编号
币种代码
外部户口编号
投保人客户号
客户UID
客户类别代码
保险公司分类代码
保险公司保单号
保批凭证编码
保险单编码
保单开立机构
投保年限
投保年限保单号
缴费方式代码
缴费周期
缴费年期
钞汇类型代码
首期保费
保单开立渠道类型代码
投保日期
承保日期
失效日期
退保日期
犹豫期截止日期
保单现金价值余额
最近交易日期
承保交易流水编号
协议状态代码
保留字段

PH_纸黄金合约信息

PK 合约编号(FK)
合约修饰符(FK)

开户日期
销户日期
开户用户编号
销户用户编号
开户机构编号
分行机构编号
客户编号
交易日期
内部户口编号
内部户口修饰符
外部户口编号
合约状态代码
推荐用户编号
产品池编码
产品分类代码
开立渠道类型代码
关闭渠道类型代码
推荐类型代码
申购标志
超额标志
产品测评标志
黑名单户标志

PH_基金代理合约

PK 合约编号(FK)
合约修饰符(FK)

开户日期
销户日期
开户用户编号
客户编号
开户机构编号
分行机构编号
合约编码
内部户口编号
内部户口修饰符
外部户口编号
外部户口修饰符
银行卡开立分行
银行卡网点
原始合约编号
开户分行网点
SA代码
基金协议类型代码

图 7-14 客户持有产品模型示意图

表 7-4 客户持有产品分类说明

客户产品分类	客户产品分类说明
个人储蓄	客户持有的所有个人储蓄产品的基本信息和汇总信息，包括所有的活期产品和定期产品
个人贷款	客户持有的所有个人贷款产品的基本信息和汇总信息，包括个人消费类贷款、个人经营类贷款、个人住房贷款、个人质押贷款以及个人循环贷款、委托贷款和个人卡透支等
银行卡	客户持有的所有银行卡产品的基本信息和汇总信息，包括借记卡、准贷记卡和贷记卡
理财产品	客户持有的所有理财产品的基本信息和汇总信息，包括基金、债券、券商集合资产管理计划、综合理财账户、贵金属以及第三方存管业务等
外汇业务	客户持有的所有外汇业务的基本信息和汇总信息，包括外汇宝、满金宝、外币得利宝等

续表

客户产品分类	客户产品分类说明
保险业务	客户持有的所有保险产品的基本信息和汇总信息，包括财险和寿险
交易类业务	客户持有的所有交易类产品的基本信息和汇总信息，包括支付结算业务、代收代付业务等
服务类业务	客户持有的所有服务类产品的基本信息和汇总信息，包括客户体验、增值服务、理财规划、保管箱等

4) 客户评价模型

客户评价模型是银行从不同维度对客户进行评价的信息，其模型设计如图 7-15 所示。考虑到各产品特征情况不同，通过客户信息来关联各产品业务特征信息，如客户财富分群、客户持卡等级、客户资产等级、客户状态等，具体说明如表 7-5 所示。其中，利润贡献度、客户忠诚度等信息是通过客户相关各项业务数据进行综合建模进而计算得到的。客户分类标识信息是根据客户使用银行产品的业务特征(包括持有产品情况、客户标签、业务往来等信息)进行客户分级与分群标识。

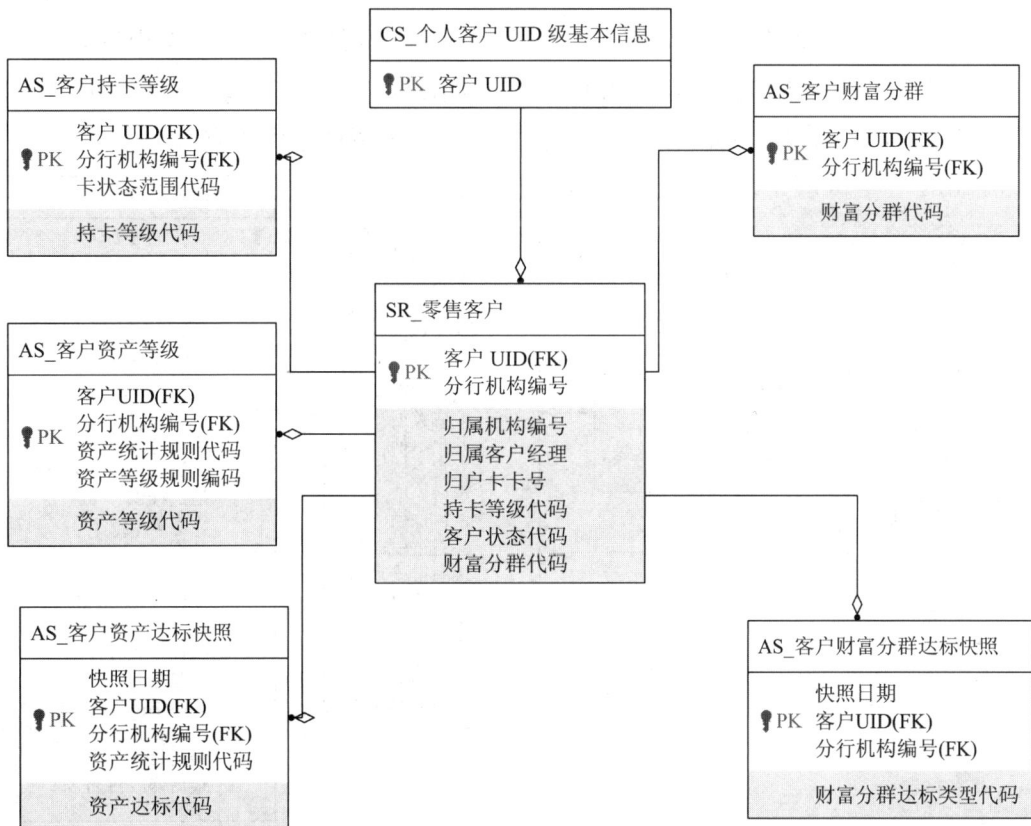

图 7-15　客户评价模型示意图

表 7-5　客户评价维度说明

客户评价维度	客户评价维度说明
客户分类和标识	根据客户的属性、行为、需求、偏好以及价值等因素对客户进行分类，并提供有针对性的产品、服务和销售模式
标识信息	根据客户的特征以及产品持有情况对客户进行标记的信息，主要用于区分不同的客户群
利润贡献度	通过对客户收入和客户成本的严格定义和分类，以一套完整的核算体系计量出某客户或客户组群在某一期间为企业带来的利润
客户忠诚度	客户对某一特定产品或服务产生的好感，形成了偏好，进而重复购买的趋向评价信息
客户投资风险偏好	根据银行的风险测评问卷表，得出的客户风险偏好的结果
模型评分	客户评价模型指客户评价挖掘模型，客户评价模型涉及基本信息和模型评价结果信息，包括客户流失模型等
积分评价信息	根据积分对客户进行评价的信息，客户积分包括综合积分和信用卡积分等积分体系

5) 客户管理模型

客户管理模型负责建立银行与客户之间的关系信息，如图 7-16 所示。其中最重要的是客户管理信息，即客户所对应的客户经理、机构等信息，如表 7-6 所示。基于客户管理信息，建立客户经理与客户的关联关系，可通过客户分配模型进行客户分配。

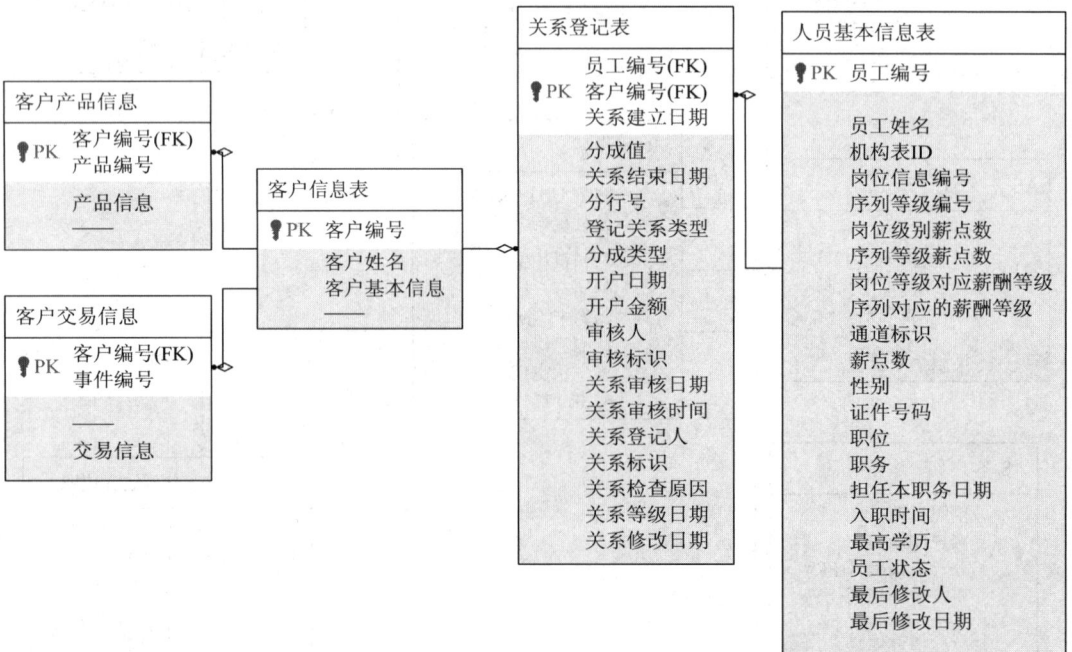

图 7-16　客户管理模型示意图

表 7-6　客户管理说明

字 段 名	可否为空	说　明
员工编号	否	行内员工编号，关联员工信息表
客户号/账号	否	可以按客户进行分配，或将客户下的账号进行分配
关系等级/建立日期	否	
分成值	是	员工对该客户/账户的分成值
关系结束日期	否	标识该分配是否有效
分行号	否	
登记关系类型	否	客户分配类型，如存款、贷款等
分成类型	是	0：百分比；1：常量；9：不分润
审核人	是	
审核标志	是	0 或 NULL：不审核；1：审核通过；2：审核不通过
……	……	……

6) 客户模型表形态设计

在数据模型表形态和存储机制上，业务领域主题集市主要面向客户信息，应用系统和服务不会采取数据逻辑模型的范式化策略，会使用当前状态、状态快照、预加工统计表等形式便于用户快速理解和访问。在本项目中，具体定义了客户模型的各类表形态和存储机制，如表 7-7 所示。

表 7-7　客户模型表形态设计

实体形态	历史数据保存时间范围	历史数据保存周期
当前状态	当天	当天
状态快照	2 年数据	最近 3 天，每日； 最近 13 个月，每个月月末； 最近 2 年，每年年末
状态历史拉链	2 年数据	每日
流水	13 个月	每日
统计表	2 年数据	每日或每月末等

7.3.4　数据仓库 ETL 实现

系统使用 Oracle Warehouse Builder 工具来实现 ETL 功能，完成对数据的提取、转换和加载，提供了标准的元数据设计、异构数据源整合，及数据质量、性能监控与审计功能。

1. 数据源分析

根据业务数据类型，数据源分析可分为核心业务系统和外围业务系统。

(1) 核心业务系统。银行作为数据产业大户，在建设客户分析数据仓库时都会建立以客户为中心的全行业业务数据系统，在数据集中后一般都建立了全行核心业务数据系统，包括客户信息 CRM 系统、柜台业务操作系统、信贷管理系统、综合理财系统、信用卡系统等。核心业务系统聚集了银行的大部分数据信息，是构建银行数据仓库的重要数据来源。

(2) 外围业务系统。由于银行内还存在许多面向管理类的独立应用系统，如客户积分管理、人事管理、成本利润管理、资产负债管理、风险管理、反洗钱管理、银行绩效管理、业务数据统计等，还需要对这些围绕在核心业务系统的应用系统进行数据整合。

2. 临时数据区设置

临时数据区主要用于临时存储从数据源中抽取出的数据，并做清理与格式转换，检查数据一致性和引用完整性，准备装入数据仓库。采用 Oracle 的临时表空间作为临时数据区，并将表空间容量设置为自动扩展，同时设置定时清理与日志记录机制。在对数据仓库进行数据加载和更新时，先将数据源数据统一加载到数据准备区，经过数据预处理后最终载入数据仓库，而临时数据区中的数据也随之清空。

3. 数据抽取

针对不同的数据源类型，采用不同的数据抽取方法，具体如下：

(1) 若数据源数据库系统与数据仓库数据库系统相同，这种类型的数据抽取方法比较简单，只需要在数据源系统和数据仓库系统间建立连接后使用 SQL 语句访问即可。

(2) 若数据源数据库系统与数据仓库数据库系统不同，这类数据源可选择以下多种不同的处理方法。

① 通过 ODBC、JDBC 等方式建立数据库连接，如在 SQL Server 与 Oracle 之间。

② 通过第三方工具 Oracle Enterprise Manager 将源数据导出为.txt 或者.xls 文件，然后再将这些源系统文件导入到数据仓库环境。

③ 通过程序编码实现，即编写特定的程序接口。

(3) 对于文件类型数据源(.txt 和.xls)，可以利用数据工具将这些数据抽取到指定的临时数据区中，然后对数据清洗并装载。

4. 数据清洗转换

1) 数据清洗

数据清洗的任务是过滤那些不符合数据仓库要求的数据，主要包括不完整的数据、错误的数据和重复的数据。

(1) 不完整的数据主要指空值。空值问题常用的处理方法是平均值(Avg)、中间值(Mid)、最大值(Max)、最小值(Min)或更为复杂的概率统计函数值代替缺失的值，但准确性比较低。另外，某些空值可从本数据源或者其他数据源中推导出来。

(2) 错误的数据，可能是数据输入错误或者是系统不健全造成的，比如日期格式不正确、日期越界、数值数据输成全角数据字符等。这类错误随着银行业务系统的健全可得到有效的限制，一般都能在业务前台及时发现并强制改正。

(3) 重复的数据，如银行同一客户在某一时段有两条或多条重复的记录，这很可能是重复的操作造成的，但不容易被系统发现。

2) 数据转换

数据转换的目的是进行不一致的数据转换、数据粒度的转换、一些相关行业规则的处理。

(1) 不一致数据的转换。相同类型的数据在银行不同业务系统中的数据字典编码可能是不一致的，比如男、女性别的编码在储蓄系统可能被定义 1、0，在房贷系统中被定义为 M、F，在卡业务系统中被标识为 M、W，在数据导入数据仓库前应该统一转换为一个编码。

(2) 数据粒度的转换。一般业务系统都存储非常明细的数据，而数据仓库经常要用到总结性分析。例如某银行网点该季度存款较上季度存款的变化情况分析，则需要从储蓄统计表中汇总出网点物理总账。

(3) 基于商务规则的处理。不同行业有不同的商业规则或数据指标，需要按其规则计算或处理后再存入数据仓库，这样可以避免不必要的干扰。例如对于销户或本息结清的用户账户，银行一般将其借贷余额设置为零。

5. 数据装载

数据装载就是将从源业务系统中抽取、转换、清洗后的数据装到数据仓库系统中。这里将数据仓库的数据装载分为初始装载和增量数据装载两步，图 7-17 为数据装载策略流程图。

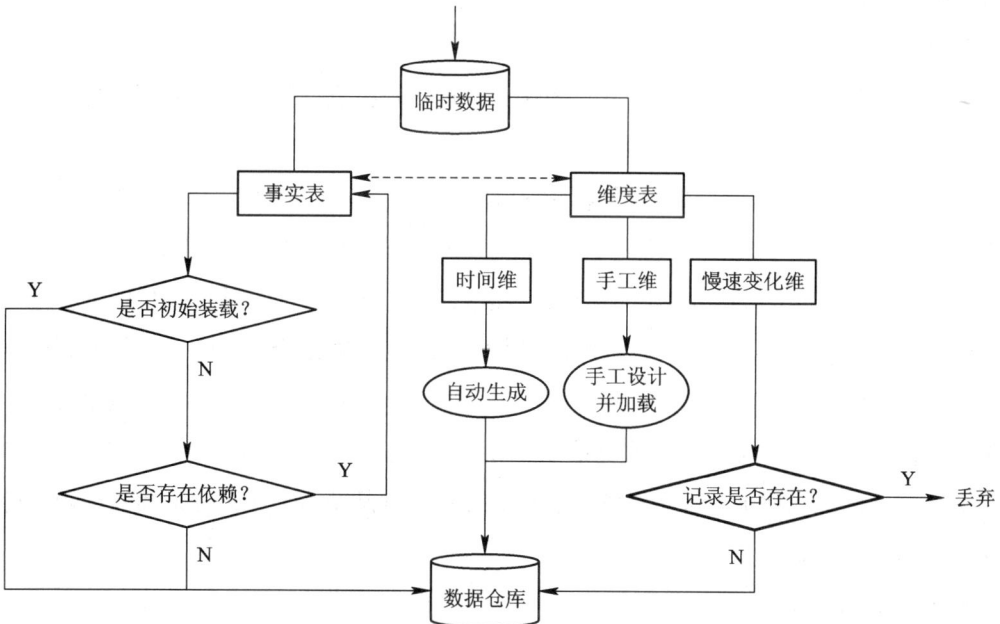

图 7-17　数据装载策略流程图

1) 初始数据装载

(1) 自动生成维的数据装载。自动生成的维度主要指的是日期、月份、年份等时间类维度，月份、年份其实都是日期维的一个层次。因为在某些事实表中没有日期信息，只有月份信息，所以需要额外建立。几乎所有数据仓库中每个数据模型都需使用时间类维度，在加载其他维度和事实之前，需要先将时间维度生成。

(2) 手工维护维度装载。实际数据仓库开发中，可能有些维度的数据在业务系统中无法得到，如一些外部信息指标的类型代码。在银行数据仓库中可能需要有一些证券、期货、保险类的维度，这些维度可由数据仓库开发人员手工设计，然后导入数据仓库。

(3) 慢速变化维度表数据装载。这些维度可以从业务系统中找到来源，但变化比较缓慢。在初始装载时，需要考虑最好让缓慢变化维的处理方式和增量刷新方式一致。如币种维，一般经过初始导入后就很少改变或者只有在很长一段时间后才会发生改变，这种维度就应该按照缓慢变化维处理。在装载数据仓库事实表之前，需要先装载这些维表。

(4) 事实表数据装载。事实表之间也可能存在依赖关系，某些事实表需在其他事实表装载写成后才能装载。

(5) 聚合表的初始生成。许多数据仓库的前端应用，可能并不是直接使用主题星型模型中的事实表数据，而是使用先运算好并汇总到聚合表中的数据。采用基于数据仓库的绩效考核系统，除直接调用数据仓库事实表来展现基础业务明细外，对于员工及网点绩效积分价值，都会先通过预先定义的考核指标体系(KPI)计算出每笔业务的绩效积分，然后汇总到聚合表，以供下一步查询与分析。

2) 增量数据装载

增量数据装载是在完成初始数据装载后，定期对数据仓库进行数据更新的操作，又可叫作数据刷新。

(1) 慢速变化维表数据装载。定期将变化过的维度信息刷新到数据仓库中，与初始数据的加载相同，维表数据的刷新一般应先于事实表。银行偶尔进行机构调整，如网点或机构新增、撤并等，因此在每次数据刷新时都应检查这些信息变化，及时对这些维度表采用更新策略。

(2) 事实表数据刷新。定期将新增事实表数据装载入数据仓库，这里同初始化一样，也需要考虑事实表间刷新的先后顺序。事实表数据在数据仓库初始装载完成后就已经很大，而银行数据仓库一般定义将每天的交易事实信息存放在事实表中，这类数据在日积月累后都是海量的，因此在增量加载时必须注意加载效率，其解决办法一般是对事实表进行分区或正确使用索引策略。

6. ETL 效率优化

数据仓库的 ETL 过程主要面对海量数据进行抽取，并定期对大批量数据进行删除、更新和插入操作，因此需要对 ETL 进行优化。其优化策略主要如下：

1) 索引的正确使用

在银行海量数据事实表中，基本每个事实表都有一个或多个索引来保证高效的查询分析，但索引势必会给数据装载的效率带来影响，特别是对于增量数据的加载。因此必须建立一定的索引使用规则：

(1) 由于维表的数据量一般较少，而且维表的数据变化也比较少，特别是慢速变化维表，一般只对维表主键建立 B 树索引。

(2) 对于事实表，一般都需要建立索引，但在增量数据加载时，一般需要先删除该表的索引来提高插入效率，当数据全部更新完毕后再重新建立索引。

2) 游标的正确使用

在银行数据仓库中，经常要对维度表数据进行维护，由于需要保证维表键码的一致性，采用游标是确保数据维护完整性的最好方式。但是它的效率较低，若按照一般的方式将不能很好地处理大数据量的维表数据维护，因此提出以下两种有效的处理方法：

(1) 在数据抽取的源表中使用时间戳，这样每天的维表维护就可以集中在更新日期为最新时间的数据中进行，大大减少需要维护的数据记录数；

(2) 对维表进行更新和新增操作时加上一个条件来过滤维表中已经存在的记录。

3) 其他细节方法

ETL 是一个复杂、费时的过程，需要通过不断的经验积累改进以求得 ETL 效率不断优化。在建立数据仓库过程中，以下方法可能会提高 ETL 效率：

(1) 在删除全表时用 Truncate 函数代替 Delete 函数；

(2) 尽量多使用 Commit 函数；

(3) 使用 Exists 函数代替 In 函数；

(4) 使用 Not Exists 函数代替 Not In 函数；

(5) 用分离表和索引。

7.3.5　多维分析 OLAP 实现

通过对业务领域主题集市的建设，银行可以得到全面、一致的客户信息，而各级决策管理人员需要基于客户信息进一步分析挖掘，通过客户分析、营销支持、绩效考核等不同应用，为商业银行提供客户信息价值。基于客户信息的多维分析 OLAP 实现，一般分为客户查询分析与营销支持。客户查询分析需要支持对银行客户的各类信息查询，及业务统计报表、业务分析报表；营销支持需要为营销任务、计划、活动等环节提供数据支持。

1. 客户查询分析

客户查询分析是基于客户统一视图的初步应用，在商业银行客户分析应用中，一般都先提供客户各类信息的查询,如客户资产负债分析和客户贡献度分析。

1) 客户单一视图

通过客户编号、证件号码、卡号/账户号,或通过客户姓名作为查询条件(支持模糊查询),展现内容包括客户资产信息、客户负债信息、客户资金流量、客户交易行为等各类信息。

2) 客户资产负债分析

对客户资产主题数据进行上钻、下钻等查询分析,得到客户的资产情况明细列表,以图表结构显示客户资产结构比例图、资产情况走势、负债结构比例等信息。客户经理可通过该信息了解客户具体情况、识别客户投资偏好等,可为客户提出针对性的营销建议。

3) 客户贡献度分析

通过对客户财务及业务分析,实现对客户贡献度的计算、查询、分析、排名,同时结合贡献度分析,梳理出商业银行优质客户,为更好地挖掘优质客户提供数据支持。

2. 营销支持

营销支持是利用数据仓库整合的客户信息,与商业银行产品信息结合,分析识别目标客户群体,提高现有营销资源利用率。具体案例如下:

1) 网上银行营销

(1) 案例:公司客户频繁转账→网上银行。

(2) 客户模型:公司客户,每月柜面转账次数超过 10 次。

(3) 营销模型:网上银行。

(4) 效用分析:

① 提高客户效率,降低金融交易边际成本,提高客户满意度;

② 减少柜面作业数量,缓解网点拥塞。

(5) 类似案例:

① 频繁使用电话查询余额的客户→短信银行;

② 柜面频繁小额交易的客户→网上银行;

③ 频繁使用 ATM 查询的客户→短信银行;

④ 频繁使用 ATM 小额交易的客户→网上银行。

2) 信用卡营销

(1) 案例:客户定期通过我行账户给他行信用卡还款→信用卡。

(2) 客户模型:客户过去 6 个月通过我行账户给他行信用卡还款超过 3 次。

(3) 营销模型:信用卡。

(4) 效用分析:

① 赚取信用卡收入;

② 降低客户金融交易边际成本；

③ 交叉销售，提高客户在我行金融产品的购买种类，降低客户流失风险。

(5) 类似案例：

在我行有代发工资卡，工资超过 5000 元，未使用我行信用卡→信用卡。

3) 教育储蓄营销

(1) 案例：客户有小孩，3 年起定期存款超过 3 万元→教育储蓄。

(2) 客户模型：客户有小孩，3 年期定期存款超过 3 万元。

(3) 营销模型：教育储蓄。

(4) 效用分析：

① 提高客户收益，提高客户满意度；

② 优化客户金融资产结构；

③ 交叉销售，提高客户在我行金融产品购买种类，降低客户流失风险。

(5) 类似案例：

① 客户有小孩，定期和活期存款超过 10 万元，子女教育→保险产品。

② 客户定期存款和活期存款超过 10 万元，未购买保险产品→保险产品。

参 考 文 献

[1]　张峰，薛惠锋，薛昱. 航天信息化综合集成[M]. 北京：科学出版社，2015.

[2]　邓劲生，郑倩冰. 信息系统集成技术[M]. 北京：清华大学出版社，2012.

[3]　冯径，马玮骏. 信息系统集成方法与技术[M]. 北京：气象出版社，2012.

[4]　邓苏，张维明，黄宏斌. 信息系统集成技术[M]. 2 版. 北京：电子工业出版社，2004.

[5]　KUROSE J F，ROSS K W. 计算机网络：自顶向下方法[M]. 8 版. 北京：机械工业出版社，2022.

[6]　谢希仁. 计算机网络[M]. 8 版. 北京：电子工业出版社，2021.

[7]　桂学勤. 计算机网络系统集成[M]. 北京：中国铁道出版社，2020.

[8]　唐继勇，童均. 网络系统集成[M]. 北京：电子工业出版社，2015.

[9]　蔡立军. 网络系统集成技术[M]. 北京：清华大学出版社，北京交通大学出版社，2004.

[10]　廖大强. 数据采集技术[M]. 北京：清华大学出版社，2022.

[11]　刘何秀，穆建平. 数据采集技术(初级)[M]. 北京：机械工业出版社，2020.

[12]　孟立凡，蓝金辉. 传感器原理与应用[M]. 2 版. 北京：电子工业出版社，2011.

[13]　李念强，魏长智，潘建军，等. 数据采集技术与系统设计[M]. 北京：机械工业出版社，2009.

[14]　宋晓宇，王永会. 数据集成与应用集成[M]. 北京：水利水电出版社，2008.

[15]　林子雨. 大数据技术原理与应用：概念、存储、处理、分析与应用[M]. 北京：人民邮电出版社，2015.

[16]　徐葳. 大数据技术及架构图解实战派[M]. 北京：电子工业出版社，2022.

[17]　INMON W H. 数据仓库(原书第 4 版)[M]. 王志海，译. 北京：机械工业出版社，2019.

[18]　袁汉宁，王树良，程永，等. 数据仓库与数据挖掘[M]. 北京：人民邮电出版社，2015.

[19]　IMHOFF C，GALEMMO N，GEIGER J G. 数据仓库设计[M]. 于戈，鲍玉斌，王大玲，译. 北京：机械工业出版社，2004.

[20]　TSIATSIS V，KARNOUSKOS S，HILLER J，等. 物联网：架构、技术及应用(原书第 2 版)[M]. 王慧娟，那艺兰，译. 北京：机械工业出版社，2021.

[21]　付强. 物联网系统开发：从 0 到 1 构建 IoT 平台[M]. 北京：机械工业出版社，2020.

[22]　王强. 物联网软件架构设计与实现[M]. 北京：北京大学出版社，2022.

[23]　刘军，阎芳，杨玺. 物联网技术[M]. 2 版. 北京：机械工业出版社，2017.

[24]　季顺宁. 物联网技术概论[M]. 北京：机械工业出版社，2020.

[25] 米志强. 射频识别(RFID)技术与应用[M]. 北京：电子工业出版社，2011.

[26] 高飞，薛艳明，王爱华. 物联网核心技术：RFID 原理与应用[M]. 北京：人民邮电出版社，2010.

[27] 李景峰，杨丽娜，潘恒. Visual C++串口通信技术详解[M]. 北京：机械工业出版社，2010.

[28] 张宏林. 精通 Visual C++串口通信技术与工程实践[M]. 3 版. 北京：人民邮电出版社，2008.

[29] ERL T. SOA 架构：服务和微服务分析及设计(原书第 2 版)[M]. 李东，李多，译. 北京：机械工业出版社，2017.

[30] ERL T，CARLYLE B，PAUTASSO C，等. SOA 与 REST：用 REST 构建企业级 SOA 解决方案[M]. 马国耀，申健，刘蕊，译. 北京：人民邮电出版社，2013.

[31] ERL T. SOA 概念、技术与设计[M]. 王满红，译. 北京：机械工业出版社，2006.

[32] DAVIES J. SOA 权威指南[M]. 倪志刚，王铭孜，黄兆勤，译. 北京：电子工业出版社，2008.

[33] BROWN P C. SOA 实践指南：应用整体架构[M]. 胡键，宋玮，祁飞，译. 北京：机械工业出版社，2009.

[34] 蔡月茹，柳西玲. Web Service 基础教程[M]. 北京：清华大学出版社，2005.

[35] 叶树江，耿生玲，谢锟，等. 数据共享与数据整合技术[M]. 北京：人民邮电出版社，2019.

[36] 倪炜. 分布式消息中间件实践[M]. 北京：电子工业出版社，2018.

[37] OTTE R，PATRICK P，ROY M. CORBA 教程：公共对象请求代理体系结构[M]. 李师贤，译. 北京：清华大学出版社，2000.

[38] 张云勇，张智江，刘锦德，等. 中间件技术原理与应用[M]. 北京：清华大学出版社，2004.

[39] 邓庆绪，张金，顾琳，等. 物联网中间件技术与应用[M]. 北京：机械工业出版社，2021.

[40] 张志檩. 中间件：技术·产品·应用[M]. 北京：中国石化出版社，2002.

[41] 王良明. 云计算通俗讲义[M]. 4 版. 北京：电子工业出版社，2022.

[42] ERL T，MAHMOOD Z，PUTTINI R. 云计算：概念、技术与架构[M]. 龚奕利，贺莲，胡创，译. 北京：机械工业出版社，2014.

[43] 吕云翔，柏燕峥，许鸿智，等. 云计算导论[M]. 3 版. 北京：清华大学出版社，2023.

[44] 刘鹏. 云计算[M]. 3 版. 北京：电子工业出版社，2015.

[45] 郎登何. 云计算基础及应用[M]. 北京：机械工业出版社，2016.

[46] PRICE M J. C# 10 和.NET6 入门与跨平台开发[M]. 6 版. 叶伟民，译. 北京：清华大学出版社，2022.

[47] 殷立峰，祁淑霞，房志峰. Qt C++跨平台图形界面程序设计基础[M]. 2 版. 北京：清华大学出版社，2018.

[48] LONGAN S. C++跨平台开发技术指南[M]. 徐旭铭，译. 北京：机械工业出版社，2009.

[49] 李蔚泽. Linux 与 Windows 整合：跨平台操作•资源共享•数据转移[M]. 北京：机械工业出版社，2007.

[50] 中国信息通信研究院. 云计算白皮书(2023 年)[R/OL]. (2023-07-25)[2023-07-30]. http://www.caict.ac.cn/kxyj/qwfb/bps/202307/P020230725521473129120.pdf.